河北省教育厅人文社会科学研究重大课题攻关项目（ZD201416）

世界大都市圈协同发展模式与京津冀协同发展路径研究

武建奇 母爱英 等 著

中国社会科学出版社

图书在版编目（CIP）数据

世界大都市圈协同发展模式与京津冀协同发展路径研究/
武建奇等著 . —北京：中国社会科学出版社，2018.3
ISBN 978 - 7 - 5203 - 1266 - 0

Ⅰ. ①世…　Ⅱ. ①武…　Ⅲ. ①城市群—协调发展—研究—
华北地区　Ⅳ. ①F299. 272

中国版本图书馆 CIP 数据核字（2017）第 261076 号

出 版 人	赵剑英
责任编辑	卢小生
责任校对	周晓东
责任印制	王　超

出　　版	中国社会科学出版社
社　　址	北京鼓楼西大街甲 158 号
邮　　编	100720
网　　址	http://www.csspw.cn
发 行 部	010 - 84083685
门 市 部	010 - 84029450
经　　销	新华书店及其他书店

印　　刷	北京明恒达印务有限公司
装　　订	廊坊市广阳区广增装订厂
版　　次	2018 年 3 月第 1 版
印　　次	2018 年 3 月第 1 次印刷

开　　本	710 × 1000　1/16
印　　张	17.75
插　　页	2
字　　数	261 千字
定　　价	80.00 元

协同发展模式与协调机制的多角度论证，探寻京津冀协同发展的基本模式与发展路径，提出具有可操作性的政策建议。主要内容如下：

第一，世界大都市圈协同发展模式与相关经验借鉴。该部分对包括伦敦都市圈、巴黎都市圈、纽约都市圈、东京都市圈、首尔都市圈、多伦多都市圈等在内的世界六大都市圈的发展模式进行梳理与归纳，从城市空间布局、产业模式、城市间通达性、生态环境和都市圈协调发展机制五个方面详细剖析各都市圈的形成过程及特色。世界大都市圈协同发展规律可以概括为：①都市圈均是在城市化、工业化和市场化的共同推动下形成的；②都市圈主要形成于城市化的高级阶段；③大城市的发展在都市圈的形成过程中发挥了主导作用；④都市圈的发展需要市场或政府力量的推动；⑤都市圈的长远发展需要通过集约型模式的经济增长方式；⑥都市圈内要形成成熟的产业布局。与此相较，京津冀协同发展的特殊性在于超大城市过度集聚，次级中心城市发育不足，区域发展极不平衡；产业梯度大；网络化交通模式尚不完善；生态资源环境严重制约区域发展；区域内行政干预力量强，市场发育不足等。鉴于此，世界大都市圈发展模式对京津冀都市圈发展的借鉴与启示主要表现在如下五个方面：整合优化协同区域空间布局；加快都市圈内产业结构调整；建设综合交通物流运输体系；构建区域内生态网络空间；正确处理都市圈内政府与市场的协同机制等。

第二，京津冀协同发展存在要素制约。自习近平总书记"2·26"讲话以来，京津冀协同发展取得重大进展，但是，随着协同发展进程的推进，一些新矛盾、新问题逐渐显露，如生态安全堪忧，区际区域利益关系尚未理顺；产业发展联系松散，合理的产业空间布局尚未形成；城镇体系结构不完善，不同等级中心城市承担功能失衡；都市圈内部发展差距过大，"二元结构"突出；区域主体参差不齐，区域利益协调困难重重；行政区经济明显，区域一体化的体制环境亟待营造等。以上约束条件的存在，直接抑制了京津冀协同发展的步伐。

第三，京津冀协同发展亟待模式与体制机制创新。处理好政府与市场关系，建立科学有效的协同发展模式与体制机制，避免区域和城市间的无序竞争，是京津冀协同发展亟待解决的重大问题。本书从政

摘　要

都市圈是在城市群发展基础上，因城市间功能聚集、运作协同、"点—线—面"式空间结构布局日趋突出而形成的城市区域。在信息化和经济全球化背景下，都市圈内各城市间及其与外部城市间的要素流动迅速增加，城市间联系更为紧密，进而形成多级别、多层次的世界城市网络体系。伴随区域一体化加速，都市圈内各城市间转向优势互补、联动发展，其巨大的经济增量所产生的集聚效应和辐射作用使都市圈中规模最大、实力最强的中心城市发展成为具有巨大国际影响力的大都市。在这一发展态势下，都市圈建设已成为我国区域经济和城市化进程的客观要求。同时，都市圈的开放性也使我国都市圈融入世界都市圈网络体系成为可能。

与世界大都市圈相比，京津冀都市圈建设起步相对较晚，从首次提出"京津塘"到达成"廊坊共识"，从打造"首都经济圈"到习近平总书记"2·26"讲话、从京津冀协同发展的提出到河北雄安新区的问世，京津冀协同发展经历了"发起""全面启动和实践"，现已进入"加速推进"阶段，取得了一系列重大成果。尽管如此，在三地仍存在地方行政壁垒、产业低端化、交通网络不完善、生态环境恶化等诸多制约因素。相比之下，发达国家大都市圈形成与发展历史较长，其法律保障、设施配套、分工协作等保障都市圈运行的基础条件和运行机制相对完善，使区域城市联动效应大。研究借鉴美国、英国、法国、日本等发达国家在都市圈建设方面的相关经验和有效做法，有助于破解京津冀协同发展目前面临的难题，促进区域社会更好更快发展。

本书旨在归纳世界大都市圈协同发展的普遍规律，通过对京津冀府与市场关系的视角探讨京津冀协同发展模式，以构建"市场基础、政府引导"的多层次、多角度的京津冀协同发展模式与体制机制框架。七种基本创新模式主要包括基于产业链分工的模块化创新模式、基于区域集群的多中心创新模式、基于产学研合作的协同创新模式、基于政府为核心的创新驱动模式、基于市场为核心的创新运行模式、双核多极网络空间布局模式以及绿色生态模式等，七种模式紧紧围绕提高区域自主创新能力和产业核心竞争力，对京津冀协同发展起到核心支撑作用。同时，京津冀协同发展需要体制机制创新，要着重建立完善政策引导机制、组织管理机制、利益共享机制及生态补偿机制等。

第四，京津冀协同发展手段比较与优化方向。区域协同发展手段主要包括行政手段、法律手段及经济手段，三种手段各有利弊，科学合理运用三大手段是都市圈协同发展的重要保障。京津冀都市圈是一个复杂系统，协同发展存在手段单一、缺乏坚实的法律制度保障及权威性的跨区域治理协调机构、政府职能转变不到位等问题。鉴于此，法律手段在京津冀协同发展中具有一定优势。随着市场化改革的不断深入，要求我们重视对法制的建设与完善，协同发展手段也应由行政手段为主尽快转变为以法制为保障的妥善处理政府与市场关系的全新手段，多渠道完善经济手段、社会手段，运用现代管治技术，构建法制化、规范化、三方互动的京津冀管治模式，以保证都市圈协同发展的科学性和高效性。

第五，京津冀协同发展路径与优化建议。京津冀协同发展需要正确处理协同发展机制中的多层关系；围绕完善基础设施网络，共享公共服务；围绕优化城镇体系，发挥中心城市的辐射带动作用；围绕转型升级，推进京津冀产业协同发展；围绕环境治理，走可持续发展之路。为保证京津冀协同发展路径得到优化，必须妥善处理政府与市场的关系，培育京津冀协同发展的理念，丰富京津冀协同发展的手段，完善体制机制创新政策，推动京津冀协同发展的财税保障，创新京津冀协同发展的金融保障，强化京津冀区域生态协同治理，加快推进区域协同发展平台建设。

　　第六，京津冀协同发展路径需要具体化和典型化，多角度论证分析很有必要。书中详细剖析了疏解北京"非首都功能"承接平台建设路径、基于产业转型升级的河北省调整产业结构化解过剩产能路径以及海洋产业链的构建与培育三条典型路径，结论如下：①借助于区域产业转移的动力机制，在对平台概念界定的基础上，分析平台建设的必要性和可行性，对承接平台承接能力进行评估，指出"短板"所在，明确不同类型承接平台承接能力的培育途径。②在对河北省调整产业结构、化解过剩产能中存在的问题与症结分析的基础上，认为着力用"调整、化解、升级、优化"破解河北省调整产业结构、化解过剩产能难题。"调整"即大力发展战略性新兴产业和服务业，调整三次产业结构，沿着"互联网＋"工业、交通、农业、物流商贸等新业态方向发展；"化解"即通过扩大国内需求和国际投资、以科技驱动引领传统产业转型升级，化解过剩产能；"升级"即充分挖掘和利用现有优势产业，加大专项技改投资等途径升级已有传统优势产业，增加产品竞争力，提高产品附加值，实现行业升级；"优化"即通过市场机制，即价值规律的作用，强化过剩产能自主化解。③在对京津冀海洋产业链发展现状及问题分析的基础上，提出要构建以海洋渔业为中心的海洋产业链、以滨海旅游业为中心的海洋产业链、以海洋生物医药业为中心的海洋产业链、以海洋化工业为中心的海洋产业链、以海水淡化产业为中心的海水综合利用产业链、以海洋工程装备制造业为中心的产业链条。为此，要建立海洋产业链发展的"三维"保障；壮大津冀海洋产业，实现产业链对接；延伸短链，找到对接突破口。

目　　录

第一章　世界大都市圈协同发展模式

产业及人口在空间上的大量集聚，产生了一批超级城市、巨城市和大城市，这些城市在地理上相互毗连，产业上分工合作，由此组成了影响深远的大都市圈。就业已形成的大都市圈来说，多是在市场机制引领下发展起来的，个别是依靠政府引导的。基于此，本书选择伦敦都市圈、巴黎都市圈、纽约都市圈、东京都市圈四大市场机制引领下的都市圈以及首尔都市圈和多伦多都市圈两大依靠政府引导的都市圈，以这六大都市圈为研究对象，分别剖析其都市圈发展模式及特点。

第一节　伦敦都市圈

伦敦都市圈是以伦敦—利物浦为轴线，主要包括伦敦、伯明翰、谢菲尔德、曼彻斯特、利物浦等数个大城市和众多中小城市。该都市圈的总面积约为4.5万平方千米，占英国总面积的18.4%，人口约为3650万，占英国总人口的56.58%（栗宁，2009）。目前，该地区是英国主要的经济核心区。

伦敦都市圈形成于20世纪70年代，历经工业革命以来世界经济发展的四次长波和工业化进程的各个阶段。20世纪二三十年代，伦敦的工业部门开始兴起，电器、机械、汽车、飞机等的发展，使英国的城市经济迅速崛起，极大地提高了城市竞争力；第二次世界大战后的20多年，伦敦的制造业开始发展，较高的专业化水平促进了英国的经济增长；20世纪60年代开始，伦敦原来强大的制造业呈现出明显的衰退趋势，整个社会也出现了大量失业，经济步入萧条期，开始由重化工阶段向后工业化阶段转型；自1984年起至今，随着伦敦经济转型成功，其金融业和生产性服务业带动着整个社会的就业量增加，经济由此进入了一个崭新的快速发展阶段（周振华，2011）。伴随着伦敦经济的发展，都市圈发展以其特有的模式也日益成熟。

一 "一核四层，多节点"的城市空间布局

在伦敦都市圈内，已经形成了较为合理的空间结构布局。伦敦都市圈主要包括四个圈层。第一层是内伦敦，包括伦敦金融城及内城区的12个区，该区域是伦敦都市圈的核心区，总面积310平方千米。第二层是伦敦市，也称大伦敦地区，包括内伦敦和外伦敦的20个市辖区，构成了标准的伦敦市统计区，总面积1580平方千米。该区域属于伦敦都市圈的核心区域，也是英国的政治、经济、文化中心和交通枢纽，在世界城市体系中处于最顶端位置。第三层是伦敦大都市区，主要包括伦敦市及附近郊区的11个郡，这属于伦敦都市圈的内圈，总面积达11427平方千米。第四层是伦敦都市圈，包括伯明翰、曼彻斯特、利物浦等一批次级中心城市，这些城市与核心城市伦敦在地域上形成了一定的功能分工，如伯明翰作为英国最重要的工业城市，工业总产值占全国的20%以上（谷永芬，2008）；利物浦则为英国著名的港口城市和全国第二大港，是伦敦国际交通物流枢纽功能的重要补充，这些共同组成了伦敦都市圈的外圈。

在该都市圈中，伦敦作为都市圈的核心城市，以其悠久的历史文脉、优越的区位条件、完善的基础设施和发达的服务经济，成为世界首屈一指的历史文化名城、国际金融中心和国际组织总部集聚地（张强，2009），与纽约、东京一道处于世界城市的顶端。周边的次级中心城市，作为都市圈内的节点城市，与核心城市伦敦形成了明确的分工和合理的定位，共同服务于伦敦都市圈。

二 创新型产业转型升级模式

伦敦都市圈目前的产业结构是以金融服务业和商务服务业为主，两者合计占经济总产值的40%以上。同时，圈内的其他次级中心城市

伯明翰、谢菲尔德、曼彻斯特、利物浦等也已经形成了以服务经济为主的产业结构，如伯明翰，即使作为全国最大的工业城市，其服务业也占接近80%的比重。

与其他世界成熟的大都市圈一样，伦敦都市圈的产业结构上也是经过了多次产业转型升级演变过程才得以形成，而作为整个都市圈的龙头城市伦敦在其中发挥了创新引领的关键性作用。

在两次工业革命前后，伦敦一直站在工业的最前沿，作为世界的工业基地带领全球的工业化进程发展。而英国经济在战后数次世界性产业结构的调整中，由于传统产业竞争力的趋弱和成本优势的逐步丧失，英国的产业结构数次面临边缘化的危险。20世纪60年代，伦敦开始将其产业结构战略转移到金融业中，并逐步推进金融自由化、国际化发展，随着层出不穷的金融产品创新，使伦敦的金融业有了惊人的发展，其带动的就业人员达到85万人左右（蔡来兴，1995）。这不仅使金融业成为伦敦最大的经济部门，而且使伦敦成为全球最大的国际金融中心。然而，伦敦的产业创新脚步并没有就此止步，在过去的十多年中，随着金融业发展的趋缓，文化与创意产业又开始为伦敦注入了新的发展动力，以广告、设计、软件、表演艺术、电视广播等为代表的创意产业开始在大伦敦地区异军突起，其发展速度超过了其他所有产业，已成为仅次于金融服务业的伦敦第二大支柱产业和解决就业的第三大产业（上海市经济和信息化委员会，2015），伦敦无愧于"世界创意之都"的桂冠。

伦敦都市圈的产业转型升级经历了由工业到金融业再到文化创意产业，伦敦始终站在世界经济转型和新兴产业发展的最前沿，这种引领产业潮流和自主创新的能力，为伦敦都市圈带来了巨大的发展活力，有效带动了周边中小城市的产业升级和现代化进程。

三　立体化公共交通网络系统

伦敦市区的交通70%依靠地铁，地铁线路纵横交错，贯穿东南西北，每小时出发的列车达90班次，每天使用地铁出行的乘客超过300万人次（郑碧云，2015）。在市区内，为了减缓交通压力，解决拥堵问题，伦敦市还采用征收拥堵费、提高停车费、鼓励公共交通和自行车等各种措施，鼓励人们采用公共交通出行，减少交通拥堵。

同时在都市圈内，为了方便中心城市与周边城市的有效衔接和换乘，整个都市圈还形成了以伦敦为中心，不断向外辐射的庞大郊区铁路网络和"一环九射"的高速公路网络，铁路、公路网络密度高、分布均匀。同时，轻轨及地铁车站与火车站紧密联系，立体交通网渗透到了伦敦城市的每一个角落，使伦敦都市圈内部城市之间的关系得以强化，带动了周边地区的有效发展，对促进整个地区的经济发展起到了巨大的推动作用（许冬琳，2012）。

此外，伦敦都市圈还特地加强了交通管理体制。多次改善交通管制系统，安装复合型智能交通系统设备和道路监控设施；在主要道路上为公共汽车开辟快速公交专用车道；同时，制定相关法律，如环保法规的交叉制约、车速的限制监控、严格的违章罚款制度，严格的驾照考试制度等（任洁，2011），都对交通的顺畅运行发挥了重要作用。

四 嵌入型绿色生态网络模式

伦敦都市圈将"重视环境、经济和社会可持续发展能力的建设"作为区域发展的重要举措，为此构建了嵌入型绿色生态网络模式，对城市的绿色发展和生态环境起到了保护作用（徐颖，2014）。

在伦敦都市圈的生态建设方面，对于城市内部的绿色发展十分重视。为此，伦敦构建了一系列绿色空间，包括各级城市公园、城市绿带、绿色通道、绿色网络及废弃地生态改造等。在伦敦生物多样性保护方面，主要是通过对自然保留地和半自然保留地的保护来实现。伦敦自然保留地分为都市自然保留地、区一级自然保留地、区二级自然保留地和地方自然保留地四级，半自然保留地主要指废弃的墓地、垃圾堆场、铁路、水库和深坑等（韩红霞、高峻等，2014）。伦敦的自然保留地和社区相连接，即使在建筑密集区也尽量保留或划出自然区域。

伦敦致力于将城市生态建设和生物多样性保护相结合，将生态景观地块创建与多样性生境相结合，形成自然的、生态健全的景观，为野生生物的觅食、安全和繁衍提供良好的庇护空间，增加总体物种潜在的共存性，形成大自然的绚丽风光与现代都市生活和谐地融为一体的城市风貌（余慧、张娅兰等，2010）。

五 政策引导下的协同发展机制

伦敦都市圈的建设与发展主要是在市场机制的主导之下，通过两次工业革命形成和确立的，但市场机制不是万能的。该区域的协同发展同样离不开政府的规划组织和协调作用，都市圈政府在该区域的发展中着重强化了规划的科学性、民主性和权威性，使伦敦都市圈的协同发展能够顺利进行（林宏，2017）。

大都市圈的发展，绕不开人口过于密集的问题，为此，伦敦政府组织成立了巴罗委员会，并提出了"巴罗报告"，该报告针对由于工业所引起的市区工业与人口集聚，提出了疏散伦敦中心区的工业和人口建议，同时将伦敦规划为四个同心圆。随后，《新城法》的通过，使新城建设运动开始掀起，其本质就是在离伦敦市中心50千米的半径内建成8个伦敦新城的卫星城。这样，通过政府的相关介入，使都市圈内的人口集中、住房条件恶化及工业发展用地紧缺等问题得到了有效解决。

同时，在对于都市圈内不同圈层的功能实现上，英国政府也制定了相关的法规和战略。通过大伦敦规划，在距伦敦中心城区48千米的半径范围内划分了4个圈层并配合放射状的道路系统，对于每个圈层实现不同的空间管制政策，特别是控制并降低中心内圈层的密度，通过绿地圈层实行强制隔离以阻止建成区连片蔓延的局面，有效控制了伦敦无序蔓延的势头。在《大伦敦空间发展战略》中提出，将伦敦分为5大分区和5大现代服务业功能区，并将某些具体区域界定为基本区域、强化区域和重建区域，有效保证了都市圈的有序发展。

伦敦都市圈协同发展在政策引导下，保障了都市圈规划的方向，再加上相关法律手段的支持作用，有效地促进了伦敦大都市圈的形成和协同发展。

第二节　巴黎都市圈

巴黎都市圈有广义和狭义之分。广义的巴黎都市圈主要由大巴黎城市群、莱茵—鲁尔城市群、荷兰—比利时城市群所构成，覆盖了法国巴黎，荷兰阿姆斯特丹、鹿特丹、海牙，比利时安特卫普、布鲁塞尔和德国的科隆等大城市，是以巴黎为核心、跨越四国、涵盖三大城市群的巨型城市化区域（杨俊宴、褚振坤等，2006）。狭义的巴黎都市圈主要由巴黎市区、近郊3个省、远郊4个省组成，也被称作大巴黎都市区，素有"法兰西岛"之称，辖区总面积12012平方千米，是欧洲人口最密集的都市地区（张强，2009）。本书主要是指狭义的巴黎都市圈。

巴黎作为巴黎都市圈的核心城市，是世界著名的历史名城及现代化国际大都市，在世界城市体系中占有举足轻重的地位（刘道明，2003）。除此之外，巴黎外围还设有城市副中心，及由其在国际上首次提出的新城和卫星城，共同构成了巴黎都市圈。

一　"一核两层"的城市空间布局

巴黎都市圈的城市布局是以巴黎市为核心，沿两条河延伸，即塞纳河和莱茵河。目前，巴黎都市圈在空间上被分为两个圈层：第一圈层是巴黎市，包括巴黎市辖的20个区，总面积105平方千米，虽然面积不足巴黎都市圈的1%，但集聚了213万人口，占都市圈总人口的19%和将近都市圈40%的地区生产总值；第二圈层是巴黎大都市区，简称巴黎大区，包括巴黎市区、近郊3个省和远郊4个省，是欧洲集聚度最高和最有竞争力的地区。巴黎都市圈由于地处欧洲南北轴线的中间，因此，在欧洲市场占据着中心位置。

二　以总部经济为主的产业发展模式

巴黎都市圈的产业结构经历了以工业为主到以服务业为主，经济结构已经高度服务化，第三产业就业比重超过80%，远高于全国70%的平均水平，文化、教育、艺术及旅游产业高度集聚，是世界著名的文化艺术之都。同时，巴黎都市圈是欧洲重要的总部基地和设立国际组织最多的地区，集聚了法国96%的银行总部、70%的保险公司总部和将近400多家的国际组织，并且，在法国注册的大公司中有67%的公司将总部设在巴黎都市圈，使其成为欧洲地区总部经济最为发达的区域。除此之外，巴黎都市圈的科技研发能力居欧洲第一，该地区拥有欧洲最为优质的人力资源，集聚了整个法国地区将近一半的研发人员、40%的大学生和42%的私人企业工程师，高级管理人员及高级知识分子的从业人员高达26.6%，远远高于法国其他地区11.7%的平均水平。

其次，尽管第二产业不再是巴黎都市圈的支柱产业，但其仍然是整个法国地区乃至欧洲最重要的工业基地，飞机、汽车、服装、化妆品及医学等工业在全世界都有着举足轻重的地位，使该地区的工业产值占全国工业总产值的25%以上。

总体上看，巴黎都市圈以占法国2%的国土面积和18%的人口，创造了全国28%的地区生产总值，承载了众多的高端功能和经济活动，是欧洲最富有的地区。

三　密集的轨道交通网络系统

巴黎都市圈具有十分发达的交通运输网络，其公共交通系统非常完善，有效连接着市中心和郊区的有序运行。

巴黎最引以为傲的公共交通就是地铁系统，无论从其覆盖范围还是完善的管理上看都是世界一流的。巴黎地铁就像一张密集的网络罩住巴黎及其外围的城市；RER捷运是巴黎都市圈第二重要的交通运输方式，主要应用于巴黎市中心到巴黎郊区，其在市中心的站点也有很多，和地铁站紧密相连（杨青山，1996）。

此外，巴黎市政府还开展了延长地铁线、扩建有轨电车、优化出租车管理、提倡自行车出行等一系列促进都市圈通达性的工作。不仅如此，都市圈内的联系还可以通过密集的高速公路网、铁路网、海港及机场来完成（刘艳荣，2011）。

四　环境与生态并重的绿色发展模式

巴黎都市圈非常重视生态环境建设，采取环境与生态并重的绿色发展模式。

1981—1999 年，巴黎都市圈的公共绿地面积增加 140 公顷，总面积升至 496 公顷，人均绿地面积为 13.94 平方米，再加上部分森林面积，绿化面积达到 22.3%。在增加城市绿地面积过程中，政府还不断地建设市级、区级、社区公园，最小的公园只有 92 平方米，最大的公园有将近 3.5 万平方米（黄晓蕾，2010）。

除此之外，巴黎是欧洲历史上第一个对城市的宝贵自然财产——树木进行有效保护的城市。为了便于管理，巴黎都市圈为城市内的每一棵树木建立了档案盒和辨认卡片，并为当地的树木保护行动记载了"树木报告"，同时，在进行建筑改造时，还会与开发商签订协议，保护建筑工地的每一棵树木，有效地改善了当地的绿化环境。

此外，巴黎都市圈还制定了多部法律法规，如《法兰西岛地区发展指导纲要（1990—2015）》，提出将保护自然环境作为首要目标，尊重自然环境与自然景观、保护历史文化古迹、保留城镇周围的森林、保留大区内的绿色山谷、保留农村景色、保护具有生态作用的自然环境等都被列为必要的措施。

五 健全的协调发展机制

巴黎都市圈主要是在市场机制的主导下形成的，随着工业革命时期工业企业的大力发展，生产要素自发集聚，并逐渐形成蔓延之势，使巴黎都市圈的规模日益扩展（蔡龙，2003）。在其建成过程中成就巴黎都市圈的另一个重要原因，就是政府运用法律手段支持都市圈的规划执行，以法律形式规范城市规划，并对城市空间实行了有效统一的规划管理。

政府的法制规范及正确的规划指导，使巴黎都市圈充分发挥其优势，使其在欧洲乃至整个世界占有重要地位。在巴黎都市圈形成前期，都市圈内很多区域行政壁垒区划严重，造成区域之间难以统一管理，为此，1994 年出台了《巴黎大区总体规划》，该指导性文件提出要打破行政区划壁垒，对城市发展实行统一规划。经过 20 多年的波动，该法规仍然保持着其权威性和可执行性，并且对促进法国经济发展和巴黎都市圈的最后建成起了重要的指导作用。同时，随着欧盟的东扩，巴黎都市圈中的区域平衡发展显得极为重要，为此，《巴黎地区国土开发计划》提出降低巴黎中心区密度，提高郊区密度，促进地区均衡发展的观点。随后，又通过《城市规划和地区整治战略规划》《巴黎地区整治规划管理纲要》《巴黎地区区域开发与空间组织计划》《城市规划和地区整治战略规划》等一系列指导规划强调：巴黎都市圈整治的基本原则是强化均衡发展，促进城市之间的合理竞争，区域内各中心城市之间、各大区之间保持协调发展。此外，政府还通过这些法律法规将巴黎都市圈内部划分为建设空间、农业空间和自然空间，三者兼顾，相互协调，均衡发展（米尔科·塔尔迪奥、卡罗琳·久里奇等，2012）。除此之外，政府还明确了对哪些内容干预，哪些内容明确不干预，但是，会对一些重大的项目富有决策责任，如大型基础设施建设、建筑产业政策、城市开发组织、环境保护与巴黎盆地地区的协调等。

巴黎都市圈通过政府这样一系列的规划和调整把一个城市所具有的多种职能分散到规模不同的各个城市之中，以此形成了一个大中小城市体系健全、城市间实现有机合分工和协作的都市圈（章昌裕，2007）。

第三节 纽约都市圈

纽约都市圈，位于美国经济最发达的东海岸，北起缅因州，南至弗吉尼亚州，共跨越了 10 个州，主要包括纽约、波士顿、华盛顿、费城和巴尔的摩五个大城市，40 个 10 万人以上的中小城市，31 个县区以及涵盖了 200 多座城镇，是一个综合的社会经济区域。都市圈总面积 13.8 万平方千米，占美国整个国土总面积的 0.4%，人口占美国总人口的 20% 以上，城市化水平达到 90% 以上（唐艺彬，2011）。

纽约都市圈的形成过程随着美国经济的发展可以分为四个阶段：

第一阶段是 1870 年以前，美国各城市还处于孤立分散的状态，人口和各种经济活动不断向城市集中，使城市规模不断扩大，但城市间联系相对薄弱，众多小城市及其地域空间结构呈松散分布状态。

第二阶段是 1870—1920 年的区域性城市体系形成阶段，在这个阶段中随着美国产业结构的变化，城市规模急剧扩大，数量显著增加，以纽约—费城两个特大城市为核心的区域城市发展轴线开始形成，区域城市化水平明显提高。

第三阶段是 1920—1950 年的雏形阶段，美国社会经济发展进入工业化后期，城市建成区基本成型，中心城市规模急剧扩大，单个城市中的人口和经济活动集聚达到顶点，城市发展超越了建成区的地域界线，并逐步向周边郊区扩展，形成了大都市区。

第四阶段是 1950 年以后的大都市圈成熟阶段，科技迅猛发展，城市产业结构也不断升级，都市区空间范围扩大，并沿发展轴紧密相连，大都市圈自身形态演变和枢纽功能逐渐走向成熟，发展成跨越多州的大都市圈（王旭，2006）。

一　"金字塔式"一核四层城市空间布局

纽约都市圈是以纽约曼哈顿岛为核心，逐步向外蔓延和扩散，并最终在空间结构上形成了四个圈层：第一圈是核心圈，主要包括纽约曼哈顿地区，该地区是纽约的城市商务活动中心和高档功能集聚区，也是整个纽约都市圈的核心和美国经济的心脏，是一个典型的中央商务区，总面积约为 58 平方千米；第二圈是纽约市城区，主要包括纽约市辖的曼哈顿、皇后、斯塔滕岛、布朗克斯及布鲁克林五个自治区，总面积约为 830 平方千米；第三圈是纽约大都市区，包括纽约市区及周边若干郊区相连接组成的区域，是都市圈内主要的通勤区域，也是纽约都市圈的内圈，总面积为 10202 平方千米；第四圈是纽约都市圈，即跨越 10 个州，包括五大中心城市的空间范围，总面积为 13.8 万平方千米（张强，2009）

纽约都市圈的空间结构犹如一座金字塔：塔尖是纽约，第二层是波士顿、费城、巴尔的摩和华盛顿四大城市，再下面一层则是围绕在 5 个核心城市周围的 40 个中小城市，这些城市之间各具特色，使核心城市纽约与周围城市之间形成了合理的地域分工和错位发展，并结合产业链之间的深度融合、相互补充，使纽约都市圈成为世界上最完善、城市功能分异最明显、城市竞合运行最有序的大都市圈（陈睿，2007）。

二　优势互补、分工明确的产业发展模式

纽约都市圈的产业发展模式特色鲜明，特别是圈内各中心城市之间形成了功能互补、错位发展的格局。

从产业的空间分布来看，纽约都市圈的几个圈层存在明显的产业集聚和转移梯度差异：以纽约市为主的核心圈大都是以高附加值、高技术含量、知识密集型的现代服务业为主，如金融业、房地产业、信息业、艺术娱乐业、科技服务业等；纽约都市圈的内圈主要是经由核心圈产业转型升级后转移出来的产业，如制造业以及满足当地居民所需的零售业、医疗、社会救助业等；而都市圈的外圈重点是承载农业及基本的零售业（林兰、曾刚，2003）。

纽约作为都市圈的核心，以占都市圈不到2%的国土面积，承载了都市圈38%的就业人口和34%的经济总量。而周围其他城市根据自身特色，形成各自的产业亮点，错位发展。如波士顿的高科技产业、费城的国防及航空工业、巴尔的摩的矿产冶炼工业以及首都华盛顿的政治中心和发达的旅游产业，这些城市的发展离不开纽约金融中心的辐射作用，同时各城市之间的发展又会影响核心城市的发展，都市圈内如此多元互补的产业格局使城市间的整体功能远远大于单个城市功能的简单叠加。

三　发达的公共交通运输体系

纽约都市圈的交通运输情况十分复杂多样，且与周边地区的交通流量十分庞大，已经形成由轨道交通、公共汽车、海运、空运及隧道运输多种运输方式构成的发达公共交通运输体系。

首先，纽约都市圈拥有全美最发达的运输系统，其中，纽约地铁是世界上最大的公共运输系统之一，其名虽为地铁，但约40%的路轨形式为地面或高架。

其次，公交、渡轮也是人们较常选择的交通出行方式。都市圈的公共汽车网遍布都市圈整个区域，并在多处与地铁网配合转乘，形成了便捷的交通网。同时，纽约都市圈还采取"公交优先"的政策，鼓

励市民多乘坐公交车、少开私家车。

纽约都市圈与全美各地的往来也十分便利，通过复杂的铁路、公路网以及发达的航空运输，使人们能够快速、方便地往返于各个城市，大大提高了纽约都市圈的运输效率（Federal Transit Administration，2009）。至于出租车、直升机等其他的交通设施，在整个交通运输的使用上虽然比例较小，但仍然在都市区的发展过程中发挥了重要的辅助性作用。

四　绿色自然生态模式

在生态环境方面，纽约都市圈致力于构建绿色自然生态模式（Edward J. Blakely，Alexander E. Kalamaros，2003）。2007 年推出"绿色纽约计划"，该计划的实施成为城市可持续发展的范式。自计划推出以来，都市圈实施了 100 多个涉及城市生活方方面面的举措，如为了减少城市的碳排放量，不仅投入了新的混合动力公交，增加了数百千米的自行车道及步行街，而且还更新了城市渡轮，用替代燃料置换了过去的内燃机；为解决城市烟尘污染问题，政府推出了由非政府组织和房地产行业共同合作、寻求建筑物多样化燃料能源运营的合作项目等。

不仅如此，都市圈政府还致力于把庞大的绿色自然景色搬到繁华的都市区，意在让居民可以真切地融入自然。例如，纽约的绿色屋顶一直赫赫有名，屋顶上种植了大量的绿地和农作物，成为城市中的别样风景，在此，不仅怡养性情，更为城市的生态和健康做出一份贡献。

五　市场主导下的规划引领机制

美国是一个高度发达的市场经济国家，因此，市场机制是推动美国经济发展的主导力量。纽约都市圈能够成为美国经济的增长极，成为世界经济、金融的中心，更离不开市场的主导作用。

除市场机制之外，对都市圈形成影响最大的就是美国区域规划协会（RPA）。RPA 规划的突出特征就是整合区域市民、企业和政府的力量，三者共同采取行动，推动都市圈整体竞争力，这在纽约都市圈的形成和发展过程中发挥了重要作用。

自 1921 年以来，RPA 先后对纽约大都市圈做过三次区域规划：第一次规划是 1921 年的《纽约及周边地区的区域规划》，主要内容就是解决郊区延伸带来的城市建设铺张浪费、土地资源利用效率低下等问题；第二次规划是 1968 年，都市圈试图建立多个城市中心，但因土地资源利用效率低下，城市空洞化现象严重，导致最终失败；第三次规划是 1996 年，建设美国东北部大西洋沿岸城市带，确立拯救都市圈的新理念，其宗旨就是在世界经济一体化的进程中增强都市圈区域经济的整体竞争力，促进区域协调发展和共同繁荣，这次规划实施的结果强化了纽约在都市圈产业结构调整中的主导地位，城市实力得到增强，周围地区的发展条件也得到相应改善，优化了资源配置，协调发展成效明显（罗思东，2004）。

第四节　东京都市圈

东京都市圈位于日本列岛东南侧，濒临东京湾。东京都市圈指日本的首都圈"一都七县"即东京都、神奈川县、千叶县、埼玉县、茨城县、群马县、栃木县和山梨县，总面积 3.63 万平方千米，占全国总面积的 9.6%，人口占全国人口的 32.89%，生产总值约占全国的 1/3，是日本经济的核心地带，城市化水平达到 90% 以上。

一　层次分明的多中心模式

20 世纪 80 年代之前，东京都市圈的空间结构呈以东京"一级依存"的态势，20 世纪 80 年代以后，都市圈转为"多中心"模式，即以东京、多摩地区、神奈川地区、埼玉地区、千叶地区、茨城南部地区为中心的都市圈。

除多中心之外，东京都市圈在空间结构上还划分为三个层次：第一层是东京都内城区，包括东京都核心三个商业中心区和其余所辖的 20 个区，面积约 600 平方千米，人口约 820 万；第二层是东京都地区，包括东京多摩地区和内城区，面积约 2100 平方千米，人口将近 1200 万；第三层是东京都市圈，包括东京都和郊区的 7 个县，面积约

11200 平方千米，人口约 2000 万。

东京都市圈的核心东京都也曾面临人口拥挤、交通拥堵的常态化问题，为了有效地疏解首都功能，在都市圈内部建设"七大副都心"，外部建设"三大新都心"以及建设新城和筑波科技城等措施来实现（滨野洁，2010）。副都心以新宿副都心为例，1991 年东京都政府搬迁至此，有效分散了城市的中心区功能（常艳，2014）。此外，还有位于东京都邻县的"横滨 21 世纪未来港"、幕张、埼玉三大新都心，这些新都心利用原来的工厂旧址或填海造地搞开发，有效分散了东京中心区域的人口和产业；同时，日本政府还在东京都市圈的郊外大力建设新城，如著名的多摩新城、港北新城、千叶新城等（王涛，2013）。日本政府还积极向外转移科研机构，最主要的措施是建设"筑波科技城"，这些措施的实施有效地分散了东京的首都功能。

二 核心集聚、错位发展、适度分工的产业发展模式

作为都市圈的核心城市，东京的城市功能是高度综合性的，既具有纽约的金融功能，又有伦敦的政治功能，也含波士顿的教育与创新功能，更有强大的工业中心功能，是一个集"纽约＋伦敦＋波士顿＋伯明翰"多种功能于一身的世界级城市。与其他世界级大都市相同，东京也是以第三产业为主的城市，所占比重为 90% 左右。同时，东京的总部经济功能十分突出，集聚了 50% 以上的全国年销售额超过 100 亿日元的大公司、100 多家银行总部和 86% 的证券交易，拥有世界 500 强和最大跨国公司数量甚至超过了纽约和伦敦。东京的经济规模明显高于世界城市纽约和伦敦，经济总量大约为都市圈内排名第二位的中心城市大阪的 4 倍左右。

在东京都市圈内，除核心城市产业集聚之外，都市圈还拥有一批与东京错位发展、适度分工的次级中心城市，如大阪、名古屋等，这些城市虽然也已经进入服务业阶段，但作为制造业中心城市的特征依然明显。如位于大阪的著名的阪神工业区，其工业规模仅次于东京，第二产业比重仍高达 21.3%。而名古屋属于典型的传统重化工业城市，汽车、机械、钢铁、石化是其主要支柱，依托这些重化产业群，形成了许多专业化的产业新城等。

三　以轨道交通为主，职能分工明确的交通网络体系

东京都市圈交通状况井然有序，很少出现交通阻塞的现象。这主要是因为都市圈内已经形成了以轨道交通为主、职能分工明确的现代交通网络体系（日本城市规划学会，1992）。

东京都市圈秉承"交通引领城市发展理念"。从空间组织上看，其交通网络可以分为三个圈层：中心城区15千米范围以内是综合枢纽集中分布区域，聚集了高密度的城市轨道交通，以东京站、秋叶原和新桥为辐射中心，呈环形的放射线性布局；都市圈15—30千米范围内是国家级、区域性交通网络廊道集中分布区域，同时也是国际空港和国内机场集中分布的区域；在30—60千米圈层范围主要是以城际轨道和市郊铁路来承担客运交通，其中郊区铁路构成了东京都市圈公共交通的骨架，如东京都市圈通过城市铁路、郊区通勤铁路承担了83%的公共交通运输量，同时，还承担了大量的区域性货运职能。在交通时空关系上，采用轨道交通、郊区铁路的都市一小时通勤圈范围一般在30千米以内，而依托高速公路网和铁路的两小时都市物流交通圈范围在80—150千米左右。

四　融入可持续发展理念的生态都市圈

东京都市圈作为一个经历过环境污染到生态治理过程的区域，十分注重生态环境保护，构建绿色低碳的城市环境。

在体制层面上，东京都市圈制定了一系列地方法规，如《东京都环境基本条例》《东京都环境影响评价条例》等，完善生态文明建设的法律体系，并将各个领域环境管理纳入综合行政体制中，提高了环境管理的整体性、综合型及时效性。例如，在2003年，东京都市圈推出了日本第一个对PM2.5以下颗粒，尤其是柴油机、汽车尾气排放颗粒的严格立法，规定进入东京的每一辆柴油车都要接受检测，没有安装过滤器的汽车不能进入东京（黄喜、陆小成，2015）。另外，在规划中，政府还加强对区域生态环境保护的统一管理，并建立和完善了重大环境质量预测、检测和信息反馈系统，对环保执法加大了力度，同时在管理体制上注重保障区域的共同维护、联合治理，形成了区域生态环境保护的整体效应。

东京都市圈还制订了环境计划和绿地计划，旨在构建由绿化和水包围东京的优美城市形象，打造城市"绿色网络"，加强产业升级与结构优化、重视能源消费转型，加强绿地规划和城市公共绿地建设（姜秀娟、郑伯红，2006）。

此外，东京都市圈还加强技术创新驱动，重视低碳环保技术研发、推广和应用。例如，都市圈创新垃圾焚烧技术，对垃圾焚烧末端进行无害化处理技术，有效地解决了垃圾焚烧过程中产生的"二噁英"问题等。

五 市场推动下的政府协调机制

东京都市圈的形成与发展，以市场推动为主。在东京定为日本首都之后，东京地区的工业率先发展，人口迅速集聚，海运、采矿、造船和钢铁业获得迅猛发展。随后，日本处于战后恢复重建时期，需要大量的土地、劳动力、紧靠大城市、海运以及便利的铁路、公路等交通条件（王虎，2003），为此，都市圈的贸易和重化工业蓬勃发展起来，产业和人口在东京高度聚集，核心城市东京的城市功能日益强大。核心城市的辐射效应使东京向周边城市和地区进行产业转移，进而形成以东京为中心、经济技术文化紧密相连、分工较为明确的东京都市圈，并成为日本国民经济的主要聚集区域。

东京都市圈的发展和经济整合，除市场机制因素之外，政府历次的规划协调也起了很大作用（王郁，2005）。

1956—1999 年，日本政府先后五次对东京都市圈的基本计划和开发方式做了修订，国土厅还根据 1950 年制定的《国土综合开发法》，先后五次推出了指导全国区域经济发展的《全国综合开发法》，从而把东京都市圈的整治纳入法制化轨道。东京都市圈五次规划内容如表 1－1 所示。

表 1－1　　　　　东京都市圈历次规划内容

次数	规划期限（年）	规划地域范围	规划思路
1	1958—1975	离东京市中心半径约为100 千米的地域	在东京中心区外设置 5—10 千米绿化地带，防止建成区膨胀；在市街地开发区域建设卫星城，吸收人口及产业

续表

次数	规划期限（年）	规划地域范围	规划思路
2	1968—1975	东京、埼玉、千叶、神奈川、茨城、栃木、群马、山梨八都县	将东京作为全国经济高速增长的管理中枢，并对其进行相应的城市改造；在周边各城市开发区，继续推进卫星城市的开发政策
3	1976—1985	东京、埼玉、千叶、神奈川、茨城、栃木、群马、山梨八都县	改进东京市中心的一极依存形式，建设"区域多中心城市复合体"，形成多极多圈型结构，谋求周边区域的社会、经济、文化机能的发展
4	1986—1999	东京、埼玉、千叶、神奈川、茨城、栃木、群马、山梨八都县	延续第三次规划思想，进一步强化首都圈中心区的国力中枢职能，并提出发展副中心，承担中心区的部分功能；强化各组成区域之间的联合以及提高地区的独立性
5	1999—2015	东京、埼玉、千叶、神奈川、茨城、栃木、群马、山梨八都县及其周边区域	在第三、第四次规划的基础上，再次强调建立区域多中心城市"分散型互联网结构"的空间模式，进一步提出了以多样化、个性化的家庭办公等职住模式的设想

　　日本政府为了保障东京都市圈内不同圈层、廊道地区的功能有序发展与布局，保护生态网络空间，根据人口和职能区域疏解要求，制定了差异性的空间政策区，且针对不同的政策区制定了具体的管制细则：一类是以东京都区部及横滨—川崎地区为主的控制地带，抑制人口和产业的过度集中；二类是30—60千米范围内的优化发展地带，防止城市无序扩张，引导各类功能和就业岗位集中形成若干自律性发展城市，其中重点对生态绿地保护和工业厂区调整制定了管理细则；三类是以都市圈北部60千米范围以外的政策促进发展区，该区域以核心业务城市为主强调新功能的培育，并制定了相应的财政、土地特别支持策略（秦婷婷，2014）。

　　总体来看，东京大都市圈的形成和发展是多种因素共同作用的结果，市场作用与政府推动并行。日本政府一直通过政府规划和政策来影响和促进大型区域城市系统的有序发展，尽管存在多种弊端，但同时也正是这种大城市都市圈的存在促进了日本经济的迅速崛起。

第五节　首尔都市圈

首尔都市圈位于韩国的北部，地处盆地，是由以首尔为中心 70 千米以内的首尔特别市、仁川广域市、京畿道行政区及其下属的 64 个次级地方行政区组成，总面积约为 111791 平方千米，占韩国国土总面积的 11.8%，人口占韩国总人口的近一半（Soo Young Park，1995），从 20 世纪 70 年代中期首尔都市圈的形成开始，一直都是作为韩国的经济、政治、文化和教育中心。首尔都市圈的形成，始于 20 世纪 60 年代韩国工业化的快速启动时期，到 20 世纪 70 年代中期初步形成，20 世纪 90 年代趋于成熟稳定，经历了中心集聚快速发展、中心限制稳定发展、中心扩散外围发展三个重要的发展阶段（孟育建，2014）。

一　定位明确的圈层分布结构

2005 年，韩国政府制定的《第三次首都圈整备规划（2006—2020)》，把以首尔为中心的"单核"空间布局向"多核连接型"空间布局转化，同时将首尔都市圈划分为密度限制圈、成长管理圈和自然保护圈三个圈层，分摊了首尔过度集中的政治、经济和文化等多重职能，增强了圈域内的中心城市据点，提高了首都圈的整体竞争力。同时，该法规对首尔都市圈的范围做了界定，包括首尔特别市、仁川广域市和京畿道地区。密度限制圈主要涉及首尔全市，通过强制性措施限制首尔市人口过密，对工厂、大学等人口集中诱发设施的新、扩建进行总量控制，对一定规模以上的大型建筑物征收拥塞费。成长管理圈包括位于首尔市南北的京畿道地区和仁川市，该区域作为缓冲区来缓解首尔市人口过密发展对该域的影响，接受首尔转移出的人口和部分产业。自然保护圈位于首尔市以东的京畿道地区，作为自然保护带以限制过度的城市开发，主要用于保护首都圈居民的用水源——汉江流域水系的水质和周边绿地。

二　产业集群引领下的转型升级模式

首尔都市圈的产业升级经历了几个重大的产业转型升级过程（刘瑞、伍琴，2015）。20世纪五六十年代，首尔都市圈以制造业为主流，且具备较大的生产技术优势，凭借其丰富的人力资源和技术，着重推进电子装备和零部件的装配制造，并形成了首尔都市圈制造业产业中心——首尔九老区综合出口产业园区。

20世纪70年代，由于两次能源危机，发达的工业国家把部分能耗高、资本密集的重化工业向外转移。首尔都市圈以此借助国际产业结构调整的契机，加之国内重工业的薄弱，便将产业发展战略重点放在了重化工业上，如造船、汽车、钢铁、石化及有色金属等行业。然而，过度的重化工业造成了韩国国内产业结构严重失衡，为此，韩国又调整了经济战略，将产业重心从重工业转向了服饰制造、印刷和出版产业等重点产业。

20世纪90年代，首尔都市圈积极推进产业结构转型升级，主要致力于技术密集型的产业发展，包括信息技术、机械设备、材料物理、生命科学、航空航天、海洋等尖端技术产业，并形成了诸多重点产业的产业集群，提升了整个都市圈的竞争实力。

21世纪，首尔都市圈把高新技术、园区经济和招商引资作为培育未来核心竞争力的举措，大力发展电子信息、现代物流和金融保险，提高产业知识含量，推动制造业向服务业成功转型，并把制造业不断从核心城市向周边仁川、京畿道地区转移扩散，形成以首尔的现代服务业、京畿道和仁川的现代制造业为主导的分工协作产业格局（孙鲁军，1994）。

三　立体交叉公共交通网络

首尔都市圈的快速发展，得益于超前发展的基础设施，特别是综合性、网络化的公共交通设施，这在亚洲国家当中都是最为出色的，不仅增强了城市的承载功能，也为市民提供了方便舒适的生活条件。

首尔都市圈已经形成了由电气铁道、地下铁道、路面电车、公共汽车和出租车所构成的地面、地下和空中三个立体交叉的公共交通网络。地面网包括电车、公共汽车和出租车，服务城市内部短距离交通。都市圈内主要以轨道交通为主，分为市区线及市郊线，其中市区线主要服务首尔市范围，平均站间距仅为 1.1 千米，客流负荷强度较高，达到 1.9 万人/平方千米；市郊线主要联系首尔市与外围新城，平均站间距在 1.9 千米，运营速度相对较高，达到 43.8 千米/小时，以解决首尔市与外围新城的通勤客流（胡春斌、王峰，2015）。

首尔都市圈的交通设施建设有两个显著特点：第一，超前谋划、立足长远。基础设施建设非常注重满足长远发展需求，交通设施往往把未来 20 年甚至 30 年的需求考虑在内（马海红、孙明正，2010）。第二，合理布局，无缝衔接。首尔都市圈内交通复杂多样，但线路布局合理，干线、支线配合，铁路、地铁与公路交通在都市区纵横交错，交通节点上往往多种、多条线路重叠在一起设立车站，运行间隔短、密度高、速度快，实现了无缝对接、自由换乘等。

四　有序的生态安全格局

首尔都市圈的建设十分强调生态保护意识，重视城市的生态环境建设。为此，都市圈建立了有序的生态安全格局：在都市圈 30 千米范围内区域，由于人口和开发建设密度较高，采用绿带、大型主题公园、绿道等，在大城市周围采取划定区域绿带，开发卫星城、新城等举措（徐行，2006）。

韩国城市规划法的颁布，为创造开发限制区（主要是绿带）打下了法律基础（张可云、董静媚，2015），首先在以首尔为首都的大城市周边区域设置开发限制区域，其次逐步扩大至中小城市周边地区。首尔都市圈绿化带的设置成功控制了城市向周围农村地区的蔓延，并保护了城区周围的自然和半自然环境，这是政府对制定地区土地使用实现的强有力的法律控制（鲍龙、苗运涛等，2012）。

五　政府主导的"自上而下"发展机制

首尔首都圈的形成与发展，更多的是采用中央政府主导下的"自上而下"式开发模式。

从 20 世纪 60 年代初开始，韩国政府就一直致力于建立一种"政府指导的资本主义体制"，或实行"政府主导性增长战略"，即政府利用其强大的行政管理职能，通过各种途径有力地推行经济计划，使政府对经济的干预程度达到最大限度。从"五年计划"的目标，到各个发展阶段的战略工业的选择以及各项经济政策的制定，都体现出政府对经济的很强的计划性干预。20世纪60年代初，韩国的财力、物力、技术积累有限，在此情况下，韩国政府强调规模经济效果和对有限资源的有效配置，确立了"工业为主，大企业为主，大城市为主"的政策，从而使韩国的产业、经济都非常集中。

此外，韩国政府还多次利用综合规划，推动首尔都市圈的建设与发展。如在对首尔都市圈的城市功能进行分流时，政府就制定了相关法律规划，引导部分首都职能外移（蔡玉梅、宋海荣等，2014）：将首尔市南北的京畿道地区和仁川市作为缓冲区来缓解首都首尔的人口过密对于该区域的影响，接受首尔转移出的人口和部分产业，同时，进行适当的产业开发和城市开发，使周边地区经济得到了发展。并且在城市功能分流过程中，政府对从首都迁移出去的企业实行一定的税收减免政策，用税收杠杆刺激工业布局的调整。工业外迁以后，首尔的城市定位于集中发展更为专业化、创新性的金融、艺术、文化、科研等高端服务业。此外，韩国把行政部门迁移到世宗市，将集中在首都地区的人口和各种城市功能分散到这里，同时把世宗市发展为教育、文化、交通、福利的领先城市，有力地带动落后地区发展（赵丛霞、金广君等，2007）。

在城市建设的其他方面，市场机制也发挥了一定的作用。如在空间布局上，韩国政府的指导思想是以原有城市为依托实行工业的集中布局，然而，在20世纪50年代，尽管所建工厂数量有限，但产业分布已呈现了一定的区域性，主要集中于首尔—仁川地区，部分集中于釜山市和大丘市。但是，这种格局的出现，并不是由于国家政策干预所致，而主要是因为这些地区具有相对区位优势，随后，都市圈就把产业区位发展中心区设在京（首尔）仁（仁川）地区和东南地区，在京仁地区集中建设劳动密集型轻工业园地，在东南地区集中进行大规模重化学工业园地的开发。

第六节　多伦多都市圈

多伦多都市圈，又称大多伦多地区，是北美第五大都市区，位居墨西哥城、纽约、芝加哥和洛杉矶之后。多伦多都市圈包括多伦多市和约克区域、皮尔区域、达拉谟区域、霍尔特姆四个地级市，是加拿大人口密度最高的城市群，也是北美地区按人口排名第五的城市带，土地面积为 5904 平方千米，建成区面积 1749 平方千米。多伦多市是都市圈的核心，也是加拿大的金融中心和人口规模最大的城市。

一　空间结构及布局

多伦多都市圈的城市结构将城市划分为 6 个组成部分，即城市中心区及中央滨湖区、次中心区、城市干道、就业区、绿地及其他用地。

城市中心区聚集了商业大楼、医院、省市政府办公楼、文化和传媒机构、两所大学及其他重要设施；中央滨湖区并没有得到充分利用，有些土地甚至被荒废，三级政府（联邦、省及市）都为中央滨湖区的开发设立了基金，并且设立了 1 个"中央滨湖区建设机构"；市中心区外围的 4 个次中心区被确定为混合用地，这里有一些大型建筑，但它们的体量要比那些在中心区和中央滨水区的要小，每一个次中心都有相关的详细规划；城市干道是贯通多伦多市的主要道路，更为密集的城市干道将有待建成；就业区是中心区之外的现有工业和办公楼区，存在大量的工商业投资机会；绿地是指河滩及城市中的主要公园用地。

二　"倒逼式"产业转型升级发展模式

20 世纪 90 年代，作为加拿大的经济中心城市，多伦多与全球经济的联系更为紧密（尹德挺、史毅等，2015）。多伦多地区是加拿大制造业的中心，而当时该地区的制造业多为美国人所控制，使多伦多地区内部原有的传统资源产业部门发展严重滞后。随着北美自由贸易协议的签订，制造业企业因成本问题外迁，多伦多遭受的冲击远远大于其他城市，为此多伦多丧失了约18万个就业岗位，占当时加拿大因《北美自由贸易协定》而失去就业岗位总数的一半以上。多伦多也陷入了相对漫长的经济结构转型期，并逐渐从自由贸易协议引发的危机中解脱出来。随着制造业衰退，多伦多转向服务业发展，伴随着服务业的发展，制造业再次复苏，就业人数虽与危机前持平，但人均产出已有大幅提高，至今制造业仍是多伦多的支柱产业之一。

同时，多伦多加大向知识型和创新型产业部门的转移，一些富有竞争力的新兴行业成为拉动城市经济的重要引擎，包括航天、汽车、生物技术、商务服务业、金融服务业、旅游业、信息服务业等。除此之外，多伦多都市圈还进行了以信息通信技术为首的新技术应用的突破，这改变了多伦多原有工业的传统工作模式，使其由早先倚重资源型制造业发展转而依靠新型技术产业。

在这种多种新经济形态的不断演变过程中，多伦多都市圈的经济结构变得越来越多元化，并形成了新的经济形态，带动了都市圈内的城市经济与就业市场的转变。

三 高规格的轨道交通模式

多伦多都市圈拥有十分完善的铁路、空运、水运、地面、地下等多层次的公共交通运输体系，其公共交通的总体规模在北美处于第三，仅次于纽约和墨西哥市。多伦多都市圈拥有世界上最多的轻轨交通（Edward J. Levy、尤文沛，2005）。此外，多伦多还有无轨电车网络，这种交通工具的运载量介于有轨电车和公共汽车之间，且它们没有污染，很安静。在城市的外围地区，铁路线路呈辐射状连接着市镇及其周边地区。多伦多大都市区的交通系统运载能力和覆盖范围一直在不断地扩展，正是这种高密度、多样性和成功的公共交通系统才是城市可持续发展的基础。

四 融合自然的生态模式

在生态网络空间构建方面，多伦多有着自己独特的方式。为了更好地满足人们接近自然的要求，整合城市的自然和人文资源，多伦多政府从20世纪60年代开始着手逐步构建生态网络系统，分多个片区将城市拥有的宝贵资源如峡谷、公园、历史遗存、街区邻里花园、湖滨水岸和社区联系起来（秦波，2005）。

同时，多伦多在绿化方面也有自己独特的方式：绿化带沿河布置，并由北向南贯穿全城，形成公园的起伏地带以及开放空间系统。当绿化带沿河布置时，它不仅起到防洪的作用还可作为休闲长廊，同时这个绿化带长廊还可间接地起到为野生动物提供集聚和迁徙路线的功能。

这种生态网络系统的构建，不仅改善和美化了都市环境，同时给野生动物提供食物和栖息环境，花园和街景也给历史建筑和现代建筑周边提供生动鲜明的对比，历史建筑中斑驳的各色墙体沿袭着整条步道，步道和花园中还设置有壁画、雕塑雕像体现和强化着多伦多的历史文化精神。

五　政府主导的开发治理模式

多伦多都市圈主要采用政府主导的开发和治理模式。多伦多在区域网络合作治理模式上更关注合作和网络化的大都市区治理，立足于区域整体发展，对区域内城市建设、产业布局、资源配置等进行规划，建立区域内互惠、合作和共同发展的网络体系（让·皮埃尔·科林、雅克·勒韦勒等，2009）。

（一）出台大都市区域规划

2003 年选举的新一届省政府致力于大都市区域规划，促进多伦多地区发展。新政府对多伦多地区的规划包括有关重新分配政府间职责、财政、财产税、环境及农田保护等方面（Douglas Young，2005）。且新的区域规划主要着眼于建立一个决策协调框架，以及确定优先对那些基础设施项目进行投资，以便在保证建设健康社区及保护敏感的自然区域的基础上，促进经济有效发展，增加环境承受力。如在区域内建立有序的交通系统，以促进公共交通的使用；通过政府与私营部门的合作，从实体上改善基础设施；通过吸引技术和投资来确保区域经济具有国际竞争力；鼓励高密度、合理使用土地，使区域开发更为紧凑；等等。

（二）城市合并

1953 年多伦多市成立了市和区域两级管理政府，多伦多大都市政府负责区域公共事务，13 个地方自治市仍旧行使各自的地方权力。1967 年这 13 个自治市被整合为 6 个级别较低的行政区。这一基本结构一直维持不变，直到 1998 年这 6 个行政区又与多伦多市合并为新的"大都市"——多伦多市（张小明、陈虎，2006）。之后，多伦多市又与其周边四个行政区共同组成了大多伦多地区，利用整体规模经济优势，核心城市带动周边地区，增强了合并后城市的竞争力，使其日后的经济发展受益良多。

（三）地方政府结构重组

多伦多市由于其在区域规划及大都市区治理方面的创新而闻名于世。如首次建立了市和区域两级政府管理模式；与该都市圈其他 12 个自治市合并，共同建立多伦多大都市政府。根据当地法律规定，大都市政府必须每年制定出收支平衡的预算。经费来源包括物业税、省政府津贴及转账款项、使用服务者需要缴付的费用如多伦多岛渡轮船费、固体废弃物处理及弃置费。大都市政府负责资助、提供社会福利援助、房屋补助、公共运输、救护车、养老院、社区公共服务以及环境保护等方面服务。大都市政府有权借款开办新的公车路线、建筑道路、楼宇等其他资本性的计划。同时，各自治市仍旧保留其地方政府，并且多伦多大都市政府与其他地方政府进行了明确的职能分工：大都市政府主要承担公共运输、警察/救护车、社会服务以及交通等职能，旨在管理区域公共事务，投资区域基础设施建设，实现整个区域内的和谐发展。地方政府则主要承担税收、地方电力供给、公共健康、娱乐、工业用地、火灾防护等职能。两级政府共享的职能包括经济发展、道路规划、废品处理、水资源供给、固体废弃物处理、图书馆、学校以及营业执照的许可等。

（四）建立大都市联盟

多伦多地区建立的大都市联盟主要包括城市联盟体、多伦多地区特别小组、多伦多规划局和多伦多协调委员会等。城市联盟体的代表由大都市区内的所有市政当局直接选举产生，城市联盟体为解决跨城市问题、区域整体经济发展、政策规划、交通等问题提供建议；多伦多地区特别小组目标是调节日益增长的超过大都市管理范围的矛盾冲突。它的工作主要包括为多伦多地区的未来管理指明方向并且使大城市的中心区域重拾信心、提升当地政府的成本效率和响应能力、促进多伦多地区的多样性的融合，同时保持当地的本土特色以及在多伦多地区以公平、竞争、自主选择的原则来实现地方自治（罗纳德·J. 奥克森，2005）；多伦多规划局旨在为城市规划提供建议，而多伦多协调委员会由各省、市的代表组成，旨在改善制度层面的不足，并且为多伦多规划局提供秘书专员以协调提供服务中遇到问题，以及努力促成区域政策的一致通过（汪波、米娟，2013）。

第二章　国际经验对京津冀的借鉴与启示

六大都市圈形成时间长，建设相对成熟，已基本实现区域城市的联动效应。相比之下，我国的京津冀都市圈发展起步较晚，还有很多的现实问题亟待解决。研究借鉴英国、法国、美国、日本、韩国、加拿大等国家都市圈建设方面的相关经验和有效做法，有助于更好地破解京津冀协同发展面临的难题。

第一节　世界大都市圈发展的基本特征

一　都市圈是在城市化、工业化和市场化的共同推动下形成的

都市圈的形成是城市化、工业化和市场化的互动过程，是工业发展、社会分工和市场细化的自然结果。首先，随着科技的不断进步，规模经济效益显著，促使区域内产业与人口在空间上不断集聚，大城市化趋势明显，人口和财富不断向大城市集中，造成大城市数量急剧增加，进而出现都市圈的城市空间组织形式，因此，都市圈是城市化发展到成熟阶段，进入高级阶段的重要标志。其次，工业化是城市化发展的根本动力，且带动城市化的发展，这是世界都市圈发展的另一个重要特点。工业革命开始于英国，因此，英国是世界上最早开始工业化和城市化的国家。在工业革命的推动之下，英国的城市化进程十分迅速，曼彻斯特、伯明翰、利物浦等一大批工业城市迅速崛起成长，并在工业革命中形成了城市密集地区。随着资本、工厂、人口向城市的迅速集中，伦敦和英格兰中部地区进而形成了由伦敦、伯明翰、利物浦、曼彻斯特等城市聚集而成的伦敦都市圈。最后，都市圈

的发展还与世界经济重心的转移有着密切关系。18 世纪后，工业革命使英国成为世界经济增长中心，形成了以伦敦至利物浦为轴线的伦敦都市圈。到 19 世纪，欧洲大陆的兴起，使西欧地区成为世界经济增长中心，形成了以巴黎为中心的巴黎都市圈。而进入 20 世纪，随着世界经济增长中心从西欧转移至北美，在美国东北部和中部地区形成了波士顿—纽约—华盛顿都市圈以及北美五大湖沿岸都市圈。

二　大都市圈主要形成于城市化的高级阶段

在各大世界都市圈的形成和演变过程中，大多数发达国家都会经历如下阶段：当城市化发展到一定阶段时，城市的各种资源要素、人口和产业会向大城市不断聚集，从而因工业和人口的过度集中带来一系列"城市病"，如交通拥堵、人口住房紧张等问题。政府为了解决这些问题，通常都会有意识地在离大城市不远的郊区建立新城，将工业和人口大量外迁，疏解核心城市的功能，使核心城市、周边城市及卫星城在地域空间范围内形成城市功能区域相连的复合体，在这种城市郊区化和扩散化时期，都市圈应运而生。上述六大都市圈都是形成于城市化的高级阶段，资源和要素不断向外疏解，中心城市功能实行有机分散，人口和产业向郊区或周边中小城市转移，伴随着交通技术的发展，轨道交通和高速公路成为联系各个城市的主要交通手段。

由此，都市圈的形成需要城市之间的联合发展趋势不断增强，打破区域之间的行政"割据"，中心城市加大对周边城市的辐射作用，借助高速公路和铁路等主要交通手段，加快城市化的进程，致力于形成经济一体化的局面。

三　大城市的发展在都市圈的形成过程中发挥了主导作用

发达国家的都市圈大体上经历了两三百年的漫长演进过程，在这个过程中，出现了一批以集聚城市化为主的大城市、超大城市，使人口与产业在空间上一方面向大城市集聚，另一方面向大城市郊区扩散，从而形成由众多地域相连的城市连绵组合而成的都市圈。

这种都市圈形成模式，即在各种规模城市中，由大城市居优先增长态势，发挥其中心辐射作用，带动周边地区的发展，使周边一定范围内的地域变成城市化的地区，即所谓"大都市区化"（王玉婧、刘学敏，2010)，这是世界大都市圈城市化的一般规律。

以伦敦都市圈、纽约都市圈以及东京都市圈为代表，在伦敦都市圈中，伦敦作为都市圈的核心城市，以其悠久的历史文脉、优越的区位条件、完善的基础设施和发达的服务经济，成为世界首屈一指的历史文化名城、国际金融中心和国际组织总部集聚地，并带动周边的次级中心城市，包括伯明翰、曼彻斯特、利物浦等，形成了明确的分工和合理的定位，共同服务于伦敦都市圈；在纽约都市圈，纽约作为都市圈的核心，是世界上首屈一指的金融中心，城市内集聚着大量发达的总部经济和种类齐全的高级服务业，同时，纽约借助其资本优势，带动周围其他城市根据自身特色，形成各自的产业亮点，并与其形成错位发展之路；在东京都市圈内，除核心城市东京之外，都市圈还拥有一批与东京错位发展、适度分工的次级中心城市，如大阪、名古屋等。这些都是大城市的发展在都市圈化进程中发挥了主导作用，并派生出以大城市为中心的大都市圈（区）的构造体系。

四　都市圈的发展需要市场或政府力量的推动

综观上述六大都市圈发展模式，都市圈发展的主要推动力量既可以来自经济上自发的聚集效应，也可以来自当地政府的支持，即市场主导型和政府主导型两种形式。

市场主导型的都市圈主要以伦敦都市圈、巴黎都市圈、纽约都市圈和东京都市圈为代表。这些都市圈都是在国家推行市场经济模式的大背景下形成的，主要依靠市场因素和产业聚集效应，通过城市自身的发展自发形成。这种发展模式遵循经济社会发展的自身规律，很少受到政府的干预，是欧美日都市圈发展的主流模式。但市场主导的模式也存在一些弊端，欧美日都市圈在城市环境和可持续发展方面也走过很多弯路，如伦敦和纽约都市圈都曾出现过十分严重的环境污染，这依靠市场难以解决，主要是通过政府几十年的治理，才发生了根本性变化。

相比之下，首尔都市圈、多伦多都市圈则是政府主导型的都市圈。这些都市圈所在国家通常与欧美发达国家的发展水平都有一定的差距，其经济发展战略具有较强的赶超色彩，因此主要是在政府的主导之下发展，由政府对经济起干预和支配作用，并向一定的工业产业或城市政策倾斜。这种发展模式在短期内对经济和城市的发展作用明显，但从长远来看，并不能解决城市及都市圈中增长的动力机制问题，也无法有效地完成社会分工和市场细分，会导致都市圈之间的不平衡增长，造成严重的社会问题（张亚明、张心怡等，2012）。

五　都市圈的长远发展需要通过集约型模式的经济增长方式

不同的国家在不同的时期增长方式不同，使都市圈的发展也呈现出不同的水平和特征。但可以发现，那些发展水平高，竞争力强的都市圈都是通过集约型模式的经济增长方式实现大规模的聚集效应，从而实现都市圈能级的提升。

集约型都市圈的发展主要是依靠技术创新、人力资本积累、集聚效应、学习效应等因素推动，在扩大规模和增长速度相同的情况下，都市圈受资源约束的压力较小，呈现出稳健的增长态势，特别是核心城市的辐射效应较为明显，可以有效地实现都市圈能级的提升，以较好地避免都市圈发展过程中带来的负面效应。相反，粗放型发展模式主要表现为以大量的生产要素，如土地、资本等的增加来推动都市圈发展，其中投入要素的增长速度通常远远高于城市经济的增长速度，发展过程中普遍存在着技术创新效率低、智力资源稀缺、产业结构不合理和经营管理落后等现象，虽然粗放型发展模式在短期内可以促进都市圈的发展，但长期看来代价很高。而且，粗放型经济增长模式通常也会导致核心城市辐射力不强，核心城市的带动作用不明显，难以实现有效的辐射带动作用，甚至加重区域内部协调发展的矛盾。

欧洲、美国、日本都市圈的发展多是通过集约型模式实现大规模的聚集效应，进而形成了强大的核心竞争力，因此，这种发展模式也是值得京津冀协同发展大力借鉴的，以避免核心城市发展过程经常出现的"摊大饼"扩张地域规模的方式。

六　都市圈内部产业结构布局合理

世界大都市圈在发展过程中，通常都会把圈内大城市的发展与周围地区联系起来加以整体考虑，资源配置合理，系统效率较高。如纽约都市圈在发展过程中，也出现过核心城市功能过度集中的问题，纽约的做法是先将钢铁、纺织、机械等传统制造业外迁；其次，又在郊区完善商业服务业，构建大型的购物中心，使郊区功能日益完备；接着，核心城市纽约适时向以金融信息为主的高端服务业转型，积极开发利用智力资源，并通过主导产业将郊区与中心城市紧密相连，为知识密集型的主导产业发展提供了良好的环境和有力的保障。此外，东京都市圈的发展也离不开合理的产业结构布局。在都市圈内的东京湾有6个港口，每个港口都形成了合理的分工，其中最大的千叶港专注于原料输入，横滨港主要负责对外贸易，东京港集中于内贸，川崎港专为企业输送原材料和制成品等。

这些都市圈的发展都说明，区域内要具备宏观协调能力，形成合理的产业结构和产业空间布局，不要只拘于追求自身利益和短期性，一个经济区域要想具有强大的国际竞争力，都市圈内各城市必须根据自身在区域背景下的条件承担不同的职能，形成合理的产业布局，在分工合作、优势互补的基础上，发挥区域整体的集聚优势，形成整体区域竞争力。

第二节　京津冀都市圈的特殊性

与上述世界六大都市圈相比，京津冀都市圈基本具备了建设世界级都市圈的基础条件，其人口规模和地域面积都位于世界前列。但京津冀都市圈的经济规模总量和人均 GDP 相对较低，对世界经济的影响力不强，核心城市的城市化和现代化水平不高，国际化水平也有待提高，环境状况依然严重。

一　超大城市过度集聚，次级中心城市发育不足，导致区域发展不平衡

京津冀都市圈内发展极不平衡。从经济发展水平来看，2015 年，北京和天津两市地区生产总值之和占整个京津冀都市圈的 57%；从人均 GDP 来看，2015 年，北京和天津人均 GDP 分别达到了 17064 美元和 17495 美元，而河北省人均 GDP 仅为 6661.3 美元，不仅远远低于京津两市，甚至低于同期全国平均水平（7904 美元）；从人口分布来看，京津冀地区除北京城区和天津城区人口规模超过 1000 万以外，其他设区市市辖区城镇人口规模尚未超过 300 万人，两个超大城市京、津常住人口容纳了整个地区的 60.82%，远大于其他大城市和中等城市容纳的市区人口总和。其他 50 万人口规模等级以上城市的综合实力、经济开放度、综合枢纽职能、城市商贸服务职能、区域创新能力等方面，与长三角、珠三角同等规模城市相比差距也十分明显。

这些都说明了京、津两个超大城市与河北众多中小城市之间各方面都存在巨大的落差，超大城市集聚力强与中小城市吸纳力弱并存，导致北京疏解出来的人口、产业和功能周边地区没有办法很好承接，区域协调发展存在困难。

二　产业梯度大、产业同构现象较严重

由于京津冀中心城市与周边城市的经济落差较大，造成产业梯度过大和产业转移受阻。具体表现为三地间产业链断链明显，产业链关联系数较低，产业链协同程度不高。从产业结构来看，北京处于后工业化时期，主要以第三产业为主，呈"三二一"型结构；天津正处于工业化后期的重工业化阶段，以重工业为主要支撑，处于"二三一"向"三二一"型结构转型期；河北省处于工业化的中期，以传统的高耗能重工业为主，呈"二三一"型结构，第三产业发展缓慢。

除此之外，京津冀地区产业同构现象也比较严重，整个区域呈现出较强的同构竞争。三地产业结构相似系数达到 0.83，造成产业同质化趋势明显，产业分工模糊，产业园区、产业链、功能链合作不够充分，产业梯度转移对接路径尚未形成，区域内产业结构调整、提质增效亟待突破。

三　区域内还未形成多中心网络化的交通模式，枢纽衔接不够顺畅

京津冀都市圈内的交通网络主要以北京为中心呈放射状分布，还未形成多中心的网络格局，主要体现在交通网络的一级集中结构，即首都的一级结构，北京的交通枢纽功能过度集中，如北京是各大铁路航空的集中地，也是各个交通干线的必经之地。

都市圈内的轨道交通发展相对薄弱，特别是城际铁路系统。通过第一章节的六大都市圈可知，一般在都市圈内的50—70千米空间范围内，都是主要依靠上千千米的市郊铁路来运行，支持都市圈内交通的通行客流，如纽约都市圈市郊铁路里程已达到了3155千米，巴黎都市圈达到了1867千米，伦敦都市圈达到了3600多千米，东京都市圈也达到了2013千米等。

另外，京津冀都市圈内的区域枢纽一体化衔接还不够顺畅，如京津城际高铁缺乏在北京中央商务区、中关村这样一些就业核心区出口，使城际高铁的快速效能无法充分发挥。此外，京津冀都市圈内的运输服务水平也有待提升，存在的行政壁垒、市场分割、运输政策和标准缺乏有效对接等。

四　生态环境严重制约都市圈发展

随着京津冀都市圈进入高速发展阶段，经济发展受生态环境的制约越来越严重。

首先，京津冀都市圈的雾霾问题十分突出，区域内的工业化、城镇化、燃煤方式与华北地区环境变化日益紧密相连，形成了燃煤—机动车—工业废气排放多种污染物共生局面。京津冀、长三角和珠三角地区三大中心城市北京、上海和广州的经济密度分别为1.19亿元/平方千米、3.41亿元/平方千米和2.07亿元/平方千米，PM2.5浓度分别为89.5微克/立方米、60.7微克/立方米和52.2微克/立方米。也就是说，北京的经济活动强度远低于上海和广州，而空气污染程度却高于上海和广州。这表明，京津冀地区受地形、气象等条件影响，其大气环境容量小于长三角和珠三角地区。京津冀地区大气污染超标频度全国最高，其中污染最集中的地区在冀中南等地。

其次，京津冀地区的水资源问题同样严峻。由于地理及气候原因，京津冀都市圈本来就是缺水严重的地区之一，再加上都市圈内人口稠密，尤其是北京、天津两市，大量流动人口涌入造成用水需求不断增长，使区域内水资源承载压力剧增。此外，由于工业及城镇生活污水的大量排放，导致该区域的地表和地下水污染严重，进一步加剧了水资源供需矛盾。

最后，京津冀都市圈的土地资源问题、特大城市污染问题也十分严重，不仅威胁人民的生命健康，而且影响整个区域未来的可持续发展，因此其生态环境问题不容忽视。

五 区域内行政干预力量强，市场发育不足

与长三角、珠三角相比，京津冀都市圈的最大特别之处在于其行政干预因素力量很强大，对京津冀都市圈的发展起到很重要的影响作用。相对于国内其他都市圈，京津冀都市圈受行政区划和地方利益博弈影响较大，使都市圈内各地都立足于本地区利益，缺乏整体宏观协调，其产业集聚与发展更多的是在政府主导下以行政规划的方式形成的，行政垄断色彩较强，造成区域内经济外向度和市场化程度相对较低，都市圈内部城市间竞争激烈，导致三地在公共资源配置、人均占有资源、人均收入水平等方面存在很大差距。

此外，京津冀都市圈行政"割据"严重：长期以来，三地一直在构筑各自的城市体系、调整各自的产业结构、培育各自的联系腹地、拓展各自的对外联系、打造各自的中心城市、建设各自的出海口，城市之间联系相对松散，使京津冀地区的"双核"未能形成合力，难以带动周边城市的发展，区域间也未能真正形成区域经济一体化、合理分工、共赢发展的局面。

第三节 世界大都市圈发展模式对京津冀的借鉴与启示

世界六大都市圈的发展模式与特点，从空间布局、产业结构调整、交通运输体系、生态网络空间构建及协同发展机制等方面为京津冀都市圈发展提供了宝贵经验和启示。

一 整合优化协同区域空间布局

长期以来，京津冀都市圈以京津"双核"为中心，北京作为中央政府所在地，有区域内其他城市没有的政治优势，是国家社会、经济最核心的资源集散地，其经济规模和政治地位使人才、资源逐渐向其集中，形成了一个要素"黑洞"，对外辐射效应非常薄弱。天津作为直辖市和北方主要海港城市，一定程度上也集聚了较多资源，与北京之间经济联系非常紧密。而河北作为北方的平原省份，因京、津两地对河北的资源"虹吸效应"明显，河北的资源向北京单向流动的问题长期存在，导致三地所承担的职能对社会、政治、经济、文化发展的影响也差异悬殊，整个城市群的空间梯度结构非常不合理，极化现象严重。

京津冀协同发展，实际上是要打破这种区域极化现象，整合区域空间。京津冀地区土地总面积21.7万平方千米，占全国的2.3%。其中，北京产业、资源富集度最高，空间资源最匮乏；天津、河北依次呈现为资源富集度降低、空间资源提升的特点，空间资源整合的目标是形成区域一体化格局。因此，要整体考虑，整合土地、交通、设施等因素，实现资源优势互补，促进区域协调发展，形成新增长极。对于土地要素，要整合各类型功能用地。北京要有序疏解部分职能，城镇建设用地在现状基础上要争取实现"零增长"。天津要实现自身的城市发展职能和区域担当。河北则需要利用其空间资源充沛的优势，积极承接京津的功能转移，尽快实现产业转型升级、科技成果转化和生态涵养等；对于交通要素，要通过交通一体化，完善各类交通设施，实现三地互通与连接，促进各项资源在区域内的合理流动与调配，从而实现整个区域要素流动的全面一体化；对于城市公共服务，通过区域内的产业转移与承接，促进人才、信息的流通，科技成果转化，工业、制造业和物流等应服从区域空间布局。与此相配套的是，整个区域城镇群的城市公共服务全面整合，包括各种优质教育、医疗服务的区域布局，从而缓解空间极化现象，实现均衡发展。

二　加快都市圈内产业结构调整

京津冀都市圈的发展应该由粗放型向集约型发展模式转变。首先，要加快都市圈内城市的资源优化配置和产业结构调整，提升产业集群的聚集效应和大城市的辐射效应，促进区域经济一体化的形成。其次，要由技术引进型向技术创新型转变。提高企业自主创新能力，克服"技术引进依赖"，推动产业结构优化升级，加快开发对经济集约化增长有重大带动作用的关键技术，大力发展高新技术产业，提高原始创新、集成创新和引进消化吸收再创新的能力，在一些重要领域实现自主创新的跨越式发展。

除此之外，还要在整个区域内建立层次及布局合理的产业体系。都市圈内各城市应在统筹规划的基础上，根据比较优势和竞争优势的原则，合理确定自己的生态位，实现产业的错位发展。这就要求各城市从区域整体发展的思路确定本市的产业发展方向，其不一定是最高新的产业，但应该是最适合自己的产业。核心城市北京充分发挥综合服务功能，成为区域内要素和信息的集结与配置枢纽。因此，核心城市应努力提高服务产业的比重和层次，大力发展现代服务业；在制造业方面核心城市应该突出高精尖，避免"大小通吃"的做法；天津和石家庄要当好接续核心城市辐射的"二传手"，发挥好局部中心的功能，将重点放在发展高附加值、高技术含量的产业，增强产业配套能力，充分消化核心城市转移出来的生产能力，改造传统产业，充当大企业的加工基地；一些小的城市之间如廊坊、保定、邯郸等要多加强横向合作，避免相同产业过剩导致的恶性竞争。只有这样，才能进一步加快京津冀区域一体化的进程，提高都市圈内的协同效率和专业化水平，提升整个区域的对外竞争力。通过产业疏解与调整，构建京津冀都市圈合理化产业结构布局，逐渐向多极化、高端产业并举的产业结构方式迈进。

三　建设综合交通物流运输体系

对于京津冀都市圈的一体化发展，首先就要形成交通一体化局面，优化交通网络布局，构建区域多节点、网络状、全覆盖的综合交通网络，改变以首都为单中心放射状的交通格局。加强京津冀地区城际铁路网的建设，打造以城际铁路和高铁客专城际区段为主骨架，覆盖区域主要节点城市的城际快速客运系统，实现首都疏解功能。明确京津冀都市圈内的交通圈层功能：第一圈层在北京中心城区范围，半径大概 15 千米以内，以地铁为主；第二圈层服务半径在 30—40 千米，建设以地铁和城市快线等轨道交通；第三圈层在服务半径 50—70千米，建设市郊铁路和高速铁路；第四圈层在京津冀都市圈主要的一些核心城市，如北京、天津、石家庄、保定、秦皇岛、承德、张家口等之间，建设以城际铁路为主要类型的轨道交通系统，它的服务半径在100—280千米，形成京津冀都市圈快速轨道交通网络。

其次，要推进区域综合交通信息互联互通与共享开放。结合移动互联网发展趋势，实现随时随地交通出行引导和运营管理的智能化、自动化，提升交通的顺畅安全与效率，同时借鉴国际先进经验，创立全方位、多层次、开放型、融合型交通管理体系。按照国际大都市圈建设经验和各种轨道交通服务半径，在北京、天津、石家庄、唐山、沧州等分别规划不同的轨道交通服务方式，建设轨道交通网络，实现都市圈间轨道交通的高密度连接。

另外，在都市圈内建设陆海空一体的物流服务体系，依托港口、机场和铁路货运站，建设一批具备多式联运功能的货运枢纽、物流园区，鼓励内陆无水港和公路港建设，大力发展多式联运和甩挂运输，加强技术标准、信息资源、服务规范、法律法规等方面的有效衔接；同时出台都市圈的交通法，通过京津冀都市圈交通法的出台，推进治理能力的现代化。除此之外，成立京津冀都市圈交通一体化委员会，搭建跨区域交通项目沟通和对话平台，统筹推进跨省市的重大基础设施项目的审批和立项工作，确保项目前期工作能够同步推进，统筹协调跨区域交通基础设施的规划衔接、建设标准、建设时机。

四　构建区域内生态网络空间

生态环境问题是京津冀区域持续发展所需要面临和解决的最大困难。由于长期低端产业的过度发展，造成区域环境极端恶劣，大量雾霾、工业污染等问题日益严重。

京津冀协同发展必须要大力改善生态环境问题，坚持走可持续发展道路，统筹协调推进，使区域保持和谐、高效、有序、长期的发展能力（冯怡康、马树强等，2014）。京津冀三地应认真地做好统一规划，明确划定保护地区或限制发展地区，加快环境保护与治理联动机制和机构的建设；淘汰落后产能，加强技术改造，大力推广清洁生产，完善环境保护补偿机制，加大治污工作财政投入，综合治理环境污染；通过制定法律、税收等手段，加大环境污染处罚力度；多渠道、多途径开展环保宣传教育，提高公众环保意识，以此来构建京津冀区域内的生态网络空间。

五　正确处理都市圈内政府与市场的协同机制

基于上述世界六大都市圈如美国纽约都市圈、日本东京都市圈、英国伦敦都市圈以及法国巴黎都市圈，它们整合的最终推动力都是来源于市场，由于都市圈是基于市场经济产生的，市场经济越发达都市圈经济整合的推动力就越强，都市圈发展程度也会越高。美国纽约都市圈和日本东京都市圈在 20 世纪 80 年代城市化水平分别达到了 87%和 65%，可以看到在美国和日本的完善的市场经济对其各自都市圈的发展推动作用很大（王圣军，2009）。但要注意到，市场机制并不是一个完美无缺的机制，它自身也存在问题，且由于其自身缺陷会导致市场失灵的出现，而市场失灵会引起资源配置的不合理、产业结构、产业间和产业内分工以及人口结构分布的不合理，都市圈整体规划由于缺乏统一性和协调性将引发都市圈内各城市间的恶性竞争。过分严重的都市圈内城市间的竞争会降低都市圈在国际和国内范围内的竞争力，同时也不利于都市圈整体经济的协调、有序和高效的发展。

京津冀都市圈的发展应该选择市场主导和政府主导相结合的模式。这种模式有利于打破地区封锁、消除地方"割据"和部门利益，建立统一的区域内市场，促进经济发展，发挥市场经济体制固有的调节基本经济生活的能力。首先，都市圈经济发展的首要任务就是共筑区域共同市场，为商品、要素、服务和企业的自由流动及区域内各类市场主体平等地进入市场并平等地使用生产要素而提供统一的市场规则，减少都市圈内市场运行的交易成本和联系成本，以市场和作为市场主体的企业为推动圈域经济发展的主动力，以要素流动为纽带，将各城市有机连接起来，提高整个都市圈经济布局的合理性。其次，以政府为驱动力，建立一体化的市场制度，用法制规范政府和市场。从经济制度来看，主要体现在为技术、资本、人才、信息等要素资源在圈域内自由流动而营造无差异的政策环境；为商品的跨地区流动及准入统一技术标准；为企业的跨地区经营和合作提供制度支持；在土地批租、税收优惠等促进产业发展的政策方面进行圈域协调，尊重企业的自主选择，避免地方政府恶性竞争。从社会制度来看，主要应在户籍、就业、教育、医疗和社会保障等制度方面加强协调，构建统一的制度框架和实施细则，实现圈域框架内的融合，形成城市间的规划联动、产业联动、市场联动、交通联动和政策法规联动，以较低的成本促进产业优势的形成。最后，应协调市场和政府的力量，系统整合工业化、城市化进程的动力机制，以促进京津冀都市圈的持续、快速、健康发展。

第三章 京津冀协同发展的约束条件分析

区域一体化是区域发展的必然趋势。北京市、天津市、河北省"两市一省"间在经济社会、生态环境、资源开发以及文化民俗等领域一直保持着密切联系。京津冀作为环渤海区域的核心，也是我国北方的经济中心。京津冀一体化一直是学术界研究的热点、官方关注的重点，也是经济发展实践的难点。近年来，世界经济中心加速向亚太地区转移、北京规划建设世界城市、京津冀协同发展上升为国家重大战略等一系列国际国内背景下，京津冀协同发展问题受到前所未有的关注，再次成为社会各界关注的焦点。特别是 2014 年习近平总书记"2·26"讲话以后，推进京津冀协同发展，打造京津冀世界级城市群成为国家"十三五"规划的重要内容。诚然，京津冀协同发展是大势所趋。与 20 世纪 80 年代初期相比，京津冀协同发展取得重大进展。30 多年来，京津冀间的区域合作由市场主导下的企业自发层面的合作逐步发展为行政主导下的有意识的整体谋划发展。但毋庸置疑，随着内外部发展环境的变迁，一些新矛盾、新问题不容忽视，协同发展过程中还存在诸多约束条件。京津冀一体化是一项系统工程，并非一蹴而就之易事，必然经历一个统一思想、同步行动和协作共赢的漫长过程。

第一节 京津冀生态安全堪忧，区际利益关系尚未理顺

京津冀三地山水相邻，处于同一自然生态环境，资源开发、生态

环境保护和建设具有完整性和系统性。京津冀建设世界级城市群背景下，城市生态安全是都市圈一体化顺利推进的环境基础，加强合作、平衡水资源供求矛盾、切实关注区域生态环境保护和建设、提升区域综合承载力尤为重要。

一　空气质量严重恶化，大气污染事件频发

近年来，京津冀地区的空气质量恶化尤为严重，大气污染也越来越成为城市与区域发展的致命制约。根据中国环境监测总站对京津冀、长三角、珠三角地区及其他74个城市的空气质量报告，2015年第一季度空气质量相对较差的前10位城市中京津冀占6个，且均在河北省，分别是保定、邢台、石家庄、衡水、邯郸和唐山。这与京津冀的能源生产与消费总量及结构之间存在密切的联系，且使河北省成为京津冀大气污染治理的重点地区。然而，河北省的综合经济实力较弱，相应的环境治理能力有限，自身无法解决大气污染问题，而北京向河北着眼于环境成本的产业转移也很难促进两者的协同发展，使京津冀的大气污染问题一度陷入治理困境。因此，作为京津冀协同发展重中之重的大气污染，其治理必定是长期性和持续性的（安树伟，2016）。

二　水资源供求矛盾加剧，城市生态安全堪忧

长期以来，北京市、天津市用水主要来自河北省，北京城市用水来源于张家口、承德境内的桑干河、洋河、潮白河以及滦河四条河流，天津市用水主要是"引滦入津"。早在20世纪80年代，京冀共建的官厅、密云两座水库，为满足京津供水和用水安全，河北省不得不无偿放弃用水指标。多年来，为确保京津水源和生态环境安全，张承地区产业发展上受到很大限制，许多项目不能上马，还关闭了大量污染企业，制约了这两个贫困地区的脱贫进程。近年来，尽管南水北调在一定程度上缓解了京津冀发展中的用水问题，然而，伴随着京津冀区域的经济快速增长，水资源需求量也在急剧增加，供求矛盾依然突出。

与此同时，与北京市、天津市形成鲜明对比的是，在京津冀生态环境保护和建设过程中，张家口、承德两市生态投入财政资金需求和实际投入资金相差悬殊。张承地区地方政府长期财政拮据，生态环境保护和建设投入严重不足，且居民收入低下，生态环境保护和建设中缺乏激励，积极性严重受挫，张承地区生态功能的持续发挥堪忧。实践表明，京津冀都市圈建设中，生态环境保护建设不能仅局限于北京或京津的狭窄区域内，必须把京津冀作为整体生态单元来规划建设（刘学敏，2009），而现实问题是，京津冀都市圈区际一直缺乏一种具有约束力的一体化环境整治机制，这是造成京津上游地区生态环境不断恶化的重要原因之一（杨连云，2008），并且环京津贫困带生态环境恶化的趋势仍未得到根本遏制（张贵祥，2010）。

三　水资源调控指令性强，区际利益关系尚未理顺

行政调控是我国流域水资源协调的主要手段，即指令性分配。与京津相比，河北省在水资源供求矛盾中处于弱势的谈判地位。一定意义上讲，京津冀区域间行政指令性的用水调节以及临时性紧急调水等形式相当于剥夺了环京津生态功能区的发展权利，这些区域理应得到补偿。流域下游水资源利用的受益区域对上游区域，即京津地区对张承地区的水资源与生态环境保护和建设补偿受到广泛关注，但业已启动的补偿项目仅仅限于临时性的支援。生态环境保护和建设是一项系统工程，具有长期性和综合性，杯水车薪的援助与现实需求差距较大。京津冀协同发展中，其环京津的张承地区被列为限制开发、禁止开发的区域，该区域发展与保护的矛盾进一步加剧，其生态屏障功能的可持续发展令人担忧。

京津冀协同发展中，按照全国主体功能区规划要求，张家口、承德等地的生态屏障功能持续发挥的重要制约因素是，京津冀都市圈区域利益关系尚未理顺，亟待构建区际利益补偿机制。京津冀都市圈要理顺区域利益关系，重点应构建京津与张家口、承德地区间的生态补偿机制。京津与张承地区的区域利益协调属于流域性生态补偿问题，亟待构建生态补偿的长效机制。京津冀都市圈流域性生态补偿机制的构建中，一方面，张承地区生态功能价值评估、水资源补偿及生态补偿标准核定、补偿资金的来源及分配、中央与地方财政支付比例、国家干预及区际政府协商机制等一系列问题需要理论研究做出回答；另

一方面，鉴于国内外生态补偿的经验和教训，生态补偿如何有效地支持当地农业、林果业集约化发展，并提倡发展山区生态型工业，大力发展生态休闲旅游业等产业，确保发挥生态功能区域的居民收入水平持续提高是亟待解决的问题。

第二节　都市圈产业发展联系松散，合理的
产业空间布局尚未形成

紧密的产业关系和合理的产业分工协作是京津冀可持续发展的保障。2017 年 3 月编制完成的《北京城市总体规划（2016—2030）》中，北京市要打造"一核一主一副、两轴多点一区"的城市空间结构，坚定不移疏解非首都功能。但是，北京中东部地区与天津、唐山的产业发展对接距离预期目标还有很大距离，空间地域上紧密的经济社会发展联系尚未形成，世界城市的地域轮廓尚未成型，北京建设世界城市和京津冀协同发展任重道远。

一　产业发展梯度落差过大，城市间产业发展联系松散

长期以来，北京市、天津市凭借区位、科技、人才、资金等要素优势一直处于有利地位，区域经济发展中"极化效应"远远大于"扩散效应"。河北太弱，北京的发展形成巨大的"极化效应"，一定意义上说，对实力相对较弱的津冀地区带来负面影响（母爱英等，2010）。近年来，这种发展局面有所扭转，但北京市和天津市对河北省区域经济发展的辐射作用与预期目标仍有较大差距。客观地说，京津冀都市圈隶属于河北省的部分城市与北京、天津相比，存在"梯度差异"，即经济发展和技术层面的落差，产业发展领域的"梯度差异"最为明显。京津冀都市圈隶属于河北省的部分城市对京津的产业互补和支撑能力较弱。京津冀都市圈产业发展"梯度差异"是都市圈城市间产业分工协作层次低，产业发展联系不紧密的直接原因，具体到产业链条构建问题，研发、生产、销售等环节周边区域尚未表现出为京津冀都市圈核心区提供产业配套的强大能力。

近年来，尽管京津冀都市圈北京市、天津市以及隶属于河北省的城市间在传统优势产业以及战略性新兴产业发展领域极为相似，但却存在实质性差异，即河北与京津的经济和技术落差。微观层面表现为中心城市间产业的内生衔接性不足，宏观层面则表现为城市间产业联系不紧密，很难形成有效的产业链条。实践表明，京津冀都市圈表面上看城市间地域相连，山水相依，经济社会发展必然存在一定程度的渗透性和依赖性，产生千丝万缕的联系。实际上，京津冀都市圈经济发展中或多或少地存在一些尴尬的局面，鉴于这种"落差"，京津冀都市圈隶属于河北省的部分城市很难为北京市产业发展提供配套服务，产业链条缺失，成为京津冀协同发展的障碍。基于产业发展领域的"落差"，北京、天津作为我国重要的汽车生产基地，本该在京津冀都市圈城市内部可以完成的产业和产品配套，却不得不舍近求远，约80%的汽车零部件来自长三角区域的配套（徐慈贤，2012）。从表面上反映了京津冀都市圈内部城市间产业联系不紧密，实质上既增加了交易成本，又不利于一体化的快速推进。

二　产业发展重点领域缺乏差异化，合理的产业空间布局尚未成型

从京津冀一体化视角考虑，京津冀三地一直存在产业发展布局雷同的现实。计划经济时期，三地都曾大力发展了部分资源性产业，重点建设了重化工基地，产业结构重型化特征显著，导致产业结构优化调整中，传统产业退出成本高，实际操作困难。

进入21世纪以来，应对资源环境约束趋紧的严峻形势，三地着力调整产业结构，改造传统产业，培育新兴产业，重点改造了传统优势产业和培育了一批支柱产业，这些产业在国民经济发展中已扮演了举足轻重的角色，占据地区生产总值较大份额。然而，从三地产业发展方向来看，大部分集中在现代农业、装备制造、医药、电子信息以及石油化工产业领域，特别是天津市和河北省的优势（支柱）产业领域表现出更多的相似性，产业结构重型化的特征颇为相似（见表3-1）。

表 3 - 1　　　"两市一省"专业化分工与产业发展规划比较

区域	优势（支柱）产业	"十二五"期间发展产业	"十三五"规划发展产业
北京市	都市现代农业；电子信息、汽车、装备制造、医药、高新技术；现代服务业等	都市型现代农业；大力高端现代制造业、提升电子信息、汽车、装备制造、医药等产业发展水平；信息技术、生物医药、新能源、节能环保、新能源汽车、新材料、高端装备制造和航空航天等战略性新兴产业；生产性服务业、生活性服务业	培育现代都市型农业；围绕科技创新，发展壮大信息技术、新能源汽车、生物医药、高端装备、新材料、数字创意等新兴产业，培育航空航天、海洋技术、节能环保、生命科学、核技术等战略性产业；促进商贸物流、技术服务、科技创新等生产性服务业专业化，提高教育培训、健康养老等生活性服务业品质
天津市	都市型农业；航空航天、石油化工、装备制造、电子信息、生物医药、新能源新材料、轻工纺织、国防科技工业等	都市型农业；发展壮大优势支柱产业；航空航天、新一代信息技术、生物技术与健康、新能源、新材料、节能环保、高端装备制造等战略性新兴产业；生产性服务业、生活性服务业、新兴服务业	培育现代都市型农业；拓展海洋产业空间；壮大发展装备制造、新一代信息技术、航空航天、生物医药、新能源、新材料、节能环保等高端产业；加快发展机器人、3D打印设备、智能终端、新能源汽车等新兴产业；实现金融创新，发展现代物流、电子商务、科技服务等重点产业，培育通用航空、会展经济、服务外包、休闲旅游等生产性、生活性服务业新的增长点
河北省	现代农业；钢铁、装备制造、石油化工、轻工纺织、船舶业等	现代农业；用新技术、新工艺、新装备改造钢铁、装备制造、石油化工等传统优势产业；新能源、新材料、生物医药、新一代信息、高端装备制造、节能环保、海洋经济等战略性新兴产业；生产性服务业、生活性服务业、高端服务业	培育现代农业；先进装备制造、电子信息、生物医药、新能源、清洁能源、新材料、节能环保、新能源汽车等新兴产业；高端商贸物流、旅游产业、文化产业、大健康新医疗产业、冰雪产业、信息服务、金融服务、科技服务、电子商务、工业设计、文化创意等现代服务业

　　资料来源：根据北京市、天津市及河北省《"十二五"规划纲要》和《"十三五"规划纲要》相关内容整理。

　　"十二五"期间，三地重点发展产业领域基本相似：第一产业方面都大力发展现代农业；第二产业方面在优化升级传统产业的同时，都是大力发展战略性新兴产业，尤其是在高端装备制造、电子信息、新能源、新材料、生物医药、节能环保等战略性新兴产业领域三地大同小异；第三产业方面都提出突出发展现代服务业，在商贸物流、健康养老、旅游产业等方面存在雷同。此外，从三地"十三五"规划来看，第一产业、第二产业、第三产业发展雷同这一现象并未消除，不过随着京津冀协同发展步伐的推进，较之"十二五"期间，三地培育产业侧重点略有不同；北京市定位于"全国政治中心、文化中心、国际交往中心、科技创新中心"，产业发展中加入生命科学、核技术、文化产业等；天津市定位于"全国先进制造研发基地、北方国际航运核心区、金融创新运营示范区、改革开放先行区"，依旧将高端装备制造、海洋产业、金融等生产性服务业作为重点；河北省定位于"全国现代商贸物流重要基地、产业转型升级试验区、新型城镇化与城乡统筹示范区、京津冀生态环境支撑区"，商贸物流产业、传统产业优化升级、新兴产业培育显得尤为重要。由于历史积累原因，京津冀都市圈重点发展领域差异化不大，容易导致重复建设，在有限资源供给的情况下，资源竞争甚至恶性竞争在所难免，实现区域"1+1+1＞3"的效应，需要京津冀三地切实实现协同发展。

　　从表3-1中可以看出，京津冀都市圈所在的"两市一省"优势（支柱）产业领域相似，重点发展领域雷同，尤其是天津和河北省产业结构重型化明显。京津冀区域产业发展布局现状不仅不利于京津冀三地形成错位发展的优势，而且不利于构建城市间高效产业分工协作产业链条，产业一体化发展步履艰难；另外，由于产业发展阶段相近，不利于形成上下游的产业链式的分工协作关系，更多是竞争，而不是合作。尤其是天津市和河北省的产业结构优化调整、节能减排以及保增长压力巨大，在招商引资以及发展海洋产业领域更多地表现为竞争关系，并非合作关系。综上所述，区域内北京市、天津市以及隶属于河北省的部分城市并未形成紧密的产业分工联系，城市间产业发展联系松散，产业分工协调相对紧密的现象仅仅出现在同一行政区内部。从省级行政区域尺度来看，三地产业发展大同小异，仅仅表现为产业结构高级化和产业规模上的差异。由此，从京津冀都市圈整体来看，合理的产业空间布局尚未形成。

第三节　城镇体系不完善，不同等级中心城市承担功能失衡

城镇体系是都市圈内大中小城市（镇）间的结构关系，是各级各类城（市）镇空间上相互作用形成的组织系统。京津冀都市圈城镇体系结构不完善，城镇间联系较弱，中心城市辐射带动作用较弱，不同等级中心城市承担的城市功能不均衡，是约束京津冀协同发展快速推进的突出障碍。

一　城镇体系不完善，中心城市辐射带动作用较弱

按照城镇体系中心城市等级划分，即具有国际影响力的全国性城市、具有跨省影响力的地区性城市、省级中心城市、省内中心城市（谢文蕙、邓卫，1996），进而参照城市首位律理论，城市金字塔理论以及位序—规模法则，京津冀都市圈城镇体系显然不够完善。京津冀都市圈城镇体系中北京市、天津市是最高级别的中心城市，是具有国际影响力的全国性大都市，在国民经济发展中发挥重要作用，城市规模上属于超大城市。尽管唐山、保定市市区非农业人口超过100万人，从城市规模上判定属于大城市，但是若要承担具有跨省影响力的地区性城市的功能，唐山市勉强尚可，保定市显然逊色不少。同理，秦皇岛市、张家口市市区非农业人口超过50万，属于中等城市，但其担当地市级中心城市的角色也显得吃力（见表3－2）。相对而言，京津冀都市圈城镇体系中，最高、最低等级的城市不缺乏，缺乏的是具有跨省影响力的地区性城市、省级中心城市，从城镇规模上划分的特大城市和大城市缺乏。

表 3 - 2　　　　　2014 年京津冀都市圈城镇体系人口规模结构　　　单位：人

城市等级	城市规模 P（万人）		城市名称	城市数量（座）
超大城市	P≥1000		北京市（1261.90）	1
特大城市	500＜P≤1000		天津市（832.80）	1
大城市	100＜P≤500	Ⅰ型大城市（300＜P≤500）	石家庄（408.00）、唐山市（329.50）	2
		Ⅱ型大城市（100＜P≤300）	保定市（110.50）、邯郸市（174.10）	2
中等城市	50＜P≤100		秦皇岛（89.60）、张家口（90.70）、承德市（59.30）、廊坊市（84.30）、沧州市（54.40）、邢台市（87.70）、衡水市（54.30）	7
小城市	P≤50	Ⅰ型小城市（20＜P≤50）	—	—
		Ⅱ型小城市（≤20）	—	—

注：括号中数字为实际人口数。关于城镇规模界定，本书采用国家统计局的统计口径，即利用市辖区（不包括市辖县）非农业人口总数作为城镇规模划分的标准。市辖区非农业人口规模 P（万人），划分为 P≥1000、500＜P≤1000、100＜P≤500、50＜P≤100 和 P≤50，分别为超大城市、特大城市、大城市、中等城市和小城市五个等级。

资料来源：国家统计局：《中国城市统计年鉴（2015）》，中国统计出版社 2015 年版。

　　理论上讲，城镇体系中的中心城市是拉动区域经济快速发展的重要增长极，中心城市质量高低不仅关系到都市圈一体化进程，而且关系到国民经济可持续发展。"增长极"理论认为，增长极与周边区域主要通过极化效应和扩散效应产生经济联系，催生区域空间结构形成和演化。与北京、天津相比，京津冀都市圈其他中心城市张家口、承德、保定等地经济发展水平低，2015 年，张家口、承德、保定等地人均地区生产总值仅仅相当于北京的 29.14%、33.58%、27.40%，天津的 28.84%、33.24%、27.12%，经济总量偏小，基础设施投入严重不足，从应发挥的中心城市职能来看，力量薄弱，对周边腹地辐射带动能力弱，拉动区域经济发展的作用相当有限。相对而言，虽然北京市、天津市经济实力雄厚，发展势头强劲，但是由于经济腹地过于广阔以及行政分割的存在等，两座城市负载过重，极大地削弱了这两座城市的辐射带动作用。

依据点—轴系统理论和网络开发模式理论，城镇体系结构不完善一方面不利于都市圈网络状空间结构的形成和大中小城市的产业分工协作及互动发展，同时也影响中等城市、小城市经济实力的提升及其对周边县市的辐射带动作用的发挥。实践表明，京津冀都市圈城镇体系不完善，中心城市发展阶段不同，大城市与中小城市经济联系很弱，分工协作少，辐射带动作用差。

二　京津冀都市圈城市首位度高，不同等级中心城市承担功能失衡

京津冀都市圈城市首位度高，现实表现是首位城市北京市、天津市作为超大城市和特大城市，城市功能太强大，且综合性强，而第三位、第四位等城市经济总量小，城市功能相对弱小，且比较单一。伴随着京津冀一体化的快速推进，京津两市一直是京津冀都市圈人口主要流入区域，人口总量规模大，且人口密度高，但是内部人口集聚也呈现明显差异，不同等级城市发展中出现不协调的发展格局。众所周知，世界城市自身实力的强大固然重要，但其更需要一个实力强大的都市圈作为发展支撑，不同等级城市发展不协调现状必然影响京津冀协同发展的整体推进。

京津冀都市圈城市发展不协调的直接表现是各等级中心城市承担功能不均衡，大城市膨胀集聚，中小城市相对衰落。京津冀都市圈核心区，北京市不仅发挥着首都功能，而且服务经济社会的各种城市功能集中膨胀。北京市需要将一些低层次的城市功能转移出去，"腾笼换鸟"，实现城市功能转型升级。特别是经济社会发展资源环境约束日益趋紧的大背景下，北京市发展空间受限，亟须将与世界城市不相匹配的非首都功能疏解到周边区域。京津冀都市圈核心区城市功能优化，一方面有利于超大城市膨胀集聚的城市功能得到有效疏解，另一面有利于京津冀都市圈内部其他中心城市的城市功能得到快速提升及完善，刺激区域经济快速发展。

第四节 内部发展差距过大，"二元结构"突出

京津冀都市圈内部，北京市、天津市与隶属于河北省的保定、张家口、承德等其他区域及周边区域存在较大的区域发展差距。从工业化发展阶段来判断，北京已经处于后工业化阶段，天津处于工业化中期向后期过渡阶段，而隶属于河北省的大部分城市尚处于工业化起步阶段（谭维克、赵弘，2011）。京津冀都市圈中心城市经济发展阶段不同步，经济社会"二元结构"明显。总体而言，京津冀都市圈经济发展阶段处于重化工业向轻型化工业转换的阶段，经济社会发展中的"二元结构"将成为一体化推进的制约因素。

一 与都市圈核心区相比，"环京津贫困带"问题严重

河北省地处京津腹地，唐山、廊坊、保定、张家口、承德、沧州和秦皇岛7市环京津展布。与京津冀都市圈接壤的河北省，围绕京津有一个大致集中连片的贫困带。2002年，冀北地区国定和省定扶贫工作重点县（区）共计31个，其中环京津部分涉及贫困县（区）21个，京津以南涉及贫困县（区）11个。环京津贫困带涉及环京津分别是张家口、承德的全部县（区）21个和保定市的易县、涞水、涞源3县，共计24个县（区）（河北省发展改革委宏观经济研究所课题组，2004）。当前，河北省与北京市接壤的国家级和省级贫困县25个，其中，张家口、承德涉及国家级贫困县16个，其数量和贫困人口分布占到河北省国家级贫困县总数的46.0%和35.9%（牟永福、胡鸣铎，2013）。环京津贫困带的长期存在，不仅仅影响首都形象，而且影响京津冀都市圈的生态安全和国家发展战略的部署和实施（马建章，2012）。环京津贫困带的存在显然是京津冀协同发展的障碍。

出于为京津安全供水、生态屏障建设的需要，张家口、承德地区产业发展受到很大限制，长期处于欠发达状态，城乡居民人均收入远远低于全国平均水平，张家口、承德地区是环京津贫困带的重要组成部分，所辖7区21县中，贫困县（区）达18个。尽管京津以调水补

偿、稻改旱补偿、生态水源保护林建设等形式支持了张承地区，但这些支援临时性强，时限短，标准低，杯水车薪。一定意义上讲，环京津贫困带致力于脱贫致富发展权的损失是确保京津生态功能的隐性成本，但这些成本尚未得到承认和补偿，使环京津区域陷入长期的政策性贫困（张云、武义青，2012）。环京津贫困地固然需要资金的援助和生态合作，但京津冀协同发展过程中，积极谋划产业合作才是带动周边区域发展，解决贫困问题的长远之计。

2000—2015 年，环京津贫困带上的主要城市张家口、承德、保定国民经济社会取得长足发展，人均地区生产总值、人均一般公共预算收入、城镇居民人均可支配收入以及农村居民人均纯收入年均增长率与全国、北京市、天津市以及河北省基本持平，个别指标增长情况甚至快于北京市和天津市。然而，张家口、承德、保定上述指标的绝对数基数较小，尽管与北京市、天津市一道保持了较快的增长水平，但与 2000 年相比，2015 年各项指标绝对数占北京市、天津市的比重还是较低，并且个别指标出现不同程度的下降，尤其是张家口和保定市的人均地区生产总值发展差距最为明显（见表 3 - 3、表 3 - 4 和图 3 - 1）。与北京市、天津市相比，环京津贫困带主要城市张家口、承德、保定的人均一般公共预算收入、城镇居民人均可支配收入、农村居民人均纯收入低下，这表明该区域的自我发展能力也是较低的，当地居民生活改善程度相对有限。上述情况说明，环京津贫困带与北京、天津的区域发展差距进一步拉大，"二元结构"趋势尚未得到有效遏制。

特别地，全国主体功能区规划中，张家口、承德地区大部分区域被规划为限制开发区及禁止开发区，生态敏感性产业的布局受到极大限制，对于渴求加速经济发展、尽快解决贫困问题的张家口、承德地区无疑是雪上加霜。产业发展受限也容易导致张家口、承德地区陷入新一轮的发展困境。张家口、承德地区的发展状况关乎河北省主体功能区建设的顺利推进，更是京津冀协同发展的前提保障。

表 3 - 3　　2000 年以来京津冀都市圈部分中心城市主要经济指标　单位：元

区域指标	年份	全国	北京	天津	河北	张家口	承德	保定
人均地区生产总值	2000	7858	18031	16376	7615	5755	—	6671
	2005	14185	44308	35128	14767	9876	9965	10017
	2010	29992	71938	70996	28076	22770	23608	18462
	2011	35000	80511	83474	33462	25793	31705	21796
	2012	38354	87091	91242	36467	28142	33791	24054
	2013	41805	93630	98097	38597	29842	33653	25982
	2014	46531	99139	103684	39846	30729	35265	26873
	2015	49351	105822	106908	40143	30837	38194	29067
人均一般公共预算收入	2000	1057	2509	2445	370	223	—	251
	2005	2420	5977	6956	753	467	479	342
	2010	6197	11998	8226	1850	1340	1469	813
	2011	7710	14893	10742	2400	1776	2047	1141
	2012	8656	16019	12455	2860	2425	2358	1409
	2013	9491	17312	14122	3128	2684	2913	1633
	2014	102623	18717	15759	3313	2845	3050	1729
	2015	110734	21764	17240	3567	3008	2727	1903
城镇居民人均可支配收入	2000	6280	10350	8140	5661	4578	—	5599
	2005	10493	17653	12639	9107	7714	7844.6	8677
	2010	19109	29073	24293	16263	14649	14668	15048
	2011	21810	32903	26921	18292	16401	15037.6	16912
	2012	24565	36469	29635	20543	18441	16832	19048
	2013	26955	40321	32658	22580	20525	20636.8	21181
	2014	28844	43910	31506	24141	21651	20983	21751
	2015	29129	52859	34101	26152	23841	22885	23663
农村居民人均纯收入	2000	2253	4687	4370	2479	1611	—	2652
	2005	3255	7860	7202	3482	2329	2582	3471
	2010	5919	13262	11801	5958	4119	4382	5446
	2011	6977	14736	11891	7120	4854	4935	6656
	2012	7917	16476	13572	8081	5564	5546	7696

续表

区域指标	年份	全国	北京	天津	河北	张家口	承德	保定
农村居民	2013	8896	18337	15405	9102	6384	6225.6	8675
人均纯	2014	9892	20226	17014	10186	7462	7163	9573
收入	2015	10772	20569	18482	11051	8341	7923	10558

资料来源：表中数据依据相关年份《中国统计年鉴》《北京统计年鉴》《天津统计年鉴》《河北经济年鉴》以及《国民经济和社会发展统计公报》整理得到。

表 3－4　　2000—2015 年环京津贫困带主要城市
主要经济指标占京津的比重　　　　单位：%

指标	年份	张家口		承德		保定	
		北京	天津	北京	天津	北京	天津
人均地区生产总值	2000	31.92	35.14	22.49	28.37	36.99	40.74
	2010	31.65	32.07	32.82	33.25	25.66	26.01
	2015	29.14	28.84	36.09	35.73	27.47	27.19
人均一般公共预算收入	2000	8.89	9.12	8.01	6.89	10.00	10.27
	2010	11.17	16.29	12.24	17.86	6.78	9.88
	2015	13.82	17.45	12.53	15.82	8.74	11.04
城镇居民人均可支配收入	2000	44.23	56.24	44.44	62.07	54.10	68.78
	2010	50.39	60.30	50.45	60.38	51.76	61.94
	2015	45.10	69.91	43.29	67.11	44.77	69.39
农村居民人均纯收入	2000	34.37	36.86	32.85	35.85	56.58	60.69
	2010	31.06	34.90	33.04	37.13	41.06	46.15
	2015	40.55	45.13	42.87	42.87	51.33	57.13

注：承德各项指标 2000 年数据实际为 2005 年数据。

资料来源：同表 3－2。

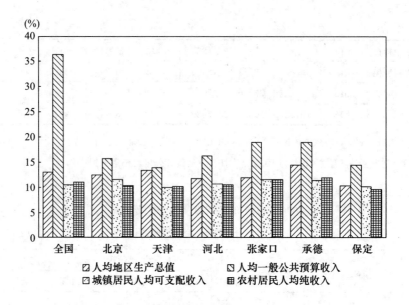

图3-1　2000—2015 年京津冀都市圈部分城市主要经济指标平均增长率情况

注：承德各项指标为 2005—2015 年平均增长率。

资料来源：同表 3-2。

二　都市圈核心区和周边区域基本公共服务发展差距明显

基本公共服务有狭义和广义之区分。狭义上的基本公共服务指的是涉及人民生活基本需求的领域，如接受教育、获得就业、社会保障、医疗服务以及住房保障等公共服务；广义上的基本公共服务除涉及上述领域之外，还包括交通、通信、公用设施、环境保护、公共安全、国防安全等领域（陈海威、田侃，2007）。京津冀协同发展离不开城镇化问题，或者"同城化"问题，基本公共服务最根本的涉及人才、人口统筹，即社会保障问题，当前，北京市和河北省在社会保障领域大规模开展合作显得相当困难。①

（一）高等教育资源空间分布的区域"二元结构"显著

京津冀都市圈核心城市——北京市各级各类教育机构、科研院所

---

①　基于统计数据不系统、不全面，统计指标选取不连续等现实问题，本书仅仅选取教育领域和卫生领域的部分数据进行比较研究。

众多，教育资源实力雄厚，与周边区域形成鲜明对比，区域"二元结构"突出。北京市、天津市汇集了全国1/2的两院院士，1/3的国家级科研机构，万人拥有高校数量分别居全国第一位和第二位（马建章，2012）。若以京津冀都市圈中心城市人口占都市圈总人口的比重作为参照，北京市和天津市分布的普通高等学校占都市圈总数的比重远远大于其人口占都市圈的比重，即京津冀都市圈中普通高等学校较为集中地分布在北京市和天津市，并且为优质普通高等学校资源，无论从绝对数量上，还是相对数量上，北京市和天津市均占有绝对优势（见表3-5）。上述两个比重关系，周边其他中心城市恰好与之相反，其他中心城市人口占都市圈总人口的比重大于其普通高等学校数占都市圈总数的比重（见图3-2）。

表3-5 2015年京津冀都市圈13个城市普通高等学校数量

区域	北京	天津	张家口	承德	保定	廊坊	秦皇岛
普通高等学校（所）	91	55	5	5	16	13	6
区域	唐山	沧州	石家庄	邢台	邯郸	衡水	
普通高等学校（所）	9	8	44	4	5	2	

资料来源：国家统计局：《中国城市统计年鉴（2015）》，中国统计出版社2015年版。

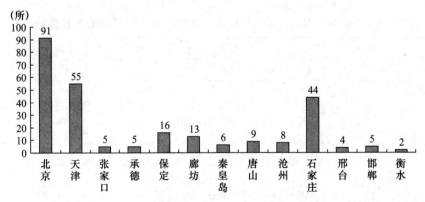

图3-2 2015年京津冀都市圈部分中心城市普通高等学校配置

资料来源：同表3-2和表3-5。

京津冀都市圈教育资源空间分布的不均衡导致其人力资源开发的不均衡，这是导致京津冀都市圈人力资源开发领域合作薄弱的直接原因。河北省农村富余劳动力数量可观，但农村富余劳动力综合素质和技能偏低，与北京市、天津市等地人才市场上大量需求的中、高技能岗位对人才的要求对接不上。一方面，河北省大量农村富余劳动力在寻找工作；另一方面，北京市、天津市却对中、高级技能人才有较大的需求缺口。进一步来讲，京津冀都市圈北京市、天津市高等院校、科研机构等各级各类教育培训机构林立，是具有全国意义的科技、教育、文化中心，人力资源开发领域显示了强劲的实力，而地域毗邻京津冀都市圈内隶属于河北省的其他中心城市以及周边区域人力资源开发滞后。京津冀都市圈内部人力资源开发的不均衡必将在一定程度上影响京津冀都市圈的快速发展。

（二）基本公共医疗资源空间分布的区域"二元结构"显著

京津冀都市圈核心城市——北京市和天津市集中医疗机构众多，医疗资源丰富，与都市圈其他城市形成鲜明对比。从医院（卫生院）数量、床位数、医生数来看，无论是绝对数量，还是每万人拥有的医疗资源的相对数量，医疗资源相对集中，北京市和天津市都占有绝对优势，公共医疗卫生资源的区域"二元结构"突出，北京市、天津市与都市圈其他中心城市存在明显发展差距（见表3-6和图3-3）。

表3-6 2015年京津冀都市圈部分中心城市公共医疗卫生资源数量情况

区域	北京	天津	张家口	承德	保定	廊坊	秦皇岛
医院（卫生院）（个）	698	546	327	251	538	211	138
医院（卫生院）床位（万张）	11.2	5.97	2.3	1.82	4.1	1.79	1.65
医生（执业医师+执业助理医师）（万人）	25.5	3.59	0.81	0.79	2.2	0.94	0.83

区域	唐山	沧州	石家庄	邢台	邯郸	衡水
医院（卫生院）个	350	320	419	316	398	229
医院（卫生院）（个）	350	320	419	316	398	229
医院（卫生院）床位（万张）	3.9	3.24	4.9	2.45	4.1	1.76
医生（执业医师+执业助理医师）（万人）	2.0	3.78	2.96	2.3	1.77	0.95

资料来源：同表3-2。

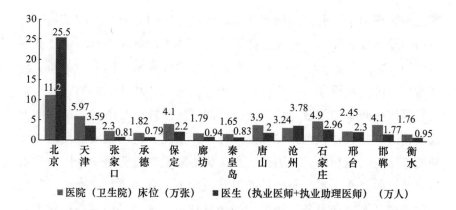

图3-3　2015年京津冀都市圈部分城市基本医疗卫生资源配置

资料来源：同表3-2。

三　陆域经济占据主导地位，海洋经济相对薄弱

京津冀都市圈涉及的天津市和河北省的部分城市有着广阔的海岸线，海洋产业方兴未艾，海洋经济发展空间前景广阔，潜力巨大，这将是京津冀协同发展的新的经济增长点。"滨海新区"的规划建设，天津市海洋产业和海洋经济取得长足发展。沧州市的黄骅港等凭借越来越突出的交通优势，正以更加开放的姿态加强与周边区域山东省、山西省以及河南省的经济合作。然而，与陆域经济相比，京津冀海洋经济虽然发展潜力巨大，但在地区经济总量中的份额并不大，北京市和周边港口城市合作机制和合作模式仍需探索及完善，其需要与周边港口城市"共建港口"等模式，降低发展成本，寻求高效率的出海口。京津冀都市圈陆域经济仍占据主导地位，海洋经济相对薄弱，形成了明显的陆域经济和海洋经济的"二元结构"的局面。

第五节　区域主体参差不齐，区域利益协调困难重重

随着我国市场化进程推向纵深，空间发展的利益矛盾与非整合问

题逐步显现出来，通过空间管理发挥政府在空间开发与空间结构变化中的引导与控制作用，对促进区域空间整体、协调发展有着十分重要的作用。"十一五"时期以来，国家统筹考虑未来全国人口分布、经济布局、国土利用和城镇化格局，研究实施主体功能区战略，旨在调整完善区域政策和绩效评价，规范空间开发秩序，形成合理的空间开发结构。北京在建设世界城市的过程中，京津冀协同发展必须与主体功能战略的实施相结合。因此，京津冀协同发展过程是一个区域利益重新调整的过程，将打破区域既得利益均衡。京津冀都市圈新的区域利益实现及调整涉及各区域主体的切身利益，这也是区域一体化发展中遇到的障碍因素。

一　地方政府理性的有限性

地方政府的经济理性人假说是公共选择理论的一个基本命题。一般认为，不同的约束条件会引致地方政府趋向于两种不同的选择：一是追求地方福利的最大化；二是追求地方可支配收入的最大化。改革开放近 40 年来，在以经济建设为中心的经济发展战略指引下，京津冀都市圈各级政府显然趋向于追求地方可支配收入的最大化及地方经济的快速增长。

主体功能区战略实施是京津冀协同发展中遇到的最大障碍，各级政府更多地考虑政府的利益得失，很少考虑企业、居民、非政府组织等其他相关主体的利益。地方政府这样的选择称为理性的有限性，是有其体制背景的，一方面，经济增长是地方政府政绩考核的核心内容，进一步讲，即周黎安所揭示的地方官员晋升与地方经济绩效显著关联（周黎安，2007）；另一方面，我国现行的对上负责的干部任用体制，在一定程度上决定了中国独特的地方政府关系，即"相互隔离的横向关系"和"相对顺从的纵向关系"（安树伟，2007），中国地方官员政治晋升博弈中存在"非合作"倾向（周黎安，2004）。因此，京津冀协同发展中，各级地方政府热衷于提升经济总量，对资源环境约束考虑不足，招商引资，上大项目，往往以透支生态环境的可持续发展为代价，追求短期利益在所难免。可见，政绩考核指标单一，政府理性是有限的。政府有限的理性导致区域整体福利的损失。

二　区域主体发育不良

区域主体包括地方政府、企业、居民及非政府组织。地方政府是公共利益的代表，是推进主体功能区建设的重要区域主体。鉴于历史原因，在我国曾经出现过政府工作几乎涵盖了整个公共领域的局面，政府一方面履行分内职责；另一方面又是企业、居民及非政府组织的代表。政府向辖区企业、居民等提供公共产品及服务，把本该由公共开发公司、公共事业机构等承担的一些责任，政府全部代劳。企业、居民及非政府组织等常常依附于地方政府，未能成为独立的区域主体，更谈不上在区域治理中发挥应有的功能。随着市场经济体制的建立及完善，地方政府首先成为独立的区域主体，以上状况有所改观。

基于这一特殊的国情、省情，河北省主体功能区建设中区域利益协调面临着企业、居民及非政府组织等区域主体不发育甚至缺失的问题，主要表现为：一是企业、居民及非政府组织还未成为完全意义上独立的区域主体；二是行业协会、研究咨询机构和社会中介组织等，现实中由于种种原因未能实现机构设立时的目标，离真正意义上的区域主体还有较大差距。因此，河北省主体功能区建设中，企业、居民及非政府组织等区域主体的利益很难得到良好体现。

三　区域主体参与性不强

参与性是指区域参与者对于区域公共决策及其执行过程的介入（孙兵，2007）。主体功能区战略实施背景下，京津冀协同发展必将打破政府、企业、居民及非政府组织间既得利益均衡，促成新的区域利益均衡。区域利益实现及调整涉及各区域主体的切身利益，不仅需要地方政府的努力，更需要各区域主体的广泛参与。如果没有各区域主体的积极参与，京津冀协同发展既定目标就很难实现。然而，在京津冀协同发展中，除政府外，其他区域主体的参与性较弱，主要表现为：

一是各类企业尤其是国有企业及各类社会团体等区域性非政府组织与地方政府一直保持有千丝万缕的联系。在一定程度上讲，企业及各类非政府组织与政府的区域利益取向趋于一致，官办及垄断色彩浓厚，这导致企业与各类非政府组织独立参与区域利益分配的能力大打折扣。

二是居民受传统观念约束，公共意识薄弱，参与意识不强。更为重要的是，企业、居民及非政府组织参与区域利益分配的渠道相当缺乏，至于参与的广度及深度更是无从谈起，这也是京津冀协同发展中需要解决的问题。

综上所述，鉴于京津冀协同发展中，政府主导的色彩浓厚，而非政府组织的独立性不强、公众参与度不高等问题，未来区域利益调整应积极转变"大政府—小社会"的发展模式，着力构建政府、营利企业、社会组织和居民平等、共同参与的"多元主体"的发展模式（见图 3 - 4）。

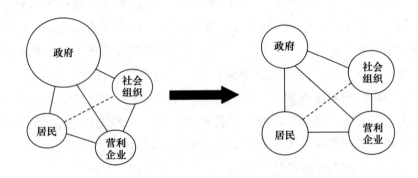

图 3 - 4　京津冀都市圈区域利益调整模式完善示意

资料来源：根据安树伟《中国大都市区管治研究》（中国经济出版社 2007 年版）第 207 页相关内容整理。

第六节　行政区经济明显，区域一体化
体制环境亟待营造

长三角都市圈发展实践表明，苏浙沪三省市一体化过程也经历过行政区经济的负面影响，即经济要素流动不畅，区际经济关系不和谐，战略取向各异，区际合作难以深入，发展定位各自为政，重复建设，产业结构雷同，企业竞争渗透着地方政府行为，招商引资无序竞争，区域内耗巨大，交易成本大，难以成为一个有机整体，行政区经济等一系列问题，严重阻碍都市圈一体化进程。然而，与京津冀都市圈不同的是，长三角区域的上海市、杭州市、苏州市、无锡市、宁波市等中心城市，珠三角区域的广州市、深圳市、珠海市等中心城市的经济辐射能量要远远强于北京市、天津市对京津冀都市圈的带动作用。

一 行政区经济明显，区际合作深入推进困难重重

北京市、天津市、河北省"两市一省"同属于省级行政单位，彼此独立，行政级别相同，这导致经济社会发展目标的不一致，甚至矛盾和冲突。20 世纪 80 年代以来，尽管"两市一省"在京津冀一体化过程中构建协作机制，并签署了相关协议，甚至谋划制度建设等内容，但是出于地方利益的考虑，地方保护主义盛行，区际合作难以深入推进。特别地，"两市一省"更多地在行政辖区内发展较为完备的产业体系，其优势（支柱）产业领域相似，产业结构雷同。总体而言，京津冀协同发展行政区经济特性明显，国有经济比重高，行政力量的资源控制能力较强，经济要素流动往往以行政界限为樊篱，市场分割和地方保护主义盛行，区域经济发展中的低效率屡见不鲜。如河北省每年大量农产品进京，检查关卡重重，市场一体化进程缓慢；招商引资领域存在不公开不透明的现象，有恶性竞争之嫌。

客观地讲，20 世纪 80 年代以来，京津冀都市圈合作效果并不理想，取得的成效距离预想状态仍有很大差距，且实际发展中也暴露出一系列问题，如北京"非首都功能"疏解客观要求与河北承接能力落差问题很难在短时期得到解决等。实践表明，京津冀都市圈中心城市北京市、天津市扩散效应的发挥中，企业间跨区域合作中亦或多或少渗透着地方政府行为。迫于资源环境趋紧约束和转变经济发展方式的客观现实，北京市、天津市传统产业被迫向区外转移，退出的传统产业大都郊县就近落户，即经济相对落后的下辖郊县。京津冀都市圈城市间区际产业转移过程中表现出一定的"黏性"，有其产业转移的内在规律所支配以及中心城市经济辐射能量有限的客观因素，但更多地

表现为地方政府对地区经济总量、产业结构调整以及就业机会等地方利益的考虑。在国际国内产业转移的大背景下，三地在产业转移承接方面更多地表现为竞争关系，特别是天津市和河北省之间，协作关系相对较弱。再如，京津冀都市圈的北京市和天津市空间距离约120千米，区域经济发展中竞争和较量的成分较多，合作意向较少，不仅仅是能量内耗，而且也极大地削弱了周边区域经济社会发展的辐射带动作用。

二　都市圈一体化历程曲折，体制环境亟待改善

从京津冀一体化的提出到京津冀协同发展历程曲折。起步阶段，由都市圈城市间企业间的自发合作，进而发展为政府主导下的企业合作、签署备忘录、联席会议等主要合作形式。正如上文所述，政府主导下的一体化推进中，行政上的条块分割，行政区经济明显，都市圈一体化的深入推进体制"瓶颈"明显，体制环境亟待创新改善。显然，地方利益主导下的经济社会发展不利于区域一体化发展的深入推进。推进阶段，随着我国社会主义市场经济体制的建立及完善，都市圈各级地方政府考虑到河北省在京津冀协同发展中在资源开发、环境保护和建设、重大项目布局，产业布局调整优化以及产业发展政策制定和实施等领域的重要性，不得不放弃一部分地方利益，在理顺区域利益关系的基础上，构建经济社会分工和协作关系。特别地，主体功能区战略实施的框架下，京津冀都市圈各级政府在充分考虑不同等级中心城市的约束条件，发展定位及发展目标下，共同推进都市圈协调发展。

在京津冀协同发展中，一方面，客观上说，三地在人口、资源开发、经济社会发展以及环境保护和建设等领域谋求高效务实的合作，这是大势所趋；另一方面，三地已经开展了一系列高级别、高层次的发展论坛，对精诚合作，协作共赢达成了广泛共识。进入21世纪以来，京津冀都市圈中心城市间各自为政，以竞争为主的时代正在逐步淡出历史舞台，取而代之的是一体化发展的雏形，即竞争与合作共存，谋求发展共赢的时代。

三 随着国家战略的实施，都市圈体制机制创新亟待破冰

随着京津冀协同发展上升为国家战略，探寻科学的体制机制创新成为推动京津冀协同发展的关键。京津冀协同发展机制是多层次、多角度的机制共同体，除培育区域整体高层协调机制、区域环境合作治理机制、区域产业合作机制外，还应该加快构建跨地区转移的利益协调机制、区域生态补偿等发展机制。2015 年国务院出台的《京津冀协同发展规划纲要》，将京津冀协同发展从理论层面推到实质层面。

合作治理的主要问题是针对生态环境治理和水资源保护。《中国环境状况公报（2015）》指出，2015 年京津冀地区共发布重污染天气预警 154 次，其 PM2.5 平均浓度为 77 微克/立方米（超过国家二级标准 1.20 倍），PM10 平均浓度为 132 微克/立方米（超过国家二级标准 0.89 倍）；人均水资源仅 286 立方米，远低于国际公认的人均 500 立方米的"极度缺水标准"，仅为全国平均值的 1/9，且地下水开采严重，水体污染形势严峻。

在区域产业合作方面，2016 年，工业和信息化部会同北京市、天津市、河北省人民政府共同制定了《京津冀产业转移指南》，提出"带状＋链式"产业新模式，对京津冀各区域进行功能定位与产业划分，将京津冀区域划分为京津走廊高新技术及生产性服务业产业带、沿海临港产业带、沿京广线先进制造业产业带、沿京九线特色轻纺产业带、沿张承线绿色生态产业带，同时发挥京津冀现有产业基础与优势，引导汽车、新能源装备、智能终端、大数据和现代农业五大产业链合理布局、协同发展。北京"非首都功能"疏解略有成效，但是，与京津冀协同发展纲要所要求的目标还存在一定差距，雄安新区的建设，将成为撬动疏解北京"非首都功能"的突破口和里程碑。

在保障机制方面，生态与经济发展相协调，需要以人口资源环境承载能力为底线，将经济发展与环境保护、人口调控相结合；健全生态补偿机制，对损害生态的经济活动收取相应的费用，用于补偿生态建设和其经济活动受损的人们的经济损失，形成良好公平的生态文明建设机制；推进公共服务和公共产品提供方式的社会化和市场化，发挥市场在资源配置中的决定性作用；融资创新，建立多元化资金供给

模式，引导和鼓励民间资金进入经营性基础设施领域，积极搭建银政企融资平台，鼓励社会资本参与城市基础设施建设；产学研互助，培育实践性专业型人才，改善人才引进机制与人才管理机制；政府交流互通，围绕重点产业、资源开发、港口合作等建立三地干部座谈、会议制度。

此外，推进建立三地长效协调机制，即"决策层＋协调层＋执行层"，需探索建立疏解地与承接地的利益共享机制，研究三地在重大项目、产业转移、共建园区和产业化基地的税收分成、GDP 核算等方面的利益共享机制，更好地推动产业资源跨区域布局；设立"非首都功能"疏解专项资金，对疏解各类主体在成本补偿、经营过渡期资金补偿等方面给予相应的支持；进一步完善产业对接合作的配套政策，比如资质认证、用地指标、环保指标统筹考虑等。

第四章　京津冀协同发展的目标与创新模式

《京津冀协同发展规划纲要》指出，到 2017 年，在符合协同发展目标且现实急需、具备条件、取得共识的交通一体化、生态环境保护、产业升级转移等重点领域率先取得突破，深化改革、创新驱动、试点示范有序推进，协同发展取得显著成效；到 2020 年，区域一体化交通网络基本形成，生态环境质量得到有效改善，产业联动发展取得重大进展。公共服务共建共享取得积极成效，协同发展机制有效运转，区域内发展差距趋于缩小，初步形成京津冀协同发展、互利共赢新局面；到 2030 年，首都核心功能更加优化，京津冀区域一体化格局基本形成，区域经济结构更加合理，生态环境质量总体良好，公共服务水平趋于均衡，成为具有较强国际竞争力和影响力的重要区域，在引领和支撑全国经济社会发展中发挥更大作用。

从理论层面来看，建立高效的区域合作协调机制，避免区域和城市间的无序竞争，实现京津冀的整体协调发展，是目前亟待解决的问题之一。从实践来看，京津冀协同发展特别需要处理好政府与市场的关系，发挥出政府和市场各自的比较优势。促进区域协同发展的主要手段应该是市场化，让市场在资源配置中发挥决定性作用，使得要素在区域间自由流动，形成合理的资源配置格局。从政府与市场关系的视角研究京津冀协同发展机制，探讨京津冀协同发展的具体模式，构建以"市场基础、政府引导"的多层次、多角度的京津冀协同发展机制框架与体系尤为重要。

第一节　京津冀协同发展功能定位与目标

京津冀协同发展是以有序疏解北京"非首都功能"、解决北京"大城市病"为基本出发点，以资源环境承载能力为基础、以京津冀城市群建设为载体、以优化区域分工和产业布局为重点、以资源要素空间统筹规划利用为主线、以构建长效体制机制为抓手，着力调整优化经济结构和空间结构，着力构建现代化交通网络系统，着力扩大环境容量生态空间，着力推进产业升级转移，着力推动公共服务共建共享，着力加快市场一体化进程，加快打造现代化新型首都圈，努力形成京津冀目标同向、措施一体、优势互补、互利共赢的协同发展新格局，打造中国经济发展新的支撑带。

一　京津冀发展的功能定位

《京津冀协同发展规划纲要》指出，将京津冀区域定位为："以首都为核心的世界级城市群、区域整体协同发展改革引领区、全国创新驱动经济增长新引擎、生态修复环境改善示范区。"

首先，京津冀在经济全球化的过程中有着极强的竞争力，其以首都北京为核心，具有政治、文化、科技等方面的绝对优势；以具有先进制造业优势的天津和成本及资源优势的河北为依托，为核心城市的产业功能转移提供了广阔的腹地，使京津冀必将成为最具活力的世界级城市群。

其次，京津冀聚集着大量的高等院校和科研院所，拥有世界一流的科技创新能力，为未来京津冀地区创新驱动引领经济增长提供了重要的支撑作用。

再次，随着京津冀新型城镇化进程的推进，区域整体的协同发展也在不断取得成效。目前，确定的64个新型城镇化试点中，石家庄、北京通州、天津蓟县、河北定州以及张北县等地区入选，并根据其形成的成果经验在整个京津冀地区进行推广，未来京津冀会成为最具活力的核心增长极和新型城镇化示范区，引领整个地区的协调发展。

最后,生态环境作为三地关心的问题,以区域联动治理大气污染为突破口,加强生态环境修复,建立健全耕地、水资源等生态保护机制,推进绿色环保产业发展,促进社会与生态的和谐发展,成为全国生态环境改善的示范区。

《京津冀协同发展规划纲要》将北京定位为"全国政治中心、文化中心、国际交往中心、科技创新中心"。北京作为我国的首都,其首都功能是国内任何一个城市都无法替代的,因此,北京的全国政治中心地位毋庸置疑;北京历史文化底蕴深厚,文化资源丰富,兼有历史与现代的风格特色,其包容性和多元化的历史文化,使其成为全国的文化中心;作为首都的北京,肩负着与国际友好往来的重要使命,外交机构、国际组织、全球商业总部云集北京,这些都要求北京提升自身的国际交往能力,成为一个合格的国际交往中心;除此之外,北京还聚集了以中关村为中心的大量科技资源,北京要以此为基础打造我国技术创新总部聚集地、科技成果交易核心区和全球高端创新中心及创新型人才聚集中心。

《京津冀协同发展规划纲要》将天津定位为"全国先进制造研发基地、北方国际航运核心区、金融创新运营示范区、改革开放先行区"。天津的工业基础好,在承接产业转移过程中,重点引进高端科研资源,加快自身制造业的升级改造,促进科技创新与制造业的融合,打造研发能力强、产业高端、辐射带动作用强的先进制造研发基地;天津港作为北方对外贸易的重要口岸,具备作为国际性港口的主要条件,但其在港口城市的基础设施和服务功能上还有待进一步完善;天津的金融服务发展良好,承担了区域金融、贸易以及生产性服务等多种功能,天津自贸区为离岸金融中心的打造提供了条件,助推"天津金融创新运营示范区"建设;天津滨海新区作为改革开放先行区,努力挖掘改革创新项目,争取更大效果的改革创新成果,为区域整体改革创新提供示范作用。

《京津冀协同发展规划纲要》将河北定位为"全国现代商贸物流重要基地、产业转型升级试验区、新型城镇化与城乡统筹示范区、京津冀生态环境支撑区"。结合河北省情,以现有的区位、腹地、交通、人口等优势为基础，一方面承接京津产业转移，形成商贸物流产业集聚；另一方面以"互联网＋"为依托，转变产业发展方式，对承接的传统产业进行转型升级，着重打造全国商贸物流基地和产业转型升级示范区；河北省在国家新型城镇化规划的指引下，注重城镇化质量的提升，加快中小城市功能提升，对土地利用、城市建设等方面进行统一规划、部署，推动新型城镇化建设，实现城乡统筹发展。此外，河北的张承地区是京津冀都市圈的生态保护与水源涵养区域。因此，积极开展以生态保护为中心的生态建设，努力建设成为京津冀地区生态休闲旅游目的地、绿色制造业基地、清洁能源基地和生态产品供给基地。

二　京津冀协同发展目标

《京津冀协同发展规划纲要》从近期、中期和远期三个方面明确了京津冀协同发展目标。

（一）近期目标

到 2017 年，有序疏解北京"非首都功能"取得明显进展，在符合协同发展目标且现实急需、具备条件、取得共识的交通一体化、生态环境保护、产业升级转移等重点领域率先取得突破，深化改革、创新驱动、试点示范有序推进，协同发展取得显著成效。

（二）中期目标

到 2020 年，北京市常住人口控制在 2300 万人以内，北京"大城市病"等突出问题得到缓解；区域一体化交通网络基本形成，生态环境质量得到有效改善，产业联动发展取得重大进展。公共服务共建共享取得积极成效，协同发展机制有效运转，区域内发展差距趋于缩小，初步形成京津冀协同发展、互利共赢新局面。

（三）远期目标

到 2030 年，首都核心功能更加优化，京津冀区域一体化格局基本形成，区域经济结构更加合理，生态环境质量总体良好，公共服务水平趋于均衡，成为具有较强国际竞争力和影响力的重要区域，在引领和支撑全国经济社会发展中发挥更大作用。

（四）目标进展

从近期目标的实现来看，京津冀协同发展已经取得如下成效：

1. 交通一体化方面

京津冀交通建设已经形成"四大区域"。一是新机场区域，包括新机场高速、新机场北线高速以及已经通车的京台高速；二是冬奥会外围交通基础设施建设，包括兴延高速和延崇高速；三是北京城市副中心建设，区域内路网和公共交通十分发达，除了已有的道路基础设施，目前正在建设的京秦高速和首都地区环线高速（通州大兴段）也都是辐射城市副中心的，京秦高速预计 2017 年年底竣工通车，而首都地区环线高速，也就是俗称的大外环，预计 2017 年年底主体工程完工，2018 年 6 月竣工通车，届时北京市域内将彻底消除"断头路"；四是雄安新区建设，现在北京正在和河北交通部门就雄安新区交通项目对接开展工作。除定制公交外，目前天津、河北购买的标有交通联合字样的公交一卡通，在北京市区所有地面公交线路均可使用；2017 年年底前，有望实现三地地铁一卡通的互联互通。

2. 生态环境保护与治理方面

第一，大气污染联防联控取得一定进展。区域重污染预警工作方面，2016 年年初，按照环保部统一部署，京津冀实现了空气重污染应急预警分级标准的统一，完成了空气重污染应急预案的修订，规范了预警发布、调整和解除程序，为京津冀三地统一应对区域性空气重污染、协同采取减排措施打下了基础。区域环境联动执法方面，2015 年 3 月和 11 月，京津冀及周边地区机动车排放控制协作机制、京津冀环境执法联动工作机制陆续建立，共同打击京津冀区域内环境违法行为，改善环境质量。区域大气污染相关标准方面。2016 年三地统一实施机动车国五排放标准、油品标准以及空气重污染预警分级标准，为下一步统一应急预案，统一应急措施力度奠定了基础。区域大气污染防治政策方面，三地根据《京津冀及周边地区大气污染防治行动计划实施细则》，连续三年制定并积极推进 2014 年度、2015 年度《京津冀及周边地区大气污染联防联控重点工作》，签订了《京津冀区域环境保护率先突破合作框架协议》，实施了《京津冀公交等公共服务领域新能源汽车推广工作方案》《京津冀地区散煤清洁化治理工作方案》等。

区域大气治理资金合作方面，京津冀大气污染防治核心区设立后，北京市与保定市、廊坊市，天津市与唐山市、沧州市分别建立了大气污染治理结对工作机制，北京市、天津市两年来分别支持河北省四市大气污染治理资金 9.62 亿元和 8 亿元，其中北京市 2015 年和 2016 年连续支持河北 4.6 亿元和 5.02 亿元，极大地促进了河北省相关地市的锅炉淘汰治理和散煤清洁化工作。

第二，水资源协同保护协同步伐加快。由北京市和河北省共同实施的首个合作共建水生态项目——"密云水库上游生态清洁小流域项目"已经落地实施。规划范围包括河北省的两市五县：承德市丰宁县、滦平县、兴隆县以及张家口市赤城县、沽源县，计划用三年时间，建设生态清洁小流域 22 条，治理水土流失面积 600 平方公里（其中，北京给河北方面提供资金支持约两亿元，相当于总投资的一半，首批 1.155 亿元已拨付到位）。截至目前，首批 50 平方公里的建设任务已经完成，实现京津冀在生态领域协同发展又一重要突破，预计到 2018 年任务全部完成后，作为京津冀水源涵养功能区的河北省张家口、承德地区，项目区水土流失治理度将达到 85%，新增污水处理能力 59.66 万吨，在为密云水库输出更加清洁地表水的同时，也将为当地群众脱贫致富奠定坚实基础。

3. 产业承接与转移方面

京津冀协同发展战略实施三年来，河北累计签约引进北京商户 23140 户。河北与京津共建各类科技园区、创新基地、创新平台数百个，上千家京津高新技术产业落户河北。2016 年，河北就从京津引进项目 4100 个、资金 3825 亿元。而据张家口市政府的数据显示，三年来，张家口共引进北京资金 1047 亿元，占全市引资的 49.5%。其中，2016 年引进北京项目 106 个，引进资金 385.22 亿元。

第二节　培育京津冀协同发展理念

推进京津冀协同发展，需要从思想上进行转变，打破自家"一亩三分地"的思维定式，培育"共赢、协同及跨域合作治理"理念。

一　"共赢"理念

京津冀区域内各行政主体之间地理位置相邻，文化相近，有着天然的合作基础。推动京津冀都市圈协同发展就是要整合各地方拥有的比较优势，实现优势互补，协调区域发展。各地方政府是协同发展的有力推动者，地方政府只要树立共赢理念和长期合作的观念，有意识地创造合作的条件和氛围，考虑政策制定的外部性，尽量避免各自为政和盲目追求自身利益行为，避免陷入"囚徒困境"，从长远的角度看待资源配置和区域内经济合作，就会实现长期的协同发展（王桂平，2012）。京津冀都市圈建设是环渤海地区乃至东北亚地区最具发展潜力的中国第三经济增长极，未来的发展方向是打造具有全球影响力的世界级城市群，必须树立"共赢"理念（李娜，2014），以提升京津冀区域整体竞争力为目标，为京津冀都市圈创造更大的价值。

二　"协同"理念

协同原理告诉我们，要想使一个系统达到效益最大化，实现"1 + 1 > 2"的整体功能倍增效应，系统内各子要素就需要协同配合，充分发挥各自比较优势（李娜，2014）。北京市作为京津冀都市圈的核心城市，在创新能力、高端产业发展及高端人才集聚等方面均占有极强的优势；天津市在海港方面具有天然的优势，且一直处于本区域的龙头地位；河北省资源丰富，经济发展却相对落后，一直以来都是北京市、天津市的广大腹地。所以，在未来的发展过程中，北京市、天津市应该最大限度地发挥其核心带动作用，树立"协同"发展的理念。尤其是北京市，在发展自己的同时，还要跳出行政区划的界限，充分发挥周边区域在空间资源、劳动力资源等方面的优势，在产业发展、资源配置、功能配置、生态环保诸方面，与周边区域形成新的战略合作，更好地实现京津冀都市圈的整体功能倍增。

三　"跨域合作治理"理念

京津冀都市圈环境问题日益突出。生态环境建设和自然资源的利用方面既要加强合作，又要打破行政壁垒实现跨域治理。在资源利用方面，北京市政府可以与河北省政府沟通协商，联合开发风力发电产业；继续加强首都周围的风沙源治理、扩大绿化面积，减少不合理的土地利用方式，彻底转变张家口和承德高耗能、高污染的产业结构。在跨域治理方面，北京市应该协助河北搞好南水北调工程沿线污染源治理问题，保证自来水的质量；加快和加强在大兴、平谷和顺义等邻近津冀地区污水处理厂和垃圾处理厂的建设，不允许北京市的垃圾危害津冀，并将运行与开支费用列入预算等。总之，在京津冀都市圈内部，任何一个城市都应放下争做"老大"的观念，树立"跨域合作治理"的新理念，实现共治效应。

第三节　京津冀协同发展的创新模式

京津冀地区是一个系统，一个由不同规模、不同等级、不同功能、不同性质，基于地理邻近性、体制与机制关联性、经济关联性、文化关联性与流通关联性等，以不同媒介联系在一起的一组城市集合而成的，具有自组织性的复杂系统。科学合理的协同发展创新模式不仅有利于提高区域自主创新能力和产业核心竞争力，而且也必将会对京津冀协同创新驱动发展发挥核心支撑作用。

目前，城市间的集群式发展模式已经逐渐成为区域核心竞争力的表现载体和国家综合竞争力的重要载体。此外，板块化模式、模块化模式与多中心化模式也已经逐渐成为区域发展的主要趋势。近年来，京津冀地区已经出现了产学研合作、跨城际联盟组织、多中心协同共生等区域协同发展模式，但区域协同发展多元化的创新模式仍然是目前京津冀协同发展需要探讨的问题。

一　基于产业链分工的模块化创新模式

产业链是区域创新的重要载体。基于产业链分工的模块化创新模式是通过以产业链为纽带，以各地区客观存在的区域差异为依据，发挥地区间的比较优势，借助区域市场协调地区专业化分工和多维性需求的矛盾，以地区间的产业合作作为实现形式，在各地区形成产业领域的专业化模块分工，进而推动京津冀各地区的有机融合和紧密对接，提高创新水平和效率（张劲文，2013）。

京津冀可以通过产业链的上下游分工，推进重点产业领域在区域搭建协同互补的技术创新链条，推动区域技术创新环节高效衔接、分工协作，提升京津冀地区产业链技术创新整体竞争力。

该模式的主要内容有两个方面：一是推进京津与河北等地的重点领域进行研发创新协作，提升产业技术层级，并引导中科院及中关村等科研院所与河北地区的领军企业进行对接；加强重点产业的技术攻关协作，改进生产技术；完善相关领域的产业链条，使得上、中、下游产业与关联产业链有效衔接；构建产业基地，实现园区带动发展，以产业带动创新促发展。在此基础上，还能改进相关产业的工艺生产水平、降低生产成本、扩大生产规模。二是推动相关领域重大创新成果在津冀落地转化。依托重点领域的领军企业，加强研发创新与产业化应用；加强与津冀的产业基地、园区发展对接，引导创新成果的区域落地转化及模块化生产，提升产业化的应用水平。通过此模式，可以推动区域技术创新环节高效衔接、分工协作，提升京津冀产业链创新整体竞争力，带动传统产业改造升级。

二　基于区域集群的多中心创新模式

在经济全球化的竞争新时代，与特定区域利益密切相关的区域集群式发展作为获取区域竞争力的重要途径日益凸显。在知识经济背景下，嵌入集群创新网络的各主体间相互作用及合作过程，促进区域内多中心的形成，使区域内新技术、新知识的产生、流动、更新和转化成为更有效的资源配置方式，经济资源得到更为有效的利用，提高区域创新能力，推动产业结构升级，形成区域竞争优势，促进区域经济跨越式发展。

基于区域集群的多中心创新发展模式是一个集多种功能于一体的复杂网络结构，它由不同的区域中心城市集聚形成网络集合体，并实现与上级或下级城市的关联以及多个城市之间的相互关联，促进区域多中心整合共生的实现（朱俊成，2010），且多中心协同共生是实现多中心整合、资源与要素合理配置，提高区域发展绩效的有效途径。

京津冀地区是一个典型的集政治、经济、社会于一体的复杂多中心协同共生结构和网状的区域集群集合体。这种集合体的最大特点就是能够利用多中心的城市间合作与协调，发挥区域整体的竞争优势与竞争能力，促进城市间优势整合与要素的合理配置，实现区域集群发展的聚集态势。其多中心区域模式的构建，应该从区域的空间扩展、城市发展转型、新型城乡关系等角度出发来实现。围绕以北京为核心的中心城区及其周边区域，形成多中心的区域集群，通过差别化发展模式，依托港口与通道，借力发展，促进京津冀多中心互动、联动发展，实现区域间协同发展目标，形成"核心—中心—枢纽—网络"式集合体（朱俊成，2010）。

实践上，首先确立主要中心的目标。以北京为核心，构建广域性影响和辐射区域。发挥其溢出与辐射效应，以研发与技术创新、高端产业、现代服务经济为核心实现强中心发展战略，做好京津冀发展的领头作用。其次是大力发展以天津为首的副中心经济区，着力从结构调整与经济区功能角度培育地域性经济体，形成关联产业基地、服务与流通基地，形成与核心体的哺育与反哺育互动格局。最后通过核心、副中心、边缘影响区形成"轴线—枢纽—网络"式多中心经济体，实现京津冀地区整体协同发展，并影响和带动关联区域的互动发展。打造区域多中心战略。经济发展的集群化、区域发展的多中心化是未来城市群发展的主流趋势，也是实现区域协同与持续发展、均衡与共生发展的主要路径。因此，应坚持大城市、地域城市、区域城市多中心模式，构建多中心集群式城市体。基于此，京津冀应着力激活多中心的创新活力，为发展注入新动力。以各地特色经济为依托，按差别化模式，通过产业整合、功能集聚，实现经济的集群化；打造区域多中心，使京津冀的13个城市依据自身各自特色多向发展，促进区域内多中心集群式的协同发展。

三　基于产学研合作的协同创新模式

产学研合作协同创新是实现区域协同发展的一种重要模式，主要指企业、高等院校和科研院所三大主体投入各自的优势资源和能力，在政府等相关主体的协同支持下，通过建立科研机构与产业化基地的有效对接机制，共同进行技术开发创新活动，实现协同创新。企业是反映市场需求和供给的有效载体，企业的存在往往能够准确捕捉市场需求变化，以新产品或服务更好地满足市场需要；高校和科研机构拥有雄厚的科技力量，它们既是知识创新、技术创新的中坚力量，又是新知识、新技术的辐射源。在产学研合作协同创新模式中，高校和科研院所主要负责知识创新与产品创新，为企业提供专业性人才培训或产品生产技术服务与指导等；企业则根据产品生产技术条件组织生产作业，或根据创新产品生产需求改进生产技术或工艺，并负责产品的销售与售后服务等。

基于北京市具有丰富的先进科技创新资源，是全国最重要的自主创新高地和技术辐射源头，而天津市和河北省周边区域产业化空间十分富足。因此，依据产学研合作创新模式，北京市应加大与津冀的"创新—成果转化"对接合作力度，推动部分易于快速转化的产业领域科研成果在周边区域转化。这不仅有利于推动北京市科技成果的落地转化和产业化，加速新兴产业发展，也有利于带动津冀传统产业新生产工艺和技术的综合集成和全面进步，从而促进区域的整体协同发展。

四　基于政府为核心的创新驱动模式

政府作为跨区域协同发展创新推动的主体之一，为了促进区域间的经济协调发展，通常是通过不同行政区域的政策规划来协调影响区域之间的协同发展，因此，该模式将以政府为重要驱动力，致力于构建一体化的市场制度，用法制规范整个市场。主要体现在，在经济制度构建上，政府为区域间的技术、资本、人才、信息等要素资源在圈域内自由流动营造无差异的政策环境；为商品的跨地区流动及准入统一技术标准；为企业的跨地区经营和合作提供制度支持；在土地批租、税收优惠等促进产业发展的政策方面进行圈域协调，尊重企业的自主选择，避免地方政府恶性竞争。在社会制度构建上，政府在户籍、就业、教育、医疗和社会保障等制度方面加强协调，构建统一的制度框架和实施细则，实现圈域框架内的融合，形成城市间的规划联动、产业联动、市场联动、交通联动和政策法规联动，以较低的成本促进产业优势的形成。

以北京"非首都功能"疏解集中承载地——雄安新区为例，这是典型的基于政府为核心的创新驱动模式，政府将在打造以首都为核心的世界级城市群的布局和调整优化京津冀空间结构中起到关键作用。在城市规划、交通发展与资源环境承载力上，都需要以政府为核心，在政府的协调规划下进行全方位发展，系统整合工业化、城市化进程的动力机制，以促进京津冀都市圈的持续、快速、健康发展。

五　基于市场为核心的创新运行模式

在市场为核心的协同发展模式中，政府便从区域发展的主导者向服务者角色转化，表现出不直接参与或干涉中间两个层次的经济活动，取而代之的是由市场对区域发展的推动作用，引导并促进要素在区域间自由而有序地流动，推动资源的合理配置，来维持整个区域要素供给与需求的相对平衡，从而减少要素流动的信息不对称问题。

在以市场为核心的创新发展模式中，首先要重视市场对资源的配置作用，以政府统筹、企业推动、市场主导、行业协会协助为主要手段，以产业结构调整、优化升级与产业组织合理化为主线，坚持市场竞争和政策引导相结合，通过建立纵向延伸，横向连接的产业发展模式，加强要素集聚和空间集聚，加强市场的龙头拉动作用，全面提升市场驱动型特色经济的综合竞争力。其次要完善市场配套体系建设。市场的健康稳定发展对于整个地区经济的健康稳定发展具有至关重要的作用，而不断完善市场的配套体系建设，无疑会促进市场以及市场所在地的健康发展，构建多成分、多形式、全方位的包括信息、物流等在内的各种市场公共服务体系网络，为市场乃至整个区域经济发展提供良好的外部环境。最后要大力发展和完善中介组织。充分发挥其服务、沟通、公证、监督的作用。培养一大批相关的行业协会、学会、商会、事务所和咨询机构等中介组织，树立其威望，明确其职责，规范其运作，发挥其在行业自律、数据统计、信息收集、调查研究、技术咨询、项目评估、检查监督和成果宣传等方面的作用，在市场交易中建立起面向社会、服务行业、协助政府的支撑服务体系。同时，要建立和健全有关法律和法规，加强对中介组织的监督，规范其行为，明确政府与中介组织的关系，强化中介组织的自律，发挥各种行业协会、商会的作用，制定行规行约，加强行业自律，制止无序竞

争，进而完善市场机制，健全市场体系，促进区域市场的健康有序
发展。

六　双核多极网络空间布局模式

京津冀都市圈空间布局选择围绕"双核"形成多极网络空间布局
模式（见图4-1）。

图4-1　京津冀双核多极网络空间布局模式

"双核"即北京市和天津市两大核心城市；"多极"即京津自身
的卫星城市以及河北省石家庄、唐山、保定、廊坊等11个地市以及

国家规划建设的雄安新区等京津冀次级中心城市和若干新兴区域中心城市；雄安新区作为北京疏解功能的集中承载地，以建成200万—300万人口的大城市优化京津冀都市圈的空间布局。借助航空、港口以及高铁、城际及高速公路等发达的交通网络，"双核"作为京津冀都市圈的核心，对京津冀的次级中心城市形成强有力的辐射作用，而以各极点为核心的次级中心城市辐射河北省全域，在京津冀都市圈形成网络空间布局。

七　绿色生态模式

构建区域绿色生态模式，完善区域生态体系，建设生态城市既是京津冀协同发展的重要内容，也是京津冀都市圈建成世界级城市群的需要。

张承地区作为京津冀都市圈的生态屏障和重要的水资源涵养区、防风固沙区、山地土壤保持区、山体和森林生态系统、生物多样性保护区，其环境保护和生态建设是影响整个京津冀地区环境可持续发展的关键点。为此，在张承地区，规划建设"两带三心，多点多楔"的生态布局（顾朝林等，2015）。"两带"一条为北京市与张承地区的景观缓冲绿化带，主要是缓解城市的空气污染，改善地区小气候；另一条为张承地区与山西、内蒙古形成的大型绿化生态带，保护整个京津冀地区的生态环境。"三心"即以张家口市、承德市、怀来县三个地区为中心，组建生态中心圈层，以绿色经济为主要发展方向，促进该地区的产业转型，是这些地区发挥出环京津山水园林的本色。"多楔"即在张家口市、承德市、怀来县三个中心圈层的周围地区，采用绿楔的形式使绿色生态深入城市内部中，形成绿色开敞空间，利用都市生态农业与之相容，构造人与自然的交互空间。"多点"即在张承地区，建立多个特色镇点，依附其生态绿化带的旅游资源，挖掘当地的文化特色，将地方文化与自然生态相融合，促进当地旅游业的发展。

第五章 京津冀协同发展手段比较及完善方向

目前，京津冀在经济贸易、产业要素和基础设施建设等方面已经展开深入合作，但长期以来，受行政区经济和行政区划的影响，京津冀协同发展与国内的长三角和珠三角相比，缺乏区域层面的统筹协调机制，这不仅制约了区域经济的进一步发展，而且不利于都市圈内各城市主体间的协同治理。在新的历史条件下，北京市、天津市和河北省如何进一步提升区域综合实力和整体竞争力，促进区域内各地间的积极竞争与合作，实现京津冀区域内各城市间的协同发展，具有重大意义（李娜，2014）。协同发展更强调三方的合作，就是京津冀三地必须协同起来才能共同发展。而科学的协同发展手段是都市圈协同发展的重要保障，京津冀都市圈是一个复杂的系统，其协同发展的手段必然是多样性的，诸如行政的、法律的、经济的等，都市圈协同发展要求综合运用上述各种手段。都市圈协同发展是对各方利益的协调，通过减少各利益方的机会主义行为，实现都市圈公共利益最大化，从而最大限度地减少城市问题的发生。如何完善京津冀都市圈协同发展手段，建立京津冀都市圈协同发展协调机制，是推进京津冀协同发展的重点内容。

第一节 都市圈协同发展手段效果比较

都市圈协同发展的手段通常有经济手段、行政手段和法律手段，三种手段各有利弊。随着市场经济的发展和进一步完善，法律手段越来越体现出其优越性，而我国区域政策手段中行政手段明显多于法律手段（见表 5 - 1）。

表 5 - 1　　　　　　　都市圈协同发展主要手段比较

类别	行政手段	经济手段	法律手段
执行主体	行政机关	立法机关和行政机关	立法机关、司法机关和行政机关
表现形式	行政命令、行政文件、行政会议等	货币政策、财政税收政策等	法律条文
特点	权威性、强制性	利益性、间接性和多样性	规范性、强制性和稳定性

　　资料来源：安树伟、刘晓蓉：《区域政策手段比较及我国区域政策手段完善》，《江淮论坛》2010 年第 3 期。

　　行政手段是指城市政府依靠行政组织，按照行政方式直接对管理对象施加影响，即采用命令、指示、指令性计划、制定规章制度等对城市各个系统的运行及其要素功能的发挥进行控制。行政手段的运用，以管理者与被管理者之间存在组织上的隶属关系为前提，下级对上级的命令和指示必须无条件服从。对于都市圈的协同发展而言，行政手段的运用关键在于各省份政府之间的协调与合作。经济手段既包括利用价格、税收、利率等杠杆间接调节城市关系，也包括直接制定财政、投资、金融等方面的城市管治政策。这种手段的运用，以社会主义市场经济的存在和发展为前提，政府有关管理部门对企业和其他经济组织及公民的经济活动，不直接下达必须要其接受的指令性计划。法律手段就是通过立法形式对城市中的各项活动实施强制调控，其运用现行健全的法律、法规体系、强有力的执行机构和监督机构为前提。

　　在都市圈协同发展过程中，运用协同发展手段和路径必须从一定的客观依据出发，对协同发展的手段和路径的选择应尽可能符合功效性、效率性、可操作性、社会可行性、公众参与度，并且手段的使用要考虑到社会成本的承担以及实施效果的大小。都市圈协同发展的三种主要手段在使用上差别较大（见表 5 - 2）。

表 5 - 2 都市圈协同发展手段实施效果比较

效　果	行政手段	经济手段	法律手段
时效性	强	较强	弱
稳定性	弱	较弱	强
公众参与程度	低	较高	高
短期成本	低	较低	高
长期成本	高	较高	低
实施效果	差	较好	好

资料来源：安树伟、刘晓蓉：《区域政策手段比较及我国区域政策手段完善》，《江淮论坛》2010 年第 3 期。

一　时效性

行政手段由行政机关直接做出，措施颁布简便灵活，见事早，反应快，措施出台迅速，直接作用于调节对象，因此可以较快地达到预期效果。

经济手段一般不是直接作用于调节对象，措施要通过市场机制起作用，调节措施的提出较迅速，但是，实施效果却需要相当长时间才能体现，而且结果不一定符合预期。

法律手段在相关法律的制定时需要相当长的时间，执行主体包括了立法、执法和行政机关集体参与。法律的起草、颁布到正式实施需要很长的讨论商议时间，甚至等到针对相关问题的法律颁布出来已时空转换，时滞太长，造成政策调整效果不佳。

二　稳定性

行政手段由政府"红头文件"形式出现，由于政策制定者本身也是社会中的一个特定利益群体，政府的自由裁量权过大，随着市场环境的变化以及决策者本身的有限理性，最容易"朝令夕改"，即稳定性最差。

经济手段的执行主体决定了其具有一定的不稳定性。行政手段与经济手段都容易造成市场参与主体的预期不稳定，造成人们短期性决策行为的发生。

法律手段则在法律颁布之后相当长时间内不会发生改变，作为一种行为规范形式存在，政策的稳定性最好。

三　公众参与程度

行政手段采取命令等方式提出，在市场化程度、人们法治意识不断提高以及舆论、网络等飞速发展的情况下，行政手段越来越多地引起公众的思考与讨论。政府机构臃肿、管理链条过长，造成信息传递不畅，甚至失真，横向沟通困难等引发交易效率的低下。而且用公民的税收供养的公务员的行为在人民主权意识不断提高的今天更多地引起了公众的关注和质疑。

经济手段通过物质利益诱导的方式间接地对市场主体的生产经营产生影响，是市场化的调节手段，公众参与度最高。

法律手段则在其规范性上为公众广泛接受和认可，法律就是在限制人的某项自由的基础上给人行为以最大化的自由。通过立法工作，确定城市主体利益准则和利益关系。此外，企业和居民的地位和民主权利也要通过法律制度来保障。

四　成本的承担

（一）短期成本

行政手段由行政机关直接命令形式出现，具有反应迅速、简便灵活的特性，"拍板定案"，短期内不需要很大的成本投入。

经济手段的执行主体是立法机关与行政机关，以物质利益为基础，通过国家对经济活动的间接干预实现其职能，从而间接地影响市场主体经济行为的选择，通过货币政策、财政税收政策等，明确向市场主体传达信息，短期内投入的成本比行政手段高。

法律手段由行政机关、立法机关和司法机关三者执行，短期内相关法律的起草、颁布与实施需要投入很大的成本，而且由于法律的出台总是基于一定的不和谐现象出现之后才加以规范，时间成本很大。

（二）长期成本

行政手段由决策者根据及时观察到的有限信息做出判断。虽然可以迅速达到短期预期目标，但是，长远来看，效果不一定好，经常出现为了解决眼前问题而产生若干年后比眼前问题更严重的问题。而且不加规范的行政行为有可能只是行政官员"拍脑袋"的结果，却让社会承担所有成本。产生的原因主要有两方面：一是政策制定者不能完全获取所有信息，且具有有限理性；二是决策不科学及官员偏好所致。由此导致在都市圈协同发展的三种手段中行政手段的长期成本更高。

经济手段通过经济政策间接调节，体现了市场经济的作用方式，但是，它的制定也是政府相机抉择的结果，善变和随意风险较大。

法律手段则稳定规范，一旦某项相关法律制定后，它的实施就是依照固定规范、明确标准进行衡量和调整，长期边际成本几乎近于零。

五　实施效果

行政手段可以迅速达到预定目标，短期效果显著，然而由于地方领导是"对领导负责"而不是真正"对公众负责"，可能给城市的长期发展带来较多负面作用。如某些地区政府官员为了完成招商引资指标，推出"零地价"政策，使生产要素成本大大扭曲，造成资源大量浪费。同时行政手段的科学性与政府管理者的素质密切相关（白冰冰，2003）。如果管理者主观主义太强，很可能由于独断专行而造成决策的严重失误。

经济手段以物质利益为基础，能够有效地调动积极性和主动性，它的效果显现需要一个较长时间的机制转换，作用领域主要限于经济领域，不能解决社会需求和精神问题。

法律手段可以有效规范城市主体行为，实施效果稳定、连续，有利于形成稳定预期，维系城市健康运行。

第二节　京津冀都市圈协同发展手段

当前，京津冀都市圈协同发展取得了初步成效，在新的政府决策和市场经济环境条件下，如何推进京津冀都市圈协同发展的深入显得尤为迫切和重要。由于地理、历史等诸多因素的影响，河北省是京津冀都市圈中发展比较落后的地区，面积大，工业发展水平相对落后，制约发展的因素多，是京津冀都市圈协同发展的"瓶颈"问题。因此，要尽快缩小河北省与京津地区的差距，政府必须有所作为，而政府主要依靠行政手段来实施。在推动京津冀都市圈协同发展的过程中，除采取部分经济手段外，法律手段几乎没有，大多数采用的是行政手段，均以通知、通告、意见、决定、建议、办法、规划等形式提出，行政管理方法深入到都市圈协同发展的各个方面。

一　京津冀都市圈协同发展手段存在的问题

都市圈协同发展涉及经济、社会、生态等各个方面。同时，都市圈协同发展的主体也涉及政府、营利组织、社会组织、市民等多元主体的参与。因此，作为都市圈协同发展的手段必然要多样化。都市圈协同发展的手段主要有行政的、经济的、法律的以及宣传咨询、公众参与、城市规划的创新等。目前，京津冀都市圈协同发展的手段存在如下问题。

（一）协同发展手段单一

京津冀都市圈协同发展手段主要以行政手段为主；其具体方法是采用指示、命令、规章制度和指令性计划等直接进行管治。行政手段的优势在于可以有效地发挥管理职能，其针对性强、适用性高，便于更有效地处理特殊问题和有效地指导下属职能部门。其局限性在于，由于其权力过于集中，不利于都市圈协同发展过程中的其他主体发挥其主观积极性，也得不到其他主体的有效监督，更不利于各主体之间的横向联系。

（二）缺乏坚实的法律和制度保障

由于隶属于不同的行政区划，京津冀都市圈内各城市间长期处于各自为政的状态，尤其是对某些共享性资源和基础设施的使用常常得不到有效协调。虽然审议通过了《京津冀协同发展规划纲要》，三地也出台了各自的城镇发展规划，但是与正式的法律规范相比，规划的约束力和执行力毕竟有限。随着城市化的不断推进以及中小城市的发展，都市圈内的各种矛盾和问题都会不断出现，亟待具有约束力的都市圈相关法律出台。都市圈经济的健康发展需要稳定的社会环境，而这就要求构建一个科学、规范、有效的都市圈治理机制。由此，科学的规划和健全的法律将为都市圈发展提供有效保障。

（三）政府职能转变未到位

从京津冀都市圈目前的发展情况来看，三地政府在推进区域协同发展过程中，在交通一体化、生态环境保护、产业升级转移等方面均取得了突破。但各地政府受计划经济时代思维的影响，更多地从自身利益出发，忽视区域整体效益。比如，北京更多地关注"非首都功能"疏解、解决"大城市病"问题。而政府的社会管理和公共服务职能仍然比较薄弱。

二　京津冀都市圈协同发展手段偏重行政手段的原因分析

（一）跨区域协作方面的相关法律、法规建设滞后

改革开放30多年来，我国的法治建设发生了巨大的变化，但是，在区域经济发展方面的法律颁布却未见起色，政府决策没有相应的法律依据作为支撑和规范，造成政府官员的自由裁量权过大。国外十分重视区域规划立法和依靠相关法规推动区域发展，而我国目前既没有关于区域发展的主体法规，也没有区域规划的相关立法。要使区域规划起到有效的引导和约束作用，必须依法确立区域规划的地位。

（二）公众参与程度落后

公众参与政策制定是克服政策腐败现象、促进政策合理化以及法制化、民主化的重要途径。然而，京津冀地区政策制定的公众参与程度远远不足，公众参与意识弱，政策制定信息不完全公开。参与制度安排的缺失、参与程序的非规范化、社会利益结构的分化、公众自身状况以及现代物质技术手段引发的参与无序等，使公众参与政策过程面临一系列困境。

（三）传统治理方式的传承

京津冀各级政府对种种问题进行"批示治理"是惯常做法，先是问题一级一级往上报，再是治理的办法一级一级往下批，"批治"甚至近乎一种"路径依赖"。我国在区域层面的改革秉承了"摸着石头

过河"的渐进道路，应该说，正是这种渐进性导致了中国区域政策手段的选择依赖：一系列政策的实施进一步强化了政府在区域发展中的主导作用。国家先后出台了推动京津冀协同发展的政策，这些政策也主要依靠行政手段来加以贯彻实施。

（四）政府"经济人"追求利益最大化动机

虽然行政手段有很多缺点，但多数执行成本都是由地方政府、企业和居民共同承担，高层政府作为一个"经济人"自然会多运用行政手段。并且行政手段简单灵活、时效性强，在面对突发问题时更有其自身的优势。由于法制建设不健全，政府官员委托—代理关系中常见的道德风险问题不可避免。回顾中国30多年来的改革开放不难发现，中央的区域政策在很大程度上主导了中国区域经济发展的轨迹。各区域在发展过程中就形成了依赖中央政府的各种政策支持，而不是注重形成自我发展能力。

（五）市场经济发育不足

与长三角、珠三角相比，京津冀地区国有经济比重，行政干预、行政因素力量大，行政因素对京津冀协同发展产生很重要影响。珠三角的产业聚集与发展是改革开放以后以市场为导向形成的；长三角的产业聚集则是随着改革的深化、政府权力的下放，政府间合作日益加强、市场联系日益紧密而发展起来的，它是政府与市场密切结合的产物。而京津冀都市圈市场化发育不足，与长三角城市群相比，2008—2014年，北京的市场化指数一直低于上海；其次，北京、天津和河北的市场化指数除2012年天津略高于上海外，其他年份北京、天津和河北的市场化指数均低于上海、江苏和浙江；其中，2008—2014年河北的市场化指数一直低于全国的平均水平。与珠三角相比，2008—2014年，北京、天津和河北的市场化指数除2012年天津略高于广东外，其他年份北京、天津和河北的市场化指数均低于广东。从京津冀都市圈内部来看，北京和天津市场化程度较高，而河北市场化程度与北京、天津差距较大（见表5-3）。总体而言，京津冀都市圈的市场化程度低于长三角和珠三角，其产业聚集与发展更多的是政府主导下以行政规划的方式形成的，行政垄断色彩较强，经济外向度和市场化程度相对较低（叶堂林，2014）。

表 5-3　　　　2008—2014 年中国各地市场化指数得分

地区	2008 年	2010 年	2012 年	2014 年
浙江	7.81	8.23	9.33	9.78
上海	8.01	8.74	8.67	9.78
江苏	7.80	8.58	9.95	9.63
广东	7.51	7.73	8.37	9.35
天津	6.53	6.98	8.87	9.17
北京	7.23	7.66	8.31	9.08
福建	6.67	6.63	7.27	8.07
山东	6.98	6.87	7.41	7.93
重庆	5.96	6.14	6.89	7.78
安徽	6.00	6.18	6.36	7.46
湖北	5.49	5.59	6.32	7.28
辽宁	6.42	6.36	6.65	7.00
河南	5.99	6.19	6.48	7.00
湖南	5.36	5.49	5.73	6.79
江西	5.50	5.66	5.74	6.79
四川	5.85	5.80	6.10	6.62
广西	5.67	5.11	6.19	6.51
吉林	5.81	5.49	6.15	6.42
陕西	4.36	3.95	5.18	6.36
黑龙江	4.92	4.84	6.01	6.22
河北	5.58	5.07	5.58	6.19
海南	4.31	4.59	5.44	5.94
山西	4.37	4.60	4.89	5.27
宁夏	4.26	3.92	4.37	5.26
内蒙古	4.79	4.56	5.34	5.10
云南	4.54	5.01	4.49	4.94
贵州	4.47	3.55	4.36	4.85

续表

地区	2008 年	2010 年	2012 年	2014 年
甘肃	3.86	3.43	3.38	4.04
新疆	3.59	2.87	2.94	3.49
青海	2.94	2.53	2.64	2.53
西藏	1.36	0.44	0.00	0.62
平均	5.48	5.44	5.98	6.56

资料来源：王小鲁等：《中国市场化八年进程报告》，《财经》2016 年第 4 期。

第三节　都市圈协同发展中政府与市场的作用

都市圈协同发展需要政府和市场的同步推动，但是，在不同发育阶段，都市圈建设重点不同，政府与市场的作用也在不断转化。处于都市圈成长阶段向成熟阶段过渡的京津冀都市圈，应以市场为主导、企业为主体、政府辅助形式推动都市圈协同发展。市场和政府有机结合，政府在宏观层面依据区域资源和经济发展情况对城市功能合理定位、地区产业合理分工；市场在微观层面上起着配置资源的基础性作用。

一　政府作用

我国市场经济还处于初级阶段，相应的市场机制及法律还不健全，如果仅仅依靠市场本身的力量，传统体制将成为阻碍（刘加顺，2005）。所以，处于发展阶段向成熟阶段过渡的京津冀协同发展，不能仅仅依靠市场机制去调节，也要注重发挥政府的积极协调作用。政府应主动退出竞争性领域，不再干涉企业自身的经营。政府主要从宏观层面对经济进行调控，对总量进行调节，推动整体经济向着健康方向发展，创建公平的市场竞争环境，并为企业提供法律保障。

（一）强化中央政府的宏观调控职能

中央政府作为超越地方政府间利益争端的公正裁判，在地方政府的博弈结构中充当信息沟通与仲裁者角色。发挥其宏观调控，从市场失灵的角度看，在地方事务公开化基础上，强化中央政府在全局性公共事务方面的制度化权威，改革传统的地方发展绩效评价体系，加强对地方的法律约束、风险约束和组织约束，规范地方政府行为，建立利益分享和利益调节机制。比如，针对涉及京津冀都市圈协调发展的基础设施建设、区域城市体系规划、生态环境治理、港口建设、能源基地建设等一系列重大问题，中央政府有关部门可集体协商设立重大财政拨款或援助项目，检查、监督资金落实及建设状况。

（二）推进市场经济改革

纵观我国的发展实践，尽管市场化改革已取得突破性进展，但是，经济活动在很大程度上仍然受行政区域的制约，市场经济与政府职能边界模糊（陈逸轩，2013）。对于京津冀都市圈而言，河北的市场化进展速度明显慢于北京和天津，改革步伐迟缓，市场发育不足，民营经济发展缓慢。河北应进一步加大简政放权力度、深化行政审批流程、推行市场综合监管、创新服务方式等，以更大的放、更好的管、更优的服务，持续优化市场营商环境。区域协同发展必须有一个统一的市场，加快推进京津冀都市圈的市场化进程，从制度层面上，加强规划引导，加强市场经济条件下的规划、协调沟通和区域管治，整合京津冀城镇空间布局，形成有利于发挥大都市带枢纽功能和孵化器功能的城镇空间布局结构，建立京津冀多层次多支点的网络化空间协作体系。

京津冀协同发展的主要矛盾是处理好政府与市场的关系，而政府是矛盾的主要方面。更好地发挥政府作用，必须靠体制改革和创新来保证。京津冀地区并列存在三个平行的省级政府、两个直辖市，其中一个还是国家首都——中央政府所在地。三个省级政府各自管辖着不同数量的地区、市县、乡镇政府，法律赋予这些政府不同的财权和事权，形成一个复杂的政府体系。因此，这一地区在体制上，政府与市场你中有我、我中有你，呈现出错综复杂的关系。协同发展首先面临的就是这样一个现实。促进京津冀协同发展主要手段应该是市场化，但如果不搞行政命令，很多事就是空谈。所以，在顶层设计中，既要强调市场行为，又要有一定的行政干预，才能更好地发挥政府的作用。

从实践来看，目前京津冀协同发展在以下两个方面特别需要政府发挥更好的作用：一是建立区域合作协调机制。各自为政的格局如果不通过更高的行政力量来打破它，仅仅通过市场的力量难以打破。在长三角和珠三角地区，市场发育程度较高，力量较强，但是，在京津冀一带市场发育程度太低；相反，行政力量太强。二是发挥政府引导作用，促进优质公共服务资源的均衡配置，逐步提高公共服务均等化水平，实现公共服务均等化。因此，在京津冀协同发展的机制研究中，要加强政府的管理机制。

首先，要促进京津冀三地政府间的对接和联动作用。目前，国家已经成立京津冀协同发展领导小组，三地也已设立推进京津冀协同发展领导小组。下一步，需要在国家领导小组框架下，研究建立不同领域内有关中央部门、三地政府及职能部门之间共同参与的日常沟通、议事决策和执行协调机制，及时传达中央精神、反映地方诉求、共同研究决策、协调解决难题，促进各专项规划编制实施，制定一体化改革方案，推动专业领域协同发展工作有效对接。

其次，要强化重点领域的协同发展。目前，京津冀合作制度化程度较低，在上级规划没有出台前，主要是地方政府倡导式的非制度性合作，合作因缺乏法制保障而稳定性、持续性不足。

一是促使重点领域互认信用体系构建。开展区域内企业信用分类管理，加快建立京津冀区域质量检测、认证等互认信用体系。建立信用奖惩的区域联动机制，提升区域市场主体的整体信用水平。

二是制定重点领域发展的相关法律规划。日本政府在对东京都市圈的管理机制中相继出台法律、法规支持首都圈的发展，且颁布的多部法律规划对都市圈的发展起了重要作用。京津冀三地可借鉴其做法，经三地协商并制定重点领域发展的相关法律与规划。

三是加强京津冀政府的战略性协作。确保各城市间的战略性协作，从大局出发，基于宏观角度进行决策。使实施不受行政区划的限制，并且适用于京津冀所有城市，实现体制同体同享。

二　市场作用

都市圈是长期市场化的一种自然结果，市场化是都市圈形成的动力，区域的市场化程度与都市圈成熟度之间存在必然的联系——市场化程度越高，都市圈就越成熟。区域市场化程度高说明市场体系发育比较完善，政府对经济生活的干预弱。而这两个方面，都有利于促进区际资源流动。都市圈的形成，意味着城市之间存在很强的经济联系，这种很强的经济联系是通过企业借助于市场这个载体实现的。所以，市场化程度高，有利于都市圈的形成与发展（刘加顺，2005）。都市圈的本质是城市之间的经济相互作用不断增强，然而，城市之间形成紧密的经济联系是通过市场化来实现的，市场化是都市圈形成的基本动力。都市圈协同发展要以市场机制作为基础性调节力量，通过强化市场配置资源的功能来扩展地区合作秩序，深化区域分工体系，加强经济联系。强化都市圈的市场主导地位，减弱政府对经济的干预，依据都市圈发展演化情况适当减少政府力量干预的深度和范围，逐步退出到宏观调节层次，形成由市场调节基础资源配置的事实。

回顾珠三角、长三角的发展历程，其整合的最终推动力都是来源于市场，市场经济越发达，这些地区经济整合的推动力就越强，发展程度也就越高。相比之下，京津冀地区久久不能协同发展的根源就在于受制于行政干预的市场化程度和市场化水平太严重，尤其是在市场一体化上，始终没能形成"经济区"协同发展的体制机制和市场体系，导致结构锁定和利益固化。因此，打破市场壁垒，构建一体化的市场体系、营造平等竞争的市场环境应该作为区域协同发展优先考虑的问题，并且要着力提高区域市场化程度和水平，利用好市场导向和利益调节机制，这是京津冀协同发展的关键。

市场在京津冀协同发展中，其作用主要就是突破行政区划的界限，消除贸易壁垒，建立统一性的市场，实现区域内要素与资源流动的自由化与合理化。在一定意义上说，市场推动区域协同体制机制的构建过程，也就是逐步打破地方市场分割、消除要素流动的各种屏障，实现资源配置的不断优化与重组，逐步建立统一透明、有序规范的市场环境的过程。

具体到京津冀市场协同发展战略的实践，市场机制的充分运行对于塑造京津冀市场协同体系，构筑区域间要素有序自由流动、城乡协调发展、资源环境可承载、基本公共服务均等化、主体功能约束有效的区域发展新格局形成都有一定的积极意义。除此之外，还有利于弱化地方政策保护，消除区域间的贸易壁垒，促进公平竞争，缓解区域间发展的不平衡，构建统一性的开放型大市场；同时还有利于挖掘新的经济增长点，探索新的区域经济发展模式，为全国其他地区加快推进市场一体化建设，深化对外开放与内部一体化有效融合的探索，提供一个崭新的样本和范式。

同时，京津冀协同发展是一项长期工程，涉及范围广且影响深远，在其发展过程中也难免会出现"市场失灵"等现象，导致资源配置的不合理。因此，在京津冀协同发展机制的建立过程中，应该选择市场和政府相结合的模式。

首先，区域经济发展的首要任务就是共筑区域共同市场，为商品、要素、服务和企业的自由流动及区域内各类市场主体平等地进入市场并平等地使用生产要素而提供统一的市场规则，减少区域内市场运行的交易成本和联系成本，以市场和作为市场主体的企业为推动地区经济发展的主动力，以要素流动为纽带，将各城市有机连接起来，提高整个区域经济布局的合理性。

其次，以政府为驱动力，建立一体化的市场制度，用法制规范政府和市场。

从经济制度来看，主要体现在为技术、资本、人才、信息等要素资源在地区内自由流动而营造无差异的政策环境；为商品的跨地区流动及准入统一技术标准；为企业的跨地区经营和合作提供制度支持；在土地批租、税收优惠等促进产业发展的政策方面进行区域协调，尊重企业的自主选择，避免地方政府恶性竞争。

从社会制度来看，主要应在户籍、就业、教育、医疗和社会保障等制度方面加强协调，构建统一的制度框架和实施细则，实现区域框架内的融合，形成城市间的规划联动、产业联动、市场联动、交通联动和政策法规联动，以较低的成本促进产业优势的形成。

最后，应协调市场和政府的力量，系统整合工业化、城市化进程的动力机制，以促进京津冀地区的持续、快速、健康发展。

三　妥善处理政府与市场的关系

协同发展是市场主体发展的内在需求，市场对资源配置起决定性作用。企业要生存、要发展、要做大做强，需要寻求新的资源和商机，开拓新的市场空间。企业和各类市场组织面对的市场不能仅仅局限于一个省市，而是区域性的、全国性的乃至全球性的。企业要不断拓展，产业链要不断延伸，就要在更大范围整合资源，进行新的投资。市场主体间由协作到合作联动的要求越来越强，进程大大加快（周立群等，2014）。同时，市场主体的内在需求反过来又倒逼政府积极走出去，打破现有的"一亩三分地"思维和行政壁垒，为企业和要素的跨省市流动和重新组合提供更广阔的空间和更顺畅的通道。

（一）政府与市场的有效整合

我国已确立市场经济，但市场经济还不成熟，市场机制培育仍不完善，在推动京津冀都市圈协同发展过程中必须发挥和整合政府与市场的作用，大力培育、完善市场机制，使协同发展由政府主导向市场主导、政府引导过渡（王桂平，2012）。比如，对于都市圈内部省市地方政府共同关注的问题，如公用事业的建设问题、环境保护和公共卫生问题、公共安全问题等，政府难以事事亲为，可以通过政府间服务合同、联合服务协定、政府间服务转移等形式，向私人公司、非政府组织、非营利组织等购买服务的方式来解决。

（二）充分发挥市场机制作用

市场主体和市场机制对区域协同发展至关重要。我国长三角和珠三角一体化进程快于北方的重要原因即在于其非公有制经济发达，市场化程度高。区域协同和一体化发展是通过要素自由流动和重新配置实现的，而对于突破阻碍要素流转的体制障碍和各类壁垒最有冲击力的是市场主体的行动。提升一体化水平需要协调整合区域资源和要素，而协调整合同样需要发挥市场机制的作用，通过市场的力量推进区际产业对接、城市分工协作、资源合理配置，形成优势互补、合作共赢。

要通过市场机制培育和打通市场主体间的合作，促使各类要素在京津冀区域内自由流动。协同发展的过程也是市场在资源配置中起决定性作用的过程，只有市场主体活跃起来，协同发展才具有可持续性。京津冀地区国有经济比重较大，政府管理部门密集且层次较高，要打破这种格局，需要大力培育市场主体，发挥非公有制经济的冲击力，激发市场活力（周立群，曹知修，2014）。培育市场机制即是让创造社会财富的源泉和要素充分涌流，让市场主体受益。同时，区域合作中一系列商会、联盟、协会等会应运而生，要培育这样的市场组织，使之成为跨地区合作的重要载体。近年来，京津冀异地商会、行业协作组织、中介组织等活动频繁，有力地促进了民间交往。政府应放开对企业的种种束缚，大力度推进改革，使要素和企业流动重组的通道与路径更便捷、更畅通。

（三）加快政府职能转变

体制改革尤其是行政管理体制改革是推动区域协同、支持合作的关键。加快政府职能转变尤其重要，要放开对企业的种种束缚、打破阻碍要素顺畅流动的樊篱。推进政府自身的改革，通过简政，优化政府组织结构，减少行政审批，向市场放权，向社会放权。政府需要做的就是加强宏观调控，加强市场监管，为市场提供一个公平竞争的市场环境，加强公共服务的提供。政府应该从行政强势转向公共服务强势，市场解决不了的问题，政府去解决，而且是有效地解决。政府应当在社会监督之下，改善政府自身管理，做到低成本、高效率地为公众提供服务。

第四节　京津冀都市圈协同发展
手段完善的方向

从都市圈协同发展手段的比较分析可以看出，三种手段各有利弊，法律手段在都市圈协同发展中具有一定优势。随着市场化改革的不断深入，要求我们重视对法制的建设与完善。京津冀都市圈协同发展手段也应由行政手段为主尽快转变为以法制为保障的妥善处理政府与市场关系的全新路径和手段，以保证都市圈协同发展的科学性和高效性。

一　合理界定政府边界

改革"全能政府"，明确倡导政府"掌舵"而非"划桨"的职能，政府少做具体的事务和作业，多做监督者、倡导者和执法者。市场经济"市场"是主角，政府应该退居其次，扮演一个服务性机构，减少行政手段的使用，加强经济手段及法律手段的完善和使用。

二　建立行政行为合法性说明制度

行政手段之所以能起作用，是因为法律赋予政府有关部门有发布行政命令、指示来对社会进行管理的职权，没有法律规定，行政手段的运用就无从谈起。因此，都市圈协同发展中采取的行政行为应该依据一定的法律做出，具有合法性，即相关法律依据以书面形式进行说明，以保证公众对该行为的知情权并能有效进行监督。

三　试行区域考核评价

政绩考核直接影响地方政府的发展观。随着市场经济体制的发展和完善，我国传统的政绩考核体制已不能适应区域的发展需要。党和国家可以考虑因地制宜，实行差别化的考核体制。对于京津冀而言，为了促进京津冀协同发展的深入，可以考虑采用"区域考核评价"，从区域整体角度出发，着重关注京津冀区域在国家经济社会发展中的贡献、协同发展的质量和效益、三地协同发展中做出的努力、各省（市）经济社会发展状况等方面（魏进平、刘鑫洋、魏娜，2014）。这样的优点在于三地政府不再局限于各自的发展，而是注重区域的整体发展，促使三地真正实现优势互补、协同合作、互利共赢、共同发展。

四　建立都市圈协同发展的法律保障体系

京津冀都市圈内的城市格局直接导致圈内依旧存在各种制约京津冀协同发展的行政壁垒，应建立适应于京津冀协同发展的法律保障体系（姚伟等，2015）。美国、新加坡等国家大都市区管治的成功，很大程度上是由于它建立了一套健全的城市管理法规体系，使城市管理（大都市区管治）完全成为一个法制化的过程。近年来，我国有关城市管理的《规划法》《土地法》《房地产法》和《物权法》等虽然相继出台，各个城市也分别制定了一些管理条例，但有关法规并不配套，相应的执法及执法体系建设和管理存在死角和盲点，还需要在大都市区法规方面下功夫去补充和完善，使大都市区管治真正能够做到有法可依。大都市区管理体制与大都市区立法体系应统一起来，以权威、正式的法律来规范大都市区管理体制，明确大都市区各治理主体的职能分工和权责利归属。以社会组织的发展为例，现阶段，京津冀都市圈发展社会组织最重要的是加强法律保障，改革和完善社团组织管理办法，致力于建立法治秩序，撤销严格而烦琐的审批手续，实行方便的申请登记制度。这样，既有利于使各种非营利性组织取得合法性，也有利于把它们纳入法治化轨道。

以法制建设为保障，建立健全法律法规制度。法律作为合理分配权力、限制权力的工具，在社会生活中扮演着非常重要的角色，它能够将人类复杂、差异化的行为和关系在某种合理的程度上得以理顺。尤其是法律自身所具有的明示、预防和校正的性质，可以扭转社会风气，达到社会性效益。

首先，在国家立法层面，要加强行政程序立法，并规定行政法规层次，尤其是监管程序的立法，对京津冀地区的监管模式进行革新并将其革新成果固定化。

其次，在都市圈的执行层面，要建立一个统一公正的执法体系，规范标准。如对"跨界规划局""联盟董事会"的形成、组建、管理、运作、程序等做出明确的法律规定，对其纵向权限进行明确界定。

最后，在区域守法层面，无论是政府部门还是公民都需要依法享有权利并行使权力，依法承担并履行义务，当权利的运作和法律运行相悖时，权利应让位于法律；当道德与法律法规相悖时，应以法律规范为基准。

五　多渠道完善经济手段

经济手段不仅包括利用价格、税收、利率等杠杆间接调节地区关系，而且也包括直接制定财政、投资、金融等方面的区域差别政策和倾斜政策（安树伟、刘晓蓉，2010）。虽然"行政区经济"在短期内无法消除，但可以通过推动要素市场一体化改革，包括推进金融市场一体化、土地要素市场一体化、技术和信息市场一体化等，以及建立产业转移利益补偿、基础设施的共建共享、生态补偿和区域援助机制等一系列制度安排，运用经济的手段来部分消除"行政区经济"对跨区域协同发展产生的一些负面影响，提高协同发展的成效。

六　健全社会手段

遵循权利与义务对等的原则，吸纳尽可能多的成员参与区域规划机构。除各城市代表外，需要吸纳三地直管部门、商业联合会等民间机构参与，以保证决策主体的广泛性和决策的科学性两者协调程序的建立，要遵循可追溯性原则，保存相应的处理结果；同时，要做好向各成员以及社会公众公开展示的工作。

七　运用现代管治技术

新技术和通信手段的出现改变了城市和城市管理职能的实施。现代化的都市圈协同发展要求加强以城市管治信息系统建设为主要内容的技术支撑。在信息化时代，大都市区管治强烈地依赖大量、及时、准确的信息流通，信息网络的完善程度已经成为衡量大都市区管治现代化水平的一个主要标志。大量案例说明，信息技术的应用能够促进公众参与。其中的一个方面就是现有数据可能处理的问题（或目的）能够在一个战略规划实践中得以拓展。

八　构建法制化、规范化、三方互动的都市圈管治模式

在法制建设保障下，增强都市圈规划的科学性、规范性、前瞻性和连续性，使各城市的中远期规划与京津冀协同发展规划纲要及各项规划相协调，并适时进行修改和调整，实现局部与整体的共同发展。加快都市圈管治的相关立法，本着一般性和特殊性相统一的原则，使国家性和区域性的都市圈立法共同推进，从而为京津冀都市圈实现有效管治提供具有约束力和针对性的法律保障。在京津冀协同发展领导

小组下设京津冀都市圈管治机构，专门处理都市圈内的环保、治安、公共物品供给等问题。在发挥政府对都市圈管治职能的同时，积极鼓励市民、企业和社会组织参与到都市圈的管治中来，使都市圈的管治模式由政府主导型转变为政府、市民、企业和社会组织四方共同管治型，从而有效地避免市场失灵和政府失灵。

第六章 京津冀协同发展的路径探索

京津冀协同发展蓝图的实现，三地各方必须破除狭隘思维，跳出"一亩三分地"，以协同发展的全局意识来规划各自发展。另外，还亟须破解创新完善体制机制保障，着力加强顶层设计，明确三地发展主体间的关系、公共服务、城镇体系、产业协同、可持续发展等重大问题，寻找解决协同困境的关键点，具体包含以下几个方面。

第一节 正确处理协同发展中的多主体关系

都市圈在协同发展的过程中之所以产生这样或者那样的矛盾和无序，究其根源，是城市各主体（包括政府、社会组织、市民、企业等）之间目标函数的差异以及各主体在追求自身利益时所产生的集体非理性。政府是以强制性手段追求公益，企业和非营利组织则是以自愿性手段追求公益的机制（席恒，2003）。城市各主体这种价值观的内在矛盾以及利益实现手段的差异，决定了各个主体在面对公共问题时产生不同的利益需求并形成不同的利益实现方法，造成了彼此之间的利益冲突。因此，从本质上说，都市圈协同发展是对各方利益的协调，通过减少各利益方的机会主义行为，实现各城市公共利益最大化，从而最大限度地减少城市问题的发生（饶会林，2003）。因此，在京津冀协同发展过程中，正确理处各主体之间关系尤为重要。

都市圈协同发展的内涵是多方面的。从协同发展的层次看，可分为同级协同和上下级协同；从协同发展的内容方面，可分为产业协同、基础设施协同、制度协同、管理协同和规划协同等；从协同发展的主体来分，可分为政府主导型、企业主导型和社会组织主导型等。我国都市圈协同发展的主体尽管已经逐渐多元化，但目前政府在都市圈协同发展中依然处于主导地位。因此，我们依据协同发展的主体将其划分为政府与政府、政府与社会组织（非营利组织）、政府与企业（营利组织）和政府与市民四种。

一　政府与政府之间

我国是典型的中央集权制国家，其主要特征是上级政府对下级政府的"控制"和下级政府对上级政府的"服从"，而同级政府之间缺乏必要的"沟通"。在传统的上下级地方政府之间"控制"与"服从"的思路下，涉及低级行政单元利益和高级行政单元利益的协调时，低级行政单元政府往往出于对"局部利益服从整体利益"原则的遵循而回避协同，更不可能出现"谈判"；同级地方政府之间也常常抱着"超越管辖范围便没有权力"的观念而对对方的协同不感兴趣或至少抱着不积极的态度。京津冀都市圈跨一省两市，三者都是同级行政区划，相互之间"平起平坐"，缺乏制约，没有权威。

科学合理的区域规划是降低政府之间区域协调管理成本的最为显著的一种协调方式。一般来讲，各类行政组织都把区域规划作为最主要的政策工具，尤其是在协调各类跨区域的公共事务时更是如此。

《京津冀都市圈规划》自2004年开始编制，2010年上报国务院，2011年，京津冀一体化发展正式写入"十二五"规划，2015年4月30日，中共中央政治局召开会议，审议通过《京津冀协同发展规划纲要》，为三地协同发展提供了重要的宏观政策支持和依据。

二　政府与社会组织（非营利组织）之间

从城市的组织形态来讲，城市各部门可以分为三类：城市政府是城市治理的组织者和引导者，企业和社会组织则是配合政府为城市管理提供服务和物品的组织，对城市政府起配合作用。在城市管治中，三类组织形态尽管在作用方式、作用重点方面存在很大差异，但它们在发挥作用中都应该结成一种伙伴关系，这种伙伴关系的形成从城市政府向企业和社会分权开始。在传统的城市管治模式中，城市政府是唯一的公共物品和服务的提供者，同时也是社会的管治者，企业和非营利组织不仅弱小而且处于附属地位。城市管治的发展表现为权力在政府、企业和非营利组织之间的重新分配，其分配方向就是由政府向私人企业、社会组织分散（王佃利、王桂玲，2007）。政府向社会组织分权是一种社会化分权，政府不仅低成本地转移了部分职能以减轻政府的负担，而且有效地激发了非营利组织和公众参与的积极性，这对于调动城市市民自组织力量，增强其自我责任意识都具有重大作用。

（一）建立行业性的跨地区协调组织

在推动都市圈协同发展过程中，急需建立各种行业性的跨城市协调组织。随着专业化和分工的不断深化，城市之间的矛盾和冲突显然是不可避免的，各行业之间的协调变得越来越重要。通过建立各种行业性的协调组织，汇聚信息、互通信息，提供求同存异的平台，提供多方谈判机制，有助于降低城市之间的交易成本，促进跨区域问题的解决，有利于政府权威协调机构制定的协调措施有效实施，对其协调职能进行补充，对其协调职权进行监督。因此，在都市圈内仅成立一个区域协调机构仍然不够，还需要成立各种行业性的协调组织，如可以成立各种产业、环境协调组织。各种行业性协调组织主要解决跨区域的基础设施建设、环境保护、产业发展等问题，促进政府、企业与民间的合作与交流。各种行业性协调组织既可以是官方的，也可以是半官方和民间的，从而形成多种利益集团、多元力量参与、政府组织与非政府组织相结合、体现社会各阶层意志的新公共管理模式。对于未来的社会发展目标应该是建设以"小政府、大社会"为特征的现代公民社会，由此大量社会组织将形成发展。在政府职能转型向社会组织分权后，这些社会组织将会承接政府组织下放的部分职能，为大社会奠定一个广泛的社会组织网络基础。因此，在协调京津冀都市圈发展过程中，不应该完全依靠政府指令，而应该在市场经济的指挥棒下，更多地通过成员城市的民主协商做出有利于都市圈整体利益的决策。

（二）积极引导社会多方力量参与研讨、合作

加强京津冀都市圈协同发展的宣传，不断加强政府部门、学术

界、企业界和民间多层次间的沟通交流，逐步形成思想上、思路上、行动上的共识，让区域协同发展的思想深入人心。对涉及区域协同发展的重大问题，由政府、企业、社会广泛参与的协调组织，提出切实可行的解决方案；定期组织区域内外和国内外的政府领导、专家学者、企业家参与论坛，为京津冀协同发展献计献策。尤其要注重发挥非政府组织，即民间组织在协调区域发展中的中坚作用。区域协调不应单方面注重政府在协调地区事务中的作用，更要积极形成和利用非政府组织、民间组织的巨大作用。就地区产业发展而言，政府可以对地区间产业布局采取适当的产业政策加以引导，但产业发展、企业布局最终取决于各个企业的自主决策，政府无权干预。对于可能存在的市场失灵、恶性竞争，成立覆盖整个区域的行业协会和其他社会中介组织，充分发挥行业协会的协调作用。

（三）加快发展民间非营利性社会组织、社会企业

社会组织、社会企业是社会建设的重要载体，是在政府、市场和社会三者中平衡协调各类资源和机会的主体性力量之一，是社会活力的重要体现。目前，社会组织诸如省市社科联这样的社会性学术机构也要行动起来，连同政府一起，建立专业机构，开展大课题、大调研，或者通过典型个案解剖，摸清家底，重点突破，逐步研究解决京津冀协同发展的问题。如社科联下面按照中央提出的"五位一体"进行设置，单独设立社会建设（或社会治理）专业委员会，强化社会体制改革，推进社会治理的话语权，不断壮大社会力量。

三　政府与企业（营利组织）之间

政府向企业的分权是一种市场化分权，主要是通过政府保护产权、放松管治、赋予企业自主经营的权力等方式，借助于市场组织固有的对个人偏好显示敏感的优势，发挥市场和企业组织在资源配置中的更大作用。企业不仅获得更多自主经营的权力，而且有机会参与到一部分公共产品和服务的过程中，运用市场竞争的力量，提高公共服务的供给能力和品质。通过这种分权，企业才能够和政府成为平等的合作伙伴。

在都市圈协同发展过程中，要充分发挥企业在区域协调中的基础

作用。打破行政区经济的限制，推进城市产业扩散和产业链的延伸，实现经济或产业的一体化。为此，要加快市场机制的建立与完善，充分发挥企业集团的作用，企业集团的跨地区、跨行业和跨所有制的组建和发展，能有效地打破行政壁垒、打破条块分割，推动生产要素市场的一体化。同时，企业集团根据市场规律运行企业，不仅有利于企业成为经济活动和市场竞争的主体，而且可促使各级地方政府更新观念，实现政企的进一步分开和区域经济一体化的形成。因此，跨地区、跨行业和跨所有制的企业集团是都市圈协调发展的基础组织。京津冀协同发展必须充分重视"三跨型"（跨地区、跨行业和跨所有制）企业集团的组建与发展，为企业的"三跨型"发展创造良好的制度环境，提高区内支柱产业在规模、成本和技术方面的竞争力，实现区域资产优化重组。

（一）发挥企业作为市场主体在区域经济联系中的主力军作用

过去，由于企业实力较弱，加之交通不畅、信息不灵，企业往往局限于本地经营，活动范围狭窄。但随着企业规模的不断扩大，交通设施不断改进，加之信息时代、知识经济时代的来临，企业对市场空间的需求越来越大，它们必将突出重围，寻找新的发展空间。尽管京津冀地区国有企业较多，但同样应突破地区封锁，扩大经营范围。政府应打破地区封锁，破除行政垄断，为民营企业和国有企业的跨地区并购、控股、统一经营创造平等通畅的竞争环境，使企业能在区域整合中发挥主力军作用。政府则可以在成本—收益的可行性分析基础上，通过建设产业园区，形成产业孵化器，筑巢引凤。

（二）协调好政府推动与市场主导的关系

政府职能发挥的主线应是区域经济市场一体化的制度供给，协调区际利益，消除行政分割与障碍，建立良好的市场竞争环境和条件，通过制度规范保证市场竞争的公平、公正，从而减少市场运行的交易成本，充分体现市场机制在区域资源配置中的基础性作用。通过区域协定、区域公约或局部协商、多方协议等形式打破地方保护性政策，构建区域大市场。

市场是经济运行的主体，政府服务于市场，为市场创造公平竞争的环境。政府的主导作用可使都市圈的发育时间大大缩短，提升区域的经济实力。但政府作用又是一把"双刃剑"，如果运用不当，就会适得其反，阻碍区域经济的协调发展。由于政府作用往往是先导的、显性的，因而往往容易被高估，这也是政府主导策略的谨慎性。

四 政府与市民之间

城市政府在都市圈协同发展中的作用固然重要，但没有广大利益相关者的积极参与，都市圈协同发展将会成本上升，效率下降。西方发达国家无一例外地特别重视听取民声，重视城市管理中的公众参与。都市圈协同发展过程中的公众参与，就是公众参与到那些与他们的生活环境息息相关的政策和法规的制定、决策、实施和监督的全过程（邵任薇，2003）。政府决策要保障市民的知情权、参与权。

（一）政务公开透明

重视公众参与，首先政务要公开透明，这是公众参与的前提条件。政府应及时公布有关规划的政策、法规和管理程序，增强公众在都市圈规划、建设和管理上的知情权、参与权、表达权和监督权，增强决策透明度。政府的某些会议可以吸引市民参与，政府办公场所也可以实行开放日制度，以缩短政府与民众的距离，增强政府对民众的亲和力。

（二）完善公众参与机制，构建协商民主的公众参与方式

协商民主通过调动群众参与的主动性、积极性和创造性，促使政府职能转变，形成政府管理与社会自治的有效衔接，呈现出突出的协商结构、路径和功能，因此，它实际上就是把民主的各种协商形式融入人民在城市生活的各个方面中去，形成一种民主的生活方式（林尚立，2012）。协商民主在现代城市管治中提供了一种社会各个阶层参与的基本方式，政府以民主的方式、程序和力量来解决民生难题，让社会民众通过协商的方式来享受民生问题解决后的便利。

（三）搭建公民参与平台，提供公民参与路径

为公民搭建多方面的参与平台，比如，官方网站、博客、微信公众号、留言簿、邮箱等，并鼓励公民与政府互动，提高公民参与的积极性，使公民能够积极有效地参与到京津冀协同发展话题的讨论中。

拓宽沟通渠道、建立民意反馈机制，正是我国转变政府职能的内在需求。在将民意整合到政府决策的过程中，注意网络民意的非理性、群极化等缺点（李娜，2014），政府要为此成立专门的信息机构并建立专业化的信息队伍，以保证沟通反馈机制的顺利进行，实现公民参与治理的价值诉求。

总之，在京津冀协同发展过程中要实现政府决策的公民参与，就要使市民有机制、载体和途径参与到其中，从而实现决策中的协商民主，否则，都市圈的协同发展就缺乏一种有效的路径。另外，市民直接参与都市圈协同发展不仅有助于打破公共决策的封闭状态，提高协同的效能，也可以在不断的实践中提高自身的民主素养。

第二节　共享公共服务

基础设施是支撑和保障都市圈社会经济活动运行的基础结构要素。京津冀地区要着力推动以交通为重要突破口的基础设施互联互通，加快通信和信息网络建设，共享公共服务。

一　推动以交通为重要突破口的基础设施互联互通

日本东京都市圈的发展遵循"交通基础设施一体化→环境→产业→民生与社会"渐次协调与合作的路径，这对于当前的京津冀而言很有借鉴意义。京津冀的干线铁路网、高速公路网、国家干线公路网发展水平并不亚于长三角和珠三角，其中尤以铁路网最为密集。京津冀要想构建世界级城市群，要以交通一体化为突破口实现圈内基础设施的互联互通（姚伟等，2015），以服务三地为导向加快高速公路、高铁和城市轨道交通的建设与对接。构建以轨道交通为骨干的多节点、网格状、全覆盖的交通网络。重点是建设高效密集轨道交通网，完善便捷通畅公路交通网，打通国家高速公路"断头路"，全面消除跨区域国省干线"瓶颈"路段，加快构建现代化的津冀港口群，打造国际一流的航空枢纽，加快北京新机场建设，大力发展公交优先的城市交通，提升交通智能化管理水平，提升区域一体化运输服务水平，发展安全绿色可持续交通。

二　加快通信和信息网络建设

按照"统一规划、联合建设、资源共享"的原则，以公用信息网建设为重点，发展邮电通信和信息网络，构建数字化、宽带化、智能化、综合化的信息化基础设施，建设以北京为中心的"信息高速公路"，加强向周边城市的辐射和服务。重大信息基础设施建设应以整个都市圈为服务范围，实现都市圈内多网互联互通、信息资源共享的一体化信息网络，加速京津冀都市圈区域信息化进程。以电子政务建设为先导，以企业信息网和农业信息网为重点，积极推进电子商务和电子政务的发展。

三　推动基本公共服务一体化

要实现京津冀协同发展首先要解决好区域内公共服务均等化问题。长期以来，京津冀区域间的公共服务水平差距较大，区域之间的户口不能平等对换。这种户籍制度所带来的优质公共资源的福利化供给，加剧了资源和人口向北京集中。目前，京津冀三省（市）在社会保障、医疗卫生、教育合作等方面进行了一些有益的探索实践，积累了一定的经验。但是，由于受限于政府财力以及利益关系的难以协调等诸多因素，目前成为三地协同发展的难题（石碧华，2015）。应积极探索跨区域公共服务领域的对接合作，发挥首都公共服务资源优势，带动周边区域公共服务水平提升。如积极投资支持发展联合办学、跨地区远程医疗、远程教育，积极开展文化体育的交流合作，促进医疗和社会保障跨区域对接（叶堂林、齐子翔，2014），建立都市圈内部统一的公共服务市场。

第三节　优化城镇体系

都市圈协同发展离不开完善的城市体系结构，完善的体系结构不仅有利于产业的集聚和扩散，还有利于技术、资金、人力资源等生产要素的流动（罗守贵、李文强，2012）。京津冀地区缺乏合理的城市群层级结构，这也是阻碍其协同发展的一个重要因素。加上京津这两个中心城市对外辐射不强，其周边城市对外围城市的辐射作用则更弱，整个城市群经济扩散效应缓慢，影响整体竞争力。《京津冀协同发展规划纲要》虽对北京市、天津市两大核心城市均赋予了明确的定位，但对河北的一些核心城市发展定位还有待深入（石碧华，2015），以避免其他城市之间为争取京津的优势资源而陷入恶性竞争。

（一）完善和提升京津冀地区中心城市功能

在城市群中，中心城市的作用十分重要。城市群中各级中心城市存在明确的功能定位和层次结构，否则就会加大各城市间的盲目竞争，引起各种纷争。核心城市是城市群的集聚中心、辐射中心以及示范中心，应该具有强大的吸引能力、辐射能力和综合服务能力，能够通过产业联动带动周边地区产业转型升级和经济发展，并对整个区域的经济社会发展起到引导作用。京津冀是双核结构，北京市和天津市是京津冀区域协同发展的两大引擎，处理好京津关系对于京津冀协同发展至关重要。同时，北京市和天津市在各自发展中都遇到了"瓶颈"，双城联动是北京和天津实现又好又快发展的内在要求。双城联动既要发挥两个城市各自的优势，又要实现互促互进、充分对接。双城联动要以"市场化"和"便利化"为改革着力点，率先提出"破除体制障碍、促进要素流动转移的改革方案"。应超前谋划并率先制定破除体制机制障碍、促进京津冀要素相向流动和市场主体自由转移的改革方案。除核心城市以外，城市群各次级中心城市的快速发展，有利于增强城市群整体功能和辐射能力，并通过产业联动带动区域结构转型升级。因此，完善和提升京津冀地区中心城市的功能，对于整个区域协同发展具有重要意义。

（二）支持把天津建设成为京津冀乃至环渤海的经济中心

城市群产业协作的理论和实践表明，城市群产业协作的有效性很大程度上取决于核心城市的经济势能，其核心城市应该是一定范围的经济中心。根据《京津冀协同发展规划纲要》，北京是全国的政治中心、文化中心、国际交往中心和科技创新中心，不再承担经济中心功能。虽然《天津市城市总体规划（2005—2020）》确定，天津是环渤海地区的经济中心，要逐步建设成为国际港口城市、北方经济中心和生态城市，但与上海、广州、深圳相比，天津的经济实力仍有较大差距（安树伟，2017）。京津冀产业协作的顺利推进，需要出台相关政策，着力把天津打造为京津冀乃至环渤海地区的经济中心。

（三）积极推动都市圈内中小城市的发展

除京津以外，京津冀地区城市化水平普遍较低，河北省11个地级市，除石家庄、唐山、保定和邯郸外，均为中小城市，城市群内部经济发展差异悬殊，没有形成有序的梯度。由于城市等级结构不合理，大城市缺乏，造成经济联系不强。另外，中等和小城市发展不足，也难以承接中心城市所形成的产业集聚和产业规模，对北京、天津的经济支撑力相对不足。应积极推动都市圈内中小城市建设，巩固和发展小城市实力，促进潜力好的小城市向中等城市转变，以便形成合理有序的规模结构。

（四）加快雄安新区的建设

2017年4月1日，中共中央、国务院决定设立国家级新区雄安新区。雄安新区包括河北省雄县、容城和安新三县及周边部分区域，地处北京、天津、保定腹地，区位优势明显、交通便捷通畅、生态环境优良、资源环境承载能力较强，现有开发程度较低，发展空间充裕，具备高起点高标准开发建设的基本条件。雄安新区的设立对于集中疏解北京非首都功能，探索人口经济密集地区优化开发新模式，调整优化京津冀城市布局和空间结构，培育创新驱动发展新引擎，具有重大现实意义和深远历史意义。加快雄安新区的建设，大力提升雄安新区作为京津冀地区新增长极的功能，引领河北省实现整体崛起。

第四节　推进京津冀产业协同发展

区域整体竞争力取决于产业竞争力的大小，而产业区域特色优势的形成又是决定产业竞争力的关键。所以，区域各城市应根据各自的比较优势和发展实际，协调制定与本地区经济发展状况相适应的产业政策（史长俊，2012），切实推进京津冀区域内产业协同发展。

一 强化京津冀产业协同发展规划的权威性

规划是导向，是龙头，是做好各项工作的前提和基础。产业协同发展规划决定着产业协同发展的水平和质量。因此，必须科学合理制定京津冀产业协同发展规划，有效地协调各地区的产业发展，进而促进京津冀都市圈经济协同发展。要把产业规划纳入规范化、科学化轨道，加强对产业规划的管理。对于已经出台的规划，不得随意变更。加强对产业规划执行情况的监督，建立产业协同发展规划执行的长效机制。强化规划执法监察，切实维护产业规划的权威性和严肃性。

二 合理引导产业梯度转移

地区间的产业转移，有利于使先进地区加快产业升级，集中人力、财力、物力发展高附加值、高技术含量的产业；而后发地区则可以较低的成本引进相对先进的产业与技术，以后发优势尽快提高产业层次和水平，从而实现产业转移方和被转移方的"双赢"。从京津冀三方来看，京津冀存在明显的产业梯度，并且具有进行产业梯度转移的可能性。在合理分工、优势互补、地方发展、企业盈利的基础上合理安排区域间产业转移和产业对接。北京目前面临大城市病的困扰，转出不适合在北京发展的产业可以为北京觅得新的发展机遇。天津应当在立足港口经济的基础上积极发展高端制造业，参与国际制造业竞争才是天津最终的选择。河北应当积极承接北京和天津的产业转移，并着力加强本地产业配套和产业对接的能力（孙久文等，2014）。从承接条件来看，河北省的资源和产业优势明显，而且正处于转型升级的关键阶段，也更需要通过产业转移来促进产业结构的优化。通过产业转移可以推动河北省战略性新兴产业、现代制造业、生物医药、新能源、电子信息、现代物流业等高端产业的发展。

三 构建新型产业分工体系，形成竞争与合作共存的竞合关系

首先，构建一个由京津冀三地共同组成的产业发展指导委员会。根据比较优势原理和产业演进规律，对各城市实施差别化和动态化的区域产业政策，推动京津冀都市圈逐步形成错位发展与高效协作相融合的新型产业分工体系。其次，加强河北的产业基础设施配套建设，

并积极改善环京津地带的投融资环境，促使京津产业尽可能转移至河北，通过增强河北的产业竞争力优化都市圈整体的产业结构。再次，增强北京生产性服务业对冀津制造业的辐射和带动作用，并积极培育和发展冀、津两地的生产性服务业，促进生产性服务业与现代制造业融合发展。最后，提高京津冀三地在科研创新方面的合作水平，尤其要加强与战略新兴产业相关的科研合作，促进新兴科技与新兴产业相融合，以此增强都市圈整体的自主创新能力。在推进产业竞争整合过程中，应努力为企业营造跨区域扩张和竞争的政策条件，在市场竞争中，打造合理的产业布局和区位优势（史长俊，2012）。应加强区域内各地区政府间的协调，通过竞争整合，尊重市场规律，为企业竞争创造优越的市场基础，进一步形成区域性产业分工协作网络，形成区域整体产业优势。

四　完善产业链

产业集群作为实现区域产业联动、协同转型升级最有效的方式，通过产业链上下游之间的相互关系打破行政区域分割，来实现资源整合、要素自由流动、资源的空间合理配置，进一步实现区域产业联动和转型升级与城镇空间模式的协同。多种产业集群的发展，一方面推动了不同城市间形成产业和产品的新型专业化分工，另一方面也推动了资源高效利用和特色产业带的形成。

京津冀所拥有的产业集群相比全国其他地区虽然较少，但是，大部分成熟度较高，特色优势明显，例如，北京依托中关村移动互联网和新一代移动通信产业集群、卫星应用、生物和健康、节能环保、轨道交通等产业集群来培育新业态、新模式和新的增长点，为实施京津冀协同发展发挥了创新支撑作用；天津依托"科技小巨人成长计划"，发展新能源和高端装备制造产业集群，使其成为支撑战略性新兴产业发展的重要力量；河北则通过推进新能源与智能电网装备、药用辅料与制剂及现代装备制造创新型产业集群建设，打造新引擎。目前，如何培育和发展京津冀内部跨地区的新兴产业集群、如何正确把握产业集群的发展方向和方式，进一步发挥产业集群在促进区域协同发展中的重要作用，是京津冀继续完善产业链的重点所在。

五　培育技术创新体系

企业作为承接产业转移的主体,在吸纳产业转移的规模和层次上起着决定性的作用。因此,培育技术创新体系,建立健全企业技术创新机制,使企业成为技术开发的主体,在金融方面加大对企业科技研究、产品开发的支持力度,鼓励企业组建技术研发中心,引导企业与科研机构、大专院校大力开展"产学研"结合,实现优势互补。对于有条件的企业,支持其利用计算机技术,实现从产品设计、开发、制造到市场营销全过程的网络化,加强使企业的生产方式、技术水平和管理水平进一步加强,增强市场竞争力和应变力(杨杰等,2009)。制定促进企业技术进步的产业技术政策,扶持高新技术产业发展,鼓励运用高新技术和先进适用技术改造和提升传统产业。

第五节　走可持续发展之路

生态文明建设是推动京津冀协同发展的重要基础。长期以来,大规模、群体性和高强度资源开发,使河北省形成了高度依赖资源的产业体系,表现特征为"依赖资源、扩张低端、割裂生态、排挤高端"。这种忽视生态环境的传统发展模式曾经带来经济和财政的显著增长,但与此同时,环境污染对经济社会发展的负面作用也日益显现。从当前看,已经严重制约产业、城乡发展和影响人民生活,尤其是对可持续发展的动力和活力产生严重的负面影响。反思多年的教训,生态文明理念的缺失是造成生态失衡最根本的原因。如今,随着全社会生态保护和环境治理呼声日益高涨,人们对绿色、环保的认识不断深化,绿色发展理念深入人心。

一　实施产业(园区)生态化改造

绿色发展、循环发展和低碳发展,是生态文明建设的本质要求。产业发展要以生态为重,实施产业园区生态化改造,率先在园区内探索出一条绿色发展的新型工业化道路,逐步发挥其示范和辐射作用,这是当前加快转变经济发展方式、破解资源环境瓶颈的重要途径,是建设生态文明的重要突破口。一是大力促进业态创新，促进园区产业结构转型，倾力发展新能源、节能环保、高端装备等战略性新兴产业，积极引导发展循环经济，加快培育文化创意、现代物流、电商金融等新兴服务业。二是加大淘汰落后和低端产能的力度，加强对冶金、电力、化工、建材等行业的治污力度。三是促进资源高效循环利用，实施循环发展引领计划，开展工业园区循环化改造，改造和新建一批循环经济示范园区，建立绿色循环低碳产业发展体系。

二　围绕生态化推进城乡建设

树立"绿色发展"的理念，做好产城融合、城乡一体、工农互补大文章，以筹办 2022 年冬奥会为契机，建设一批"山青水绿""城林交融""景秀园美"的生态宜居城镇。深度推进"多规合一"，着力优化城乡空间布局。对绿地、水系、湿地等自然资源和生态环境实施湖泊湿地保护与生态修复，建成一批环首都国家公园和森林公园，提高城乡的"颜值"（陈璐，杨素敏，2016）。一是扎实推进大气环境综合治理，创建一批新能源应用示范城镇，集中整治农村环境，打造全域有机农业示范区建设。二是大力开展植树造林行动，构建多功能、多层次的绿道系统。三是强化水环境治理，构建水城共生的美丽空间。

三　营造有利于生态文明发展的社会环境

加强生态文明制度建设，构建与生态文明相适应的生态发展战略，营造生态发展的社会氛围。一是加强立法，形成较为完备的生态文明建设法规体系，规范人与自然的关系。二是建立体现生态文明要求的政绩考核体系，坚持注重考察经济发展与生态环境保护的协调统一。三是倡导绿色低碳生活，推广普及绿色办公，鼓励引导绿色商务，提倡全民绿色消费，引导全社会积极树立生态文明理念。

四　构建区域生态共建共享机制

京津冀三地联防联控环境污染，共享生态红利。建立三地一体化的环境准入和退出机制、区域生态环境监测网络，加快推行三地环境信息共享机制，建立跨界环境监测预警体系和协调联动机制。生态环境保护，不能靠单打独斗，需要统筹各方力量形成合力。必须立足京津冀全域和全局，整合生态环境监测资源，对区域内排污企业实行一体化台账式管理。开展污染防治技术联合攻关，持续推进科学治霾、精准治污。加强国际合作，引进先进技术、装备和管理经验。建立区域生态环境保护基金，重点支持生态建设和环境保护领域的重大工程。建立横向生态补偿机制，实现"谁受益、谁补偿，生态共建、资源共享"。

第六节　推进体制机制创新

京津冀协同发展的实现不能仅靠规划和政策来推动，更多的是需要政府通过建立区域协调发展的体制机制，让市场在资源配置的过程中发挥决定性作用，实现资源的合理配置。京津冀协同发展，针对其目前存在的问题，需要着重建立完善政策引导机制、组织管理机制、利益共享机制及生态补偿机制。

一　完善区域间的政策引导机制

区域政策引导机制的完善，首先，坚持以全面深化改革为动力，建立一种由政府、市场共同推动的模式。强调市场的决定性作用，同时更好地发挥政府作用，即在尊重市场规律前提下政府的积极推进，以此来消除区域保护主义，减少行政壁垒，促进生产要素的自由流动和优化配置。其次，要突出规划的引领作用，增强区域发展规划的科学性，借鉴负面清单的管理模式，减少行政壁垒，避免更多的政府干预市场经济行为。通过规划的制定，强化区域发展战略中的顶层设计，把区域合作内容和形式放在制度的框架内（刘西忠，2014），让区域协作组织最主要的职能回归到协调中来。

二　构建区域间有效的协商沟通机制

政策引导机制的完善，需要在京津冀三方的协调之下来进行，以保证三方各自的利益。随着京津冀经济交流的日益频繁，很多问题都上升到跨行政区层次，单纯依靠本地政府的力量是无法解决的，且目前各方合作的组织形式尚未完善，政府间合作往往采取双方或多方集体磋商的形式，没有形成正式、规范的协商谈判机制，导致很多涉及实质利益问题的决策，经常由于各方分歧太大难以达成共识。为此，要建立更高层次的制度安排和京津冀三方政府有效的协商沟通机制，促进京津冀城市之间的紧密联系，同时，强化三地之间的交流沟通体系。

为了方便三地之间的沟通，就要改变目前地方政府倡导式、协商式的非制度性合作机制，借鉴欧盟谈判机制的运作方式，在重点发展领域构建常态化、多层次的区域利益平衡、诉求表达和对话谈判机制，增强重点领域区域合作的稳定性、紧密型和协调性。

首先，要建立京津冀多层次的协商机制。由于京津冀三方各自利益纠结的问题很难在京津冀三方协调之下解决，因此，需要建立更高层次的制度安排和三方政府有效的协商沟通机制，即京津冀三地政府的横向协商和各级政府与中央的纵向协调相结合的多层协商、协调机制。强化国家京津冀协同发展领导小组与三地各自的协同发展领导小组的对接功能，促进各专项规划编制实施，推动重点领域协同发展工作有效对接。

其次，完善区域的信息交流机制。京津冀三地实践应该加强信息沟通，尤其是在信用体系、技术交易、空间地理、交通管理、人口管理、生态监测、应急联动等专门领域的信息共享，推进地方政策、规划、地方标准和政务信息的衔接，建立统一的京津冀协同发展信息平台和数据共享，以便于对三地之间的信息交流和区域合作发展监测进行科学的评价。

最后，加强社会组织的广泛参与机制。社会组织，特别是带有一定公益性的社会组织，在区域协作中能够发挥更多的作用。日本在利用行业协会推动区域间产业合作方面十分有借鉴意义。可以说，行业协会是除行政引导以外的另一种有效协同方式，也是政府在转变职能中可以动用的新型力量。因此，在京津冀协同发展中，政府要尽快建立相关领域的专家咨询机构，多举办一些协同发展论坛，为区域协同发展发展建言献策，为区域重大问题达成共识提供讨论空间。同时，还要充分发挥行业协会、中介组织和企业联盟的作用，形成协同发展的社会参与机制。

三　加强区域协调发展的组织管理机制

京津冀地区由于其特殊性，存在一定的行政割据，使得地方政府过于注重竞争，呈现出一种碎片化、割裂化的格局。因此，要打破这种局面，促进区域发展的集成化、一体化和高效化，就要妥善处理好行政区与经济区的关系，既要依托行政区，又要跳出行政区，从对机构的关注转变到对规则的构建上来。

首先要加强纵向横向协调。从宏观层面来讲，由于跨区域的发展离不开中央政府和地方政府以及地方政府之间的纵向与横向协调与合作，因此，政府可以运用经济、法律、行政等手段，以制度创新来引导区域之间的协调发展；从微观层面来讲，区域的发展离不开增长极的带动，引导各种要素资源在区域内部合理流动，且在各个城市间形成发展梯度和分工协作，推动跨区域的合理产业布局与空间体系的重构。

其次要完善区域的组织协调模式。在京津冀协同发展领导小组推动下，鼓励成立松散型跨区域组织。一般来说，松散型跨区域协作组织是比较理想的组织模式。一方面，其制度成本相对较低，也比较易于操作；另一方面，更加注重协调和执行层面的组织建设，建立以国家或省级战略层面规划为引领、行政协议和行政契约为支撑、各类协调协作组织为主体的高效有序的运行组织体系，不断提高组织运行效率。

最后要合理调控区域协调组织的规模。一个区域内城市能否协作，形成一个都市圈有机体，在很大程度上取决于中心城市的辐射带动能力和城市的数量与组织规模。由于区域协调组织具有社会组织性质，一般没有政府权力的约束力作为后盾，规模过大必然导致低效率。要合理确定区域规划战略的范围，控制区域协作组织的数量，同时加强对区域成员特征的提炼，强化区域内的文化认同和心理认同，增强区域协调组织的凝聚力。

四　完善京津冀协同发展的利益共享机制

利益协调问题是地方政府间合作的核心，因此，京津冀协同发展的推动力主要就在于利益分享机制的破解。跨区域城市协调发展，最重要的是正确处理城市间的职责和利益关系，明确不同城市的职责定位，找到城市间的平衡点。《国家新型城镇化规划（2014—2020年）》提出，"建立城市群成本共担和利益共享机制，加快城市公共交通"一卡通"服务平台建设，推进跨区域互联互通，促进基础设施和公共服务设施共建共享，促进创新资源高效配置和开放共享，推动区域环境联防联控联治，实现城市群一体化发展"。推进京津冀协同发展，应从京津冀一体化的角度整合各类资源，实现京津冀公共资源的全域全面全民共享。当前亟须加快推进交通、市场和公共服务一体化。推进互联互通，构建一体化的轨道和公路交通网络，实现港口、机场以及路政、养护、征稽、收费管理服务一体化；建立京津冀一体化的资金、人才、技术和产权交易市场；推进医疗、养老等社会保障接轨。还应整合政府部门、科研机构和大学的公共资源，推动大型科研设备、图书资源和数据库共建共享，为实施创新驱动发展战略奠定坚实基础（魏后凯，2016）。此外，公共产品的供给要依靠政府和市场机制的有机结合，积极探索用税收分享制、成本分摊制、生态补偿制，分类解决营利性产品、半公益性产品、公益性产品的供给问题（张云等，2014）。重点加强公共基础设施建设、生态环境保护以及金融、财税等领域的合理配置，这必然要求中央相关部门的介入并发挥重要作用。

（一）推进区域公共基础设施互联互通及共建共享

加强以高速铁路网、高速公路网、航空网络和巨型港口为骨干的基础设施网络建设，以减少城市之间的距离摩擦作用。加快推进区域道路客运交通互联共通，加快推进城市群公共交通"一卡通"的互通兼容，推进公共交通服务平台的共享共用。在板块内部建立基础设施建设的公共基金，用于内部的转移支付，同时统筹各地的资金投入、监管资金动向，减少因各自为政，互相封锁和低水平重复建设所造成的浪费。除此之外，区域协调发展不仅体现在经济层面，更要体现在社会和民生层面，推进区域城市基本公共服务共建共享，是提高资源利用效率的有效途径，是促进民生改善、社会协调发展的重要手段，同时也是社会管理创新的现实需要。

（二）推动区域生态环境联防联治

由于市场经济的外部性，不少地方政府把污染性项目建设在行政区域边缘，将发展的环境成本转嫁给"邻居"。这也是导致环境污染难以治理、雾霾大面积发生的原因之一。建立跨区域协调发展机制必须注重生态文明建设，把生态环境的联防联治作为重要内容。要树立全局思想，站在区域协调发展的高度，统一区域环保门槛，优化区域产业布局，在区域内大力发展环保产业，增强生态环境综合治理的协同性。充分发挥市场决定性作用和更好发挥各级政府作用，加快建立健全京津冀市场化与政府参与的双导向的生态补偿机制，对为生态屏障建设做出贡献的地区，加大财政支持和公共资源配置倾斜力度。

首先，建立完善京津冀生态补偿专项基金。由中央财政和京津冀三地按一定比例出资，并按出资比例组建基金理事会，所出资金用于补助区域水资源损失、生态林业用地损失、限制传统工业发展权益损失、高耗水农业发展权益损失以及生态工程管护费用和自然保护区管护等费用。京津两地应统筹集成现有用于河北的生态建设和生态补偿的各类资金和项目投资，统一纳入该基金使用。

其次，建立区域横向生态补偿机制。以保护生态环境为根本出发点，根据生态功能价值、生态保护成本、发展机会成本等多种因素进行核算，综合运用行政和市场手段，按照谁开发谁保护、谁受益谁补偿的原则，有效地调节各区域生态环境保护者与受益者之间的利益分配关系。通过市场机制补偿生态发展，通过国家、政府制定相关法律法规，实现生态补偿长效性。

最后，探索多元化生态补偿方式。丰富间接补偿形式，逐步引导生态地区居民转变生产生活方式，提升内生发展能力；逐步提高居民的基本公共服务水平和基础设施建设；建立生态保护补偿效果评估制度，完善生态保护补偿绩效考核机制；对于一些重大工程，建议适当整合渠道并将补助期限延长，扶持周边生态保护区因地制宜发展农业、旅游业等生态型产业，帮助生态保护区农民增收发展等方式，确保相关居民顺利转产。

（三）解决税收分配不均的格局

税收是利益分享的重要方面，要改变目前京津冀三地利益分配不均的格局，就要着重解决税收的不公平问题，为资源在京津冀三个不同行政区之间自由流动创造一个公平竞争的政策环境。

首先，制定京津冀共享的税收优惠政策，创造一个内部公平竞争的税收环境。目前京津两地所享受的国家税收优惠政策较多，而河北所能享受的优惠政策却很少。因此，推进京津冀协同发展，必须让京津冀三地共同享有相同的税收优惠政策，消除税收政策上造成的净财政受益差异，从而为内部经济发展创造一个公平竞争的税收环境。

其次，建立京津冀多种税源分享机制，提升河北省承接及京津企业外迁的积极性。随着相关企业外迁，从业人员居住地和收入来源地相分离的现象日趋突出，为促进京津冀结合协同发展，应把目前收入来源地作为申报个人所得税的地点，并按居住地地方政府提供公共服务的需要，鼓励个人所得税税基在京津冀地区内部地方之合理划分和共享。

最后，建立承接地的中央财政转移支付机制，以提高河北省承接京津地区企业的积极性。中央要为产业转移和承接创造良好的条件。

在利益共享分配机制中，无论是发挥政府引导作用，建立有效协调机制，实现区域公共服务均等化，还是发挥市场的基础性作用，优化要素资源的配置，都要以营造公平的环境为出发点，推动要素的公平合理配置。

五　完善京津冀产业发展协调机制

京津冀协同发展的核心是疏解北京"非首都功能"疏解，重点领域之一是产业结构的转型升级，产业发展协调机制亟待完善。

（一）区域产业顶层设计与规划机制

京津冀协同发展具有全局性和系统性，需要有一个顶层设计与规划机制来进行统一指导。因此，在顶层设计与规划中就要求政府用大局的思路打破"诸侯经济"的格局，对区域内的整体产业建设进行合理布局、权衡统筹，使三地产业协调发展。在产业发展的顶层设计与规划机制形成过程中，需要从两个方面进行努力：

首先，确定京津冀协同发展的产业总体布局，政府要站在国家的高度上综合考虑政治、经济、生态、社会等综合因素，并寻求三地共同利益以及明确功能定位的产业总体布局。

其次，京津冀三方通过协商确立区域间的产业合作或转移机制，这可以是由市场自发形成的，也可以是政府强制执行的。就目前来看，京津冀已经在一些重点领域（比如区域合作目标和责任分工上）取得了进展，这都为京津冀区域顶层设计与规划机制的建立奠定了基础。

（二）区域内产业转移与承接机制

在京津冀产业协调发展的过程中，要想对现有产业进行合理布局，建成完整的产业链，形成错位竞争的理想格局，必须做好区域内产业的转移与承接工作（文魁等，2013）。

首先，要确保产业转移与承接的理性对接。京津现阶段向河北省转移的主要是一些低端加工业和传统的制造业，或是资源消耗大且污染严重的产业，不利于河北省的产业转型升级，因此，在产业转移过程中，对于哪些产业可以承接，哪些产业不可以承接，河北要保持清醒的认识和理性的判断。京津的产业转移要符合梯度规律，且由河北具有相关资源和地理优势的地区承接，为京津的产业升级提供充足的空间和动力。并且，河北作为主要承接地，要转变态度，变被动承接为主动承接，对自己的产业结构以及现存产业链有清醒的认识，把技术纳入产业链，企业纳入产业群、园区纳入产业圈来考虑，有的放矢地进行承接。在承接过程中，要突出产业特色，明确地区功能定位，避免各地区为争夺利益造成资源浪费和生态破坏。

其次，要构建承接地的产业承接资金保障机制。在京津冀协同发展的相关产业转移与承接过程中，会涉及产业承接地的城市功能建设问题。按照目前京津冀协同发展的速度，近几年需要投入至少万亿元，这个资金缺口无疑是对京津冀实现一体化的重大考验。因此，在产业转移与承接过程中需要建立一个区域范围内的共建基金。资金的来源可以考虑五个方面的因素：京津冀自身的建设投资、中央的财政支持、民间资本建设投资以及能源、产业流动等带来的投资效应。例如，在北京的产业向河北转移的过程中，应由北京和河北两地共同投资，此外，还可以向中央财政申请资金支持，项目建设过程中欠缺的公共服务也可以吸引民间资本注入，这样既提高了建设效率又保障了资金供给，也为民间资本创造了良好的投资渠道，再加上能源、产业流动等带来的投资效应，能够使京津冀产业承接过程中的资金供给做到合理保障。

最后，共同推进产业转型升级，加快发展方式转变。三地应按照优势互补、错位发展、平等开放、互利共赢的原则，构建一体化的主导优势产业链和新型产业分工格局。三地省级之间可建立高层协商对话机制，探索成立多种形式的战略联盟和合作组织；三地区市县之间可建立一批专业性的区域合作组织，加强对口合作；三地开发区、高新区、综合保税区、产业园区等也应开展全面合作，鼓励合作共建产业园区，特别是京津可以利用资源优势与河北共建产业园区，发展"飞地经济"（魏后凯，2016）。此外，要充分发挥企业、社会组织、媒体等各级主体的作用，积极构建政府、企业、民间团体合作新机制（张云等，2014）。

六　探索北京"非首都功能"疏解对接机制

北京"大城市病"日益凸显，主要原因是北京承载的功能过多。按照北京的四个中心定位（全国政治中心、文化中心、国际交往中心、科技创新中心），有序疏解北京的非首都功能，当前重点要实行疏堵结合、双重调控。"疏"就是根据北京周边地区的条件和功能定位，将北京"非首都功能"分层次疏散到多个地区；"堵"就是按照北京的首都功能定位，严格设置人口和产业准入门槛；"双重调控"就是充分发挥政府引导和市场调节的作用，两手并用。对于机关事业单位、大学、国有企业等，可以依规通过行政手段进行有序疏解；对于民营企业和居民，应该充分考虑他们的意愿，主要采用经济手段积极进行引导（魏后凯，2016），能过政府和市场的有效结合，有序疏解。

充分发挥首都公共服务资源优势，探索都市圈内人口服务对接机制，建立新型户籍制度，破除城乡一体化发展壁垒，使劳动力、资本等生产要素在区域间自由流动（叶堂林、齐子翔，2014），缓解北京人口压力。例如，可以将环首都城市的部分医疗机构纳入到北京医保定点；北京市户籍人口在环首都区域工作或投资，可在北京缴纳社会保险，同时享有工作地和户籍所在地的基本医疗服务。北京市户籍人口在环首都区域异地养老，可同时享有养老地和户籍所在地的基本医疗服务。针对环首都区域建立的异地养老基地等京籍人口重点疏散区，北京负责出资改善当地医疗、教育、文化等公共服务，优先发展联合办学、跨地区远程医疗（哈妮丽，2012），共同提升承接区公共服务水平，增强对疏散人员的吸引力。

七　构建京津冀协同发展的运行评估机制

缺乏协同的根本原因在于行政权力造成的市场分割，行政权力造成的分割源于相关的绩效评价与权力体制。经济绩效与地方官员的晋升之间呈现高度正相关。地方政府政绩评价与考核过分强调与所辖地方经济发展业绩直接挂钩，主要以上多少项目、建多少企业、经济增长速度多少等指标来进行量化比较。这样必然导致资源配置本地化和保护本地市场。另外，地方政府官员在权力体制中的行为模式除晋升造成的激励之外，对预算外收入的追求和运用也是一个重要方面，这直接导致了各地的恶性竞争（如税收优惠）。与传统的自上而下组织架构和政策执行方式不同，由于跨区域协调组织涉及多个行政主体，它们之间互不包含或相互并列，没有必要的权利硬性约束做后盾，因此，呈现出经济上的紧密化、政治上的松散化现象，再加上各地方政府间的利益冲突，往往很容易导致政策失灵，使得推进区域协调发展的规划和政策难以有效实施。因此，需要区域内政府加强对运行情况建立评估机制。

在区域评估机制的建立中，一是要注重把握不同区域协调组织的个性特征。不同的区域城市，其协作组织的构建方式也有所不同。对于京津冀地区来说，其涉及两市一省，其中还包括中央政府所在地，规模较大，行政级别也差距较大，这就造成了不同层面的城市群目标的清晰程度、协调的范围幅度、协作的组织程度、中心城市的影响程度各不相同，协调组织模式构建的方式和重点也有所不同，因此，一定要注重把握不同城市间的个性特征，以建立合理的评估指标。二是要注重行政契约在推动区域协调发展中的重要作用。行政契约机制一般也被称为行政首长联席会议制度，包括各省市及其部门的负责人联席会议，这种会议在协商的基础上所形成的协议就是行政契约。合理确定参与区域协调发展的主体，完善行政契约的程序和内容，提高行政契约在缔结程序上的科学化和民主化程度。三是注重区域协作组织、模式和机制效果的评估。引导地方政府走出一味竞争的误区，着力改变区域发展政策碎片化格局，加强对区域内共性问题的应对，增强区域发展的协调性和凝聚力，提升区域发展的协调度。更加注重对一个区域的整体绩效考核，把区域内各合作主体的合作态度和行为纳入考核体系，并且形成硬性的制度规则，建立适应一体化需要和符合国家制度要求相结合的政府官员评价体系，规范城市群内政府之间的合作行为。新的官员考评标准的设定，可以因地制宜，为了促进京津冀都市圈协同发展的深入，可以考虑采用"区域考核评价"的方式，同时要考虑官员决策的中长期后果，有必要与整个区域的协同发展情况及协同发展模式挂钩，形成有利于区域协同发展的政绩考核标准。

第七章　优化京津冀协同发展路径的政策建议

京津冀协同发展的障碍是多方面的，但从根本上说还是体制机制问题，优化京津冀协同发展路径，完善体制机制创新，关键在于政策保障：创新体制机制政策；推进财税金融改革；强化京津冀生态环境协同治理，为京津冀的协同发展提供良好的环境平台等。

第一节　完善体制机制创新政策

京津冀协同发展的顺利推进需要有相关规划和政策的保障实施。早在1982年《北京市建设总体规划方案》的出台就已经开启了京津冀合作的历史，然而，与京津冀相关的规划多年来也一直停留在纸面上，导致这一僵局的主要原因，还当属国家层面的有效推动和政策保障不足，直到2014年习近平总书记"2·26"讲话以来，京津冀协同发展才正式进入破冰期。因此，完善的京津冀协同发展机制需要有相关的政策保障来推行，这也是实现京津冀协同发展良好愿景的重中之重。

一　市场一体化政策

首先，要素市场一体化要先行。这是因为虽然京津冀协同发展已经上升为国家战略，但行政区划的分割仍然是要素市场自由流动的障碍。因此，要破除各种体制机制的障碍，逐步建立京津冀统一的要素市场体系，建立京津冀地区统一开放、竞争有序的产权市场体系，增强区域现有资源要素的集散和分配能力，推动跨行政区之间的要素自由流动，实现三地要素资源的合理优化配置。在此基础上，鼓励京津冀三地间广泛开展要素交易平台，让京津冀三地在信息联合披露、业务交流和学习、重点项目推介、投资人引进、会员资源共享、市场研究等方面展开密切合作；同时，还可以根据三地协同发展的整体要求，积极探索资本和股权合作，真正建立京津冀区域统一的要素市场平台。这样不仅有利于形成京津冀地区统一开放、竞争有序的产权市场体系，也有利于为协会聚拢行业资源，为建设全国统一开放、竞争有序的产权市场体系积累经验。最主要的是，可以推进要素市场的协同发展，有利于加快三地要素市场的统一化进程，实现要素资源跨区域的充分流动，助力三地要素市场实现更好更快发展，并服务于京津冀三地协同发展的整体规划。

其次，加快建立区域一体化的市场体系。尽管目前京津冀一体化是在政府的推动下进行的，但从长远来看，市场力量才是推动京津冀区域发展的持久动力。尤其在经济结构调整如产业的疏解和转移等方面，更多地要依靠市场的力量去解决。企业是区域产业联动的主体，只有充分发挥市场机制的作用，才能实现要素的自由流动和资源在空间的优化配置，并通过竞争，最终形成合理的区域产业分工合作体系，实现区域产业联动及协同转型升级。

最后，出台京津冀三地的区域市场监管一体化政策。就区域间合作展开市场监管一体化机制建设、优化市场竞争环境等方面工作达成共识。通过充分发挥京津冀各自优势互补合作，逐步实现市场监管工作"信用共管、准入一体、信息互通、执法协作、成果互认、经验共享"。同时，还应该构建统一的地区市场主体准入体系；强化质量技术基础工作的合作交流；规范成果互认，并对三地的商标品牌成果实施同等力度保护；建立企业信用信息互通互认机制，实现注册登记信息、信用监管信息的共享运用；加强对三地企业联动实施信用激励、预警、惩戒等措施，共同推进诚信体系建设。除此之外，还应该逐步建立并完善三地的执法办案定期交流机制，以预防具有区域爆发、蔓延趋势的商品质量、商标、广告、网络交易、非法传销、合同违法等现象。

二　产业发展专项规划政策

京津冀协同发展的产业分工协作体系，从国家层面来讲，要推进三地政府尽快加强产业合作，从京津冀整体的战略高度来对产业的发展做出总体规划，制定产业政策，或在京津冀协同发展规划中，将战略性产业发展规划作为其中的一个专题进行统筹安排，共建产业基础和开发平台，为产业链上的企业提供快速、准确的信息，实现三地产业的有效对接，提升区域整体实力。

首先，要规划好京津冀三地明确的产业定位。京津冀产业发展必须是在城市功能定位的基础上，在产业发展过程中做好"加""减""进"和"退"四项工作，也就是明确该做什么、不该做什么。北京做好"四大中心"——全国政治中心、文化中心、国际交往中心、科技创新中心，将不符合北京城市功能的职能主动向外转移，发展高精尖项目。天津在京津冀协同发展中建设成国际港口城市、北方经济中心和生态城市。河北省是北京"非首都功能"疏解和产业转移的主要承接区域，在产业结构调整上既要"加"，也要"减"，既要"进"，也要"退"，实现绿色崛起。

其次，建议由京津冀协同发展小组会同各部委带头，加强区域内大型企业合作，推进企业跨省合作，共同进行技术创新，完善京津冀产业链条。例如，出台大型企业合作政策，从一体化的角度整合京津冀区域内天津港、秦皇岛港、唐山港、曹妃甸港和黄骅港，推进各港口在优势互补基础上的战略合作。再如，充分发挥京津冀三地钢铁集团的优势，按照行业发展产业链条，强强联合，势必推进京津冀的钢铁产业链条深化和广化，提高产业竞争力。

最后，出台产业疏解和承接保障政策。在北京非首都核心功能的疏解过程中，为了使疏解功能顺利进行，可以在河北建设功能疏解承载区，对该区域给予相关的政策支持，对迁移过来的行政机关、事业单位、高等院校等给予优惠政策，加快首都非核心功能疏解。[①] 对于

---

① 2017 年 4 月 1 日，中央确定建设雄安新区作为北京"非首都功能"疏解的集中承接地，雄安新区建设及其一系列的政策及体制创新亟待破冰。

承接地来说，要保障其硬件条件建设，进一步加强交通、公共服务等基础设施建设和生态环境改善。确保建设用地的优先使用；在重大项目实施过程中，适当予以政策倾斜；对于迁入的从业人员要着力解决其户口、安家补贴及子女入学等相关问题的政策实施，高规格配置相关医院、学校、生活服务等生活服务设施。在软环境方面，要抓住国家和省政府简政放权的大好机会，最大限度地释放改革红利，为企业营造经营条件好、服务态度优的环境。合理确定区域内产业准入标准、污染排放标准与违法处罚标准，防止产业转移中的污染转移。在项目审批过程中，采取联合审批，避免仅考虑本地发展的短期行为。

三　区域生态补偿政策

对于生态补偿政策，建议将现行的对口帮扶政策以及生态补偿项目制度化、法制化，通过横向转移支付方式，由京津对贫困区提供直接的资金支付。操作办法有两种：一是通过调整现行支出结构，在财政转移支付项目中增加生态补偿科目，增设生态功能定向专项，用于省级自然保护区、生态功能区的恢复补偿和建设补偿等。财政转移支付应推广直补办法，对上游服务提供者建立独立账户，对其直接支付和补偿，提高资金使用的效率和精准性。二是建立京津冀生态环保基金，开辟新的财政转移资金渠道。根据"谁受益、谁补偿"的原则，从生态建设中获利的部门，如大型水电站、水库等，都应成为基金的筹集渠道。规定生态基金的运作由相关地区政府联合招标选择、委托公司进行生态产业化经营，共同选聘经营者，共同决定重大的生态产业投资事项，确保基金的保值、增值。

此外，还需拓宽生态补偿领域，实现全覆盖，包括水资源使用权损失补偿、生态林业用地使用权损失补偿、高耗水农业发展权益损失补偿、提高地表水环境质量标准地方经济损失补偿、提高生态功能区标准地方经济补偿损失、生态工程管护费用补偿，等等。例如，为解决退牧、舍饲、退耕后农民经济生活遇到的实际问题，应完善封山禁牧后的一系列配套措施，像购买新的畜牧品种、垒羊圈、防疫成本等，都要有专项资金安排，并制定后续产业培育的有关政策，以形成长效生态建设和巩固机制。同时，还应该完善生态保护区的基础设施建设和教育、医疗、卫生等公共服务水平；为生态保护区当地居民提供技能培训，为当地生态型农业项目提供小额担保贷款或贷款补贴等，帮助生态保护区居民增加收入方式；扶持周边生态保护区因地制宜发展农业、旅游业等生态型产业，确保相关居民顺利转产。

在组织和程序方面，应推动区域生态补偿地方立法。设立区域生态补偿委员会，由双方推荐且认可的专家学者、社会公正人士以及各自的代表组成，负责区域生态补偿的监督工作，同时还可以负责环境污染与生态破坏的鉴定、纠纷的仲裁、违约金的计算方法等事项。

四　人才培养和保障政策

目前，京津冀地区正处于经济高速发展时期，大量的人口流动和迁移是不可避免的社会现象，而针对规模庞大并将继续增加的流动人口，建立一套开放、公平和宽容的城市化人才资源培养和保障政策也就成了当务之急。因此，为适应京津冀地区区域经济一体化的进程，必须建立科学的区域人才资源政策法规体系。如消除户籍、社会保障等影响人才流动的障碍，剥离户籍制度上附加的行政功能，完善各种社会保障制度，统一人才与职业准入标准，实施各地职业资格证书的互认和衔接，实现各地教育、培训、考试资源共享。这些目标的实现都需要政策法规的健全和有效实施。

首先，制定完善区域性的《公平就业机会条例》《劳动监督检查条例》《劳动安全卫生条例》等地方性法规及有关企业用工合同、企业工会组织、员工工资谈判、劳工争议处理等，健全劳动监察法规，建立检查工作制度。

其次，重视政府在协同培养创新型科技人才过程中发挥的引导作用，充分发挥政府的主导作用。一是政府提供资金支持，予以制度与政策的保障。政府可以通过制定政策营造大环境，为创新型科技人才提供服务。同时，政府还要完善风险投资政策，设立三地间的风险投资基金，降低创新人才流动的风险。二是建立政府投资为引导的投资体系，组织院所、基地、协会社会集资、引进外资，配合三地的企业投入与银行贷款，全面连接京津冀培养创新型科技人才的中介组织。另外，完善中介组织的沟通。即在高校与企业之间夯实了创新型科技人才培养的工作，将科研成果有效转化为区域内企业的科技需求，易于组建京津冀联合团队，将院所调研、基地研发、协会支持组成有机的整体。

最后，通过政策引导，加强"产学研"的合作培养。一是加强高校、企业、院所、基地、协会的资源共享。建立京津冀区域政府信息服务平台，共享定期发布企业的供需信息，完善数据库建设，包括人才库、高校成果库、企业需求库等；建立政府主导的，科技成果转化体系，共享这些培养主体的仪器、设备等基础设施，文献、数据库等学术资源，主体之间互派人员合作、交流，尤其鼓励三地间的项目合作与文献资源共享，实现区域间科技平台利用的效益最大化。二是明确高校、企业、院所、基地、协会的风险责任承担分配。培养创新型科技人才，无论对个人、培养主体还是社会，都有较高的利益回报，而一般情况下，利益回报越高，伴随着的投资风险也越大，所以，要明确主体间的风险责任承担，这样，一方面，节约了培养主体间契约的成本；另一方面，该机制增加了主体之间的信任，更有利于各主体的长期合作。

除此之外，在不断完善京津冀地区人才资源政策法规体系的同时，还可以尝试建立"京津冀地区人才资源管理政策评估委员会"，对京津冀地区现行的各项人才政策法规的效果和执行情况进行全面的评估和分析，并提出政策改进建议，提高相关人才政策法规制定的科学性和可操作性，并保证各项政策法规得到有效的实施。

第二节　推动京津冀协同发展的财税保障

财税政策可以调动区域之间相关利益主体的积极性，引导要素的流向，是平衡各地区之间经济利益的重要手段。然而，京津冀地区目前的财税政策很不完善，不但不能缩小差距，反而加大了不平衡性。因此，要加快完善区域内的财税政策。

一　完善区域内税收政策

（一）优化税收优惠政策，形成"有增有减、有保有压"的税收政策

税收优惠政策是国家利用税收来调节经济的重要手段，通过税收方面的优惠改变商品和劳务的市场价格，从而扶持某些地区某些产业的发展，促进产业结构调整和社会经济协调发展。但税收优惠政策运用不当，则会扭曲要素流向，降低资源配置效率。就京津冀目前的状况而言，京津享受的税收优惠政策过多，特别是北京，几乎涵盖了所有的优惠政策类型，而最需要发展的河北享受的优惠政策则很少，这样不利于北京的产业向河北转移。因此，京津冀区域协同发展首先必须树立全局发展意识，明确税收优惠政策的目标，取消各种不合理的税收优惠政策，平衡各地之间的税负。逐步厘清整顿京津冀区域内现有的税收优惠政策，由"输血式"向"造血式"的税收优惠政策转变，比如，在引入产业时尽量不要直接使用减免城镇土地使用税、房产税、契税等简单的税收优惠政策，而要在生产、研发、营销等产业发展的关键环节，以及在激发企业自主创新、引导企业加大研发投入、促进品牌形成等方面，加大税收的调控和引导作用（徐达松，2015）。此外，为了有效引导区域间产业转移，京津冀都市圈可以根据各自的要素优势和产业发展前景，对某一产业或部门实行倾斜性税收优惠措施，使区域内形成合理的产业结构梯度。通过税收优惠政策，北京重点鼓励现代服务业、高新技术产业发展；天津重点发展现代制造业，鼓励第三产业的发展；河北省要在农业发展上给予更多的政策优惠，也要在工业方面出台相应的优惠政策，以利于承接北京的产业转移。

（二）建立合理的区域税收制度，为三地政府提供稳定的财源

我们国家的税收制度有一个重大缺陷，就是税源和税收不一致，结果是，一个地区的税源所形成的税收，被总部所在的另一地区征收了。以京津冀为例，由于很多银行把总部放在北京，导致这些金融机构在河北的税源也交到了北京，造成了税收的不公平，进而导致河北一些地方的社会公共服务能力不足。因此，可以进一步推进增值税改

革，在逐步简化税率的基础上，适当提高地方分享比例。加快建立合理的区域税收利益协调机制，推进税制改革，完善税收制度，为三地政府提供稳定的财源。京津冀都市圈协同发展需要一定的财力做保障，因此，必须合理解决区域税收分配问题。在京津冀产业转移过程中，为解决因"飞地经济"而造成的税源与税收相背离的现象，应对现有的税收分配政策进行调整。税收分配政策应本着效率优先的原则，依据税收贡献度进行合理分配。这就需要区域内各地方政府共同制定区域内税收利益分配制度，并成立区域税收利益协调的组织机构，以解决区域内的税收问题。

二　改革区域内财政支出政策

（一）改革财政支出结构，平衡地区差异

在京津冀都市圈协同发展过程中，要加大对财政支出的管理。重点是调节财政支出的内部结构，不断加大对教育、医疗、文化及农村基础设施等社会事业的投入，政府对这些领域的投入能够产生积极的外部效益，进而推动京津冀都市圈的协同发展。比如，在京津冀产业转移过程中，由于河北的基本公共服务还不能完全达到承接北京产业转移和科技成果转化的要求，给产业转移造成了障碍。应加强对提高河北交通、教育、医疗、就业、社会保障等基本公共服务水平的财税支持力度，重点解决京津冀区域转移人口接续难、流动人口覆盖难、外来人口共享难等问题。

（二）完善中央向地方，发达地区向落后地区的转移支付体系

财政转移支付是保证政府职能正常运作的需要，也是实现地区间财政能力均等化的需要。目前，我国财政转移支付模式包括纵向转移支付，即上下级政府间的纵向财政平衡模式，首先是中央政府依据特定的财政管理体制，把地方政府财政收入的一部分集中起来，再根据各地方财政平衡状况和中央宏观调控目标的需要，把集中起来的财政收入分配给地方，以达到均衡各地财力的目的；其次是横向转移支付，即同级地方政府之间的横向财政平衡，这种模式是同级的各地方政府之间的平行转移，一般是发达地区向落后地区的转移，这种模式一般是作为纵向转移支付的补充，与纵向转移支付配合使用；最后是

纵横交叉转移支付，即以纵向转移为主，横向转移为辅，纵横交叉，相互配合。中央政府的纵向转移支付侧重于实现国家的宏观调控目标，地方政府间的横向转移支付主要用于补充落后地区的财力不足。建议将我国现行的纵向转移支付分为专项转移支付和均衡化转移支付。就京津冀都市圈而言，中央通过专项转移支付对河北省落后地区进行财政补助，提高其财力水平，使京津冀区域在公共物品供给方面协调一致。另外，应该设立一部分专项转移支付资金专门应付突发灾害等。与此同时，要积极探索建立京津冀都市圈内的横向财政转移支付制度，京津冀都市圈在发展过程中，河北一直处于服务京津后方屏障的位置，因此，京津作为发达地区，应当在财政上反哺河北，这样有利于京津冀都市圈整体的可持续协调发展。另外，伴随着京津冀都市圈协同发展，设立一个国家层面的专门机构来加强管理，这一机构要完全独立并高于京津冀三地政府，可以通过预算确定横向转移支付的方向和额度，并监督资金的最终流向和评估转移支付的效果，提高各个环节的效率，建立省、市、县之间合理的横向财政体系（崔军、余艳，2014）。此外，中央可以协调京津冀三地，建立京津财力雄厚区县与河北财力薄弱县市的对口帮扶关系。

三　改革现有的财税体制，科学地划分中央与地方的财权、事权范围

（一）完善中央与地方的财权划分

积极跟踪国家税制改革动向，完善中央与地方的财权划分，科学制定地方税种开征，逐步构建地方税体系，增强京津冀都市圈协同发展的财政能力（张波，2016）。对于京津冀都市圈而言，河北省财政自给能力不强，可以根据当地的实际情况采取相应的税收政策。比如，对于雄安新区的建设，可以考虑以北京为主进行投资建设，而在税收方面，可以考虑北京与河北税收分成。

（二）规范中央与地方的事权范围

科学划分中央与地方的事权范围，按照公共物品的层次确定京津冀三地政府间的事权范围，适度加强中央政府的事权责任。地方性的公共物品由三地政府自行提供，全国性的公共物品由中央政府提供

（崔军、余艳，2014）。涉及中央和地方交叉事权的公共物品，以中央为主，地方配合，协调提供。对于三地政府跨行政区的公共物品项目，由区域内政府共同提供，考虑由京津冀区域协同发展基金支持。

第三节　创新京津冀协同发展的金融保障

京津冀都市圈可以优化金融资源配置，共享优势金融资源；推进金融基础设施互联互通，提升金融联系程度；开展特色金融产品服务，联合开发金融产品；推进区域内互联网金融和普惠金融的发展，实行上下联动和横向联合，加大对优势产业及关联企业的信贷投放力度（刘莉等，2011）；建立区域金融协调监管机制，综合协调京津冀之地金融。

一　优化金融资源配置，共享优势金融资源

优化京津冀都市圈内金融资源配置，使得区域内金融资源逐步同城化，提高金融资源利用效率。三地银行业纵向应加强沟通协调，与金融机构总部进行战略合作，争取对京津冀都市圈协同发展的重点项目给予倾斜。同时，横向之间应加强各家银行内部三地分支机构联动、外部跨行间的合作交流。探索区域内金融机构跨行政区划参股，鼓励京津冀都市圈内商业银行和非银行金融机构到区域外其他省市设立分支机构，以便于统一调配区域内金融资源（郭小卉、康书生，2016）。此外，设立京津冀协同发展基金，为京津冀都市圈内基础设施建设、公共服务提供等方面给予资金支持。

二　加快推进金融基础设施互联互通，提升京津冀区域金融联系程度

加快推进金融基础设施互联互通，提升京津冀都市圈金融联系程度，构建京津冀同城化金融服务圈。首先，建立京津冀区域金融协调监管机制，统一行业标准，业务互认，金融产品的互通、互认、互联，促进京津冀都市圈金融机构跨区域协同发展，推进区域间金融服务市场建设和金融资源优化配置，降低制度性交易成本。一是推动京津冀都市圈统一的信用体系建设，以人民银行征信系统信贷登记查询

系统为基础，探索建立统一的跨区域企业资信评价标准和相互认定系统，推动建立统一的抵押质押制度，提高区域内金融资本的安全性，实现京津冀都市圈金融发展一体化。二是推进区域内同城支付清算系统一体化，区域内银行卡业务跨行、跨行政区互通和费用减免，降低客户区域内金融支付成本，逐步实现金融服务同城化。三是建立区域金融监管机制，加强对跨地区的资金流动监测，防范发生区域性金融风险。

三　建立区域性特色金融，开展特色金融产品服务

近年来，京津冀都市圈污染严重，应建立京津冀环境基金，包括大气污染防治基金、水资源保护基金、能源管理专项基金等，为生态环境保护提供金融服务。首先，建立京津冀统一的碳排放权交易市场，鼓励商业银行研发相应的碳金融产品，鼓励符合条件的低碳、环保、新能源等领域的新兴企业发行具有绿色信贷资格的碳基金、碳金融债券和碳企业债券等（郭小卉、康书生，2016）。其次，结合三地发展定位开展各具特色的金融产品服务，北京鼓励金融机构突出服务现代服务业、高新技术产业；天津以紧紧抓住国家战略开发天津自贸区为契机，以海洋经济、港口物流和现代化制造业务为重心，进行传统业务与投行业务相结合的综合服务，尝试发展公司上市、上市公司配股和公司并购等关联业务服务，带动中间业务增长。河北积极把握产业政策红利，重点开创新能源产业链绿色金融服务。

四　加快推进区域内互联网金融和普惠金融的发展，服务实体经济特别是小微企业

互联网金融在促进金融业效率提升、推动普惠金融发展方面发挥着重要作用，互联网天然的无边界性也必然能助推京津冀三地金融体系突破地域限制、实现融合发展。在推动普惠金融建设方面，大型实体企业旗下的互联网金融业务快速发展，为消费者和小微企业提供了便捷、低成本的融资服务，京津冀地区应优先支持此类互联网金融集团的发展。建议加大对大型实体企业发展互联网金融的支持力度，这些企业能做到严格自律、规范发展，在满足生态圈普惠金融需求的同时，也发挥了互联网金融支持地方经济协调发展的积极作用。以苏宁

金融为例，积极布局支付账户、投资理财、消费贷款、企业贷款、商业保险、众筹等全产品线，创新O2O融合发展模式，为客户提供了随时、随地、多层次、一体化的普惠金融服务，打造了易付宝钱包、定期理财、影视众筹、任性付、阳光包等一系列知名产品。与此同时，苏宁充分利用客户资源优势及线上线下服务品牌优势，作为主发起人积极在天津创设互联网保险公司。

五　建立区域金融协调监管机制，综合协调京津冀金融

由三地金融管理和监管部门联合成立综合协调机构，负责京津冀区域金融协同发展的顶层设计。这一协调机构基于四个机制。一是区域政策协调机制。协调区域间的经济发展政策和金融企业跨区域设立分支机构的审批进程，打通区域内资本市场、货币市场、外汇市场、保险市场等金融市场的管制壁垒，推进金融一体化。二是区域金融信息交流机制。实现区域内金融信息的交流与共享，建立区域内法人金融机构之间的金融信息沟通机制。三是区域金融业务合作机制。强化区域间金融机构的业务合作，加强区域银联合作，建立区域统一的金融行业标准。四是区域金融资本合作机制。由京津冀区域金融监管协调合作组织实施京津冀都市圈的金融企业并购重组活动，统筹协调区域内各城商行进行增资扩股和并购重组，支持地方金融机构集中力量在京津冀都市圈发展。

第四节　强化京津冀生态协同治理

良好的生态环境是最公平的公共产品，是最普惠的民生福祉。生态环境协同治理是京津冀都市圈协同发展的内在要求，也是必然选择。京津冀都市圈需要建立生态协同治理机制，以实现生态治理的共同愿景。

一　强化生态协同治理机构的权威

京津冀生态环境协同治理，事关京津冀协同发展全局，事关整个区域乃至全国的生态环境。京津冀都市圈要想取得生态协同治理，必须在中央的支持下，建立统一的区域生态协同治理机构，并且强化生态协同治理机构的权威，增强对各地区的约束力（陶红茹、马佳腾，2016），严格落实生态责任，使各地方政府按照相关政策和法律法规去执行，确保实现协同治理生态环境的目标。

二　构建生态环境协同发展的长效机制

生态环境为人类的生存和发展提供了物质基础和良好的生存环境，但这个生态系统同样存在可持续发展的要求。因此，要加紧构建生态环境协同发展的长效机制。京津冀三个省（市）尤其是河北地区以重工业为产业发展的重点，而且伴随着一体化的进行，北京和天津地区的一些重工业转移到了河北地区，虽然在一定程度上缓解了京津地区的生态问题，但无法脱离河北地区处于其周边的地势局限，依然影响着京津地区的生态环境质量。因此，仅从表面处理某一地区或某几个地区的生态环境问题，是不能真正解决生态环境问题的，必须建立生态环境协同发展的长效机制。

三　建立生态协同治理的法律体系

推动京津冀都市圈生态环境协同治理，需要健全的法律体系和一致的环境规划、评价标准来保障。要建立生态协同治理的法律体系，加快推进区域环保立法，使生态协同治理步入法制化轨道。在京津冀区域性法律法规制定过程中，要以《中华人民共和国宪法》和《中华人民共和国环境保护法》为根本依据，从京津冀区域生态环境和发展水平的实际状况和特殊需求出发，制定相关的法规条例。此外，要完善环保行政执法与刑事司法的联动机制，对环境污染侵权行为给予严厉处罚。

四　健全生态补偿和区域援助机制

生态补偿机制是协同治理区域性生态问题的客观需要和重要保障。很长时间以来，在保障京津两地水源供应和水环境安全的同时，河北省部分地区却面临着水资源供需紧张、水土流失、土地沙化和水源污染等一系列生态环境问题。

京津两地重污染企业转移到河北，也加重了当地的环保压力，再加上河北省环京津贫困带的出现等，使京津冀区域合作中有关生态环境方面的补偿显得格外重要。可以试点开展生态价值核算工作，积极探索市场化生态补偿机制，比如，在全国范围内实施按比例分配钢铁产能配额以及配额交易制度，除各省均可内部交易外，河北省在未达到产能目标前只许出售配额。

河北省各市也可以就利益补偿事宜，向跨区域合作组织提出申请，在对损失进行评估的基础上，动用专项资金就生态破坏、环境污染等问题进行补偿（崔晶，2015）。同时，建立对口帮扶和区域援助机制，鼓励和引导发达地区帮助贫困地区，实现协同发展、共同富裕（魏后凯，2016）。总之，在经济社会环境可持续发展理念指导下，正确处理好经济社会发展同环境保护的关系，依托区域河流、湖泊、山峦等自然地理格局建设区域生态网络，构建符合京津冀发展实际的绿色腹地、生态腹地和经济腹地（姚伟等，2015），着力打造京津冀生态型大都市圈。

五　强化生态协同治理的公众参与

生态环境与公众的实际利益息息相关，将公众监督贯穿于政府、市场、企业的生态治理协同工作中，有利于促进京津冀都市圈的生态治理（陶红茹，马佳腾，2016）。京津冀都市圈生态协同治理要由政府主导，市场补充，企业、社会组织和个人共同参与，建立多元化的主体协同治理体系。这其中最重要的是完善公众参与机制，提高公众参与的积极性。

第五节　加快推进京津冀协同发展平台建设

区域协同发展从平台层面来说，主要包括高端人才平台、公共信息服务平台、共性技术平台和项目合作平台。

一　建设区域高端人才培育和合作平台

强化人才资源支撑，推动人才合理流动。第一，成立跨区域的人才储备库，由行业协会牵头。对于所在区域的重点行业与产业，可依据其相似度成立联合储备库，根据不同企业的需求，开展人才招聘、培训、开发、使用、等方面的合作，共享人才资源。第二，人才市场对接，共享人才信息。通过区域之间人才市场对接，共同发布信息、共同招聘，在政策方面给予优惠，搭建统一的人才资源平台，实现人力资源共享、人才共用（史长俊，2012）。第三，创新高层次人才引进机制，留住人才。完善社会保障制度，吸引高层次人才根据自己意愿在产业承接地落户。在区域协同发展中，人力资源的共同开发利用将有助于最大化的实现区域人才的贡献。

二 建设区域科技协同创新公共信息服务平台

区域科技协同创新需要政府、企业、高等院校、科研机构和科技中介服务机构等多个主体共同参与。为了适应创新主体间日益迫切的协同互动需求，有效地解决政产学研合作过程中广泛存在的信息不对称、资源难共享、互动不通畅等突出问题，必须推进公共信息服务平台建设。区域科技协同创新公共信息服务平台是实施创新发展战略的重要保障，强调区域需求和特色，其建设应依据区域内科技、经济发展状况和产业、行业发展特点，结合区域内政府机构、高等院校、科研机构、企业等主要科技创新主体的信息需求，有针对性地提供信息服务，以有效支撑区域科技创新。一是充实区域科技协同创新公共信息服务平台内容；二是健全区域科技协同创新公共信息服务平台多元化服务供给机制；三是完善区域科技协同创新公共信息服务平台开放化的服务支撑体系。以此来推动京津冀都市圈科技协同创新公共信息服务平台建设，促进京津冀科技创新的可持续发展。

三 建设区域产业共性技术协同创新平台

产业共性技术协同创新平台可以为区域内的同类产业提供共性技术支持，以根据不同的产业基础和优势，集中力量发展战略性新兴产业、高科技产业，改造提升传统产业。创新带来的产业提升与分工细化是区域能够真正实现协同发展的关键，为此，要大力构筑共性技术协同创新平台，建设一批市场化运作的开放式公共技术平台，包括工程研究中心、工程实验室、企业技术中心等，同时建设创业园和孵化器平台，吸引社会多元化资金参与产、学、研、园的一体化建设（史长俊，2012）。保障机制方面，一要推动建立共性技术开发的政策引导或行业引导机制，以推进行业科技资源共享，提高科技创新能力；二要推动建立知识产权管理和保护体系，进而发挥其激励人才、保护创新、引领发展的作用；三要推动建立共性技术平台运作的资金保障机制。

四　建设区域项目合作平台

京津冀协同发展必然涉及很多项目合作，这就需要有共同项目合作平台，以便及时了解区域内三地的发展情况，更好地服务区域协同发展。开展京津冀都市圈合作论坛，通过建立三地协调发展机制和定期议事制度，解决区域合作发展所面临的各种问题，成立京津冀都市圈合作发展轮值主席会议机构，区域内的三地轮流担任主席，定期召开轮值主席会议，就合作发展中需要解决的重大问题进行磋商，并督促轮值主席会议确定的主要事项能够得到有效落实。此外，编制京津冀都市圈项目合作发展报告，对合作的项目进行跟踪、评价，进而对京津冀都市圈当前的协同发展情况进行判断和评价。

第八章 疏解北京"非首都功能"
承接平台建设路径

京津冀协同发展的核心是疏解北京"非首都功能",主要形式是集中疏解和分散疏解相结合,雄安新区作为党中央选取的北京"非首都功能"集中疏解地,将在集中承接非首都功能方面担负起重要作用。"非首都功能"的分散疏解则需要选择建设一些相对应的承接平台,结合不同功能承接地的优势特色,立足产业分工要求、着眼区位优势互补,着力建设北京"非首都功能"承接平台,以精准承接北京的疏解产业,推进京津冀协同发展,本章研究内容主要围绕北京"非首都功能"分散疏解的承接平台建设展开研究。

第一节 承接平台建设的必要性与可行性

围绕疏解北京"非首都功能"承接平台的必要性与可行性,着重回答以下两个问题:一是"为什么需要建设承接平台",即必要性;二是"承接平台得以成功建设的现实依据是什么",即可行性。解答这两个问题是按照两条线索展开的,即从理论到实践和从战略到执行。对于"为什么需要建设承接平台",从理论与实践层面看,首先是协同发展理论的客观要求,其次是京津冀协同发展的现实诉求;从战略与执行层面看,疏解"非首都功能"作为"京津冀协同发展"这一国家级战略的重要子战略必须要通过有效的载体来实现。此外,对微观主体(企业)的有效激励也要在一个优选的平台内进行。相应地,对于"承接平台得以成功建设的现实依据是什么",一是理论研究的不断深入和共识的扩大；二是实践上各地积极的探索；三是作为国家战略的顶层设计不断细化和深化；四是相关承接平台的配套环境不断完善，对经济主体的吸引力不断增加。

一　疏解北京"非首都功能"承接平台的必要性

（一）协同发展理论一般规律的要求

佩鲁（Francois Perroux）认为，增长并不会同时出现在所有地方，而是首先会出现在一些增长点或增长极上。而一个地区的增长极总是倾向于出现在那些区位条件较为优越的地区（郭腾云等，2009），正因为如此，区域经济发展必定是"以点带面"的发展，如陆大道（2002）的"点—轴"渐进式扩散模式理论，均衡的经济发展模式在现实中鲜有存在。

无论是发达国家的政府，抑或是发展中国家的政府，所掌握的资源都是极为有限的，不可能对所有的产业都给予同等的政策扶持，因而只能根据当地的经济发展目标，有选择地使用其有限的资源，优先去帮助那些可以对经济发展做出较大贡献的产业（林毅夫，2012）。"集中力量办大事"无疑会大幅提升产业投资环境的建设水平，进而在短期内实现区域竞争力的迅速提升。

（二）京津冀协同发展的现实诉求

2014年2月，习近平总书记在视察北京期间发表了具有里程碑意义的"2·26"重要讲话，将"京津冀协同发展"正式由"区域战略目标"上升成为"国家战略目标"，并从中央层面上界定了"首都核心功能"的范围，强调疏解北京"非首都功能"；2015年4月，中共中央政治局审议通过的《京津冀协同发展规划纲要》标志着"京津冀协同发展"这一国家战略的顶层设计业已完成，现已正式步入实施阶段。《京津冀协同发展规划纲要》指出，有序疏解北京"非首都功能"是京津冀协同发展战略的核心，是关键环节和重中之重，对于推动京津冀协同发展具有重要先导作用。在"京津冀协同发展"这一宏观背景下，"非首都功能"的疏解工作利在当下，功在千秋，承接平台的建设工作对"非首都功能"疏解意义重大，其相关工作的开展是中央和地方各级政府在新的历史背景下所聚焦的重点问题，有着极强的现实必要性。

此外，承接平台不仅担任着承接"非首都功能"的责任，同时也承担着作为区域增长极，带动承接地经济发展的责任。京津冀协同发展重点是北京，难点是河北（安树伟、肖金成，2015），要利用好这次承接"非首都功能"的历史契机，以承接平台为核心，以点带面，实现对周边区域的"涓滴效应"，带动整体经济的层级跃升。

（三）国家战略落地的现实支撑

疏解"非首都功能"作为"京津冀协同发展"这一国家级战略的重要子战略，战略的落地必须要有抓手作为依托，承接平台无疑就是"非首都功能"承接的重要抓手和落脚点，其建设不仅有利于"非首都功能"疏解效率的提升，而且有利于京津周边城市的经济层级跃升，进而助力"以首都为核心的世界级城市群"的建设。因此，"非首都功能"承接平台的建设工作是有序疏解"非首都功能"的重要保障，是京津冀协同发展的应有之义。

（四）可以为微观主体提供有效激励

1. 承接平台提升了疏解地的经济吸引力

首都核心功能和其他高端城市功能构成的综合性城市职能促使北京的经济发展总是倾向于集聚（张长，2016），"正外部性收益"不断增强正向"累积循环因果"效应，加剧对周边区域的"虹吸效应"。疏解北京"非首都功能"是一项"逆市场"行为，单纯的市场机制很难实现对其的有效疏解，承接平台建设的作用就是要增强承接地对企业的"正向吸引能力"，降低北京的"相对正向吸引能力"。

企业迁出必定会存在一定的黏性，即初始投资地的人缘、地缘关系变为沉没成本，生产协作网络需要再度重组以及对迁入地信息存在"不完全认知"（魏敏等，2004）。对此，承接平台除了给予迁入企业以一定税费减免等优惠政策外，也应给予其他的政策支持，比如为企业"牵线搭桥"实现产品的跨区域销售，帮助其扩大市场规模，抑或作为当地品牌进行对外推广；同时，实现当地信息的有效公开，使投资者掌握更加充分的信息，提升企业的根植性。

此外，企业集聚在一起的根本目的是接触到更加广阔的市场需求，共享外部服务和基础设施配套，以及实现较为便捷的技术和人才流动等构成的"正外部性收益"（刘世锦，2003），承接平台的建设就是使经济主体（企业）在特定的区域内与其他经济主体之间发生更为充分的经济联系，产生更强的"正外部性收益"，实现资源的充分利用；产业集群作为更为高级化的产业形态通常是以园区为载体的（王玉海、何海岩，2014），在同一园区中存在着不同类型但彼此之间相互联系的产业，可以更加充分地发挥"正外部性收益"，降低企业之间的交易成本，提升资源的使用效率。

2. 降低因信息不对称所引致的"试错"成本

市场信息是不完全的，在承接"非首都功能"的初始阶段，如果没有承接平台，企业的分布必定是零散无序的，加之"集聚经济"的形成也非朝夕之功，可能会导致一定数量的企业回流，阻碍国家战略的有效落实。而承接平台的出现可以视作是"政府调节市场，市场引导企业"的过程，通过制定相关的产业规划，培育其特色核心竞争优势，实现其专业化发展（叶琪，2014），再经由政府信息平台适时进行对外发布，吸引那些与承接平台产业规划相适应的企业入驻其中，实现承接平台的高效运作。

疏解"非首都功能"承接平台的建设可以有效降低因"信息不完全"（也称信息不对称）所造成的资源错配问题。现实中投资主体所掌握的信息往往是不完全的，尤其是对于"非首都功能"企业而言更是如此，离开熟悉的环境，进入陌生的环境，必定会存在更为不完全的信息，按照奥地利学派的观点，信息不对称可以通过引入价格机制使企业家在不断地"试错"过程中掌握更为充分的信息，进而实现资源的最优化配置。

无限长的时间的确可以熨平经济周期所带来的波动，但无疑是毫无意义的，正如凯恩斯（John Maynard Keynes，1923）所言，长期均衡会对当前的经济现象产生误导，从长期看，我们都会死。花费太多的时间，浪费太多资源，让本就稀缺的资源去承担一部分"试错"成本是低效率的表现。不可否认，地方政府的信息收集能力以及处理能力也是不完备的，但是，相比于从北京被疏解出来的企业而言，地方政府接触到的信息则显得更为充分，可以更好地对园区进行规划，让进入其中的企业可以享受到更为充分的"正外部性收益"，促进社会整体福利水平的提升。

二 疏解北京"非首都功能"承接平台的可行性

以林毅夫（2012）为代表的新结构经济学家认为，产业是多种多样的，所需要的产业投资环境也是大相径庭的，而政府所掌握的资源是相对有限的，把有限的资源投入到对经济发展大有益处的产业无疑是最为经济的行为；世界银行（2009）在《2009年世界发展报告：重塑世界经济地理》开宗明义地指出，世界不是平的，打破了"地理已死"的幻想；从现实来讲，我国改革开放的成功经验也证明了承接平台的搭建是最有效率的：改革开放之初，将有限的资金集中起来建设深圳特区，将其作为改革开放的窗口承接香港的产业转移。承接平台的搭建不仅让深圳有了翻天覆地的变化，而且还成功地带动了珠三角城市群的社会经济发展。深圳的成功经验，不仅证明了产业承接平台是可行的，而且是最有效率。对产业承接平台的建设不仅有学理的支撑，而且也有改革开放的成功经验作为参照，因而在理论界取得了广泛共识。

（一）各地的积极探索提供了有益的经验借鉴

自习近平总书记发表"2·26"重要讲话以来，京津冀协同发展这一问题受到了党中央及地方各级政府的高度关注。从中央层面来看，以习近平同志为核心的党中央加速推进"京津冀协同发展"这一国家级战略，2014年8月，国务院牵头成立的京津冀协同发展领导小组由中央政治局常委、国务院副总理、党组副书记张高丽同志任组长，构建了顶层设计的制度性基础；地方各级政府严格遵循顶层设计方案，根据《京津冀协同发展规划纲要》的相关功能定位积极作为，在新的社会经济形势下贯彻落实相关政策规定，对于已建成（或在建）的新区园区给予了大量的政策优惠扶持，诸如建设用地指标的适度倾斜、财政转移支付力度的提升等，为新区园区的建设工作注入了新的活力。

2014年7月，时任北京市市长王安顺与河北省省长张庆伟代表京冀两地签署了《共同打造曹妃甸协同发展示范区框架协议》《共建北京新机场临空经济合作区协议》《共同推进中关村与河北科技园区合作协议》《共同加快张承地区生态环境建设协议》《交通一体化合作备忘录》《共同加快推进市场一体化进程协议》和《共同推进物流业协同发展合作协议》七项协议，旨在推进两地产业协作和落实疏解"非首都功能"承接平台的共建工作；此后，2015 年 7 月，京津冀三地商务部门在天津签署《关于进一步推动落实京津冀市场一体化行动方案的天津共识》，重点推进北京"非首都功能"疏解、加强电子商务发展等十个方面合作。

（二）作为国家战略的顶层设计不断细化和深化

受到政绩考核与财政体制的双重作用，地方政府热衷于以"招商引资"来谋求地区生产总值和财政收入的"双增长"，如果放任"非首都功能"自主选择疏解地，对于那些对"非首都功能"的入驻有着强烈需求的、希望通过承接"非首都功能"来实现产业结构转型和经济层级跃升的地方政府会采用"零地租"和税收金融等多渠道政策支持措施去"抢企业"，演变成产业承接的恶性竞争。

对此，建设"非首都功能"承接平台必须在上级政府的统一领导下进行，充分发挥顶层设计机制的作用，实现产业的错位式发展，避免出现产业规划重叠问题。"非首都功能"产业承接要严格遵循产业规划的相关内容避免两阶段恶性竞争，即在承接产业时，通过比拼政策优惠"抢企业"的恶性竞争以及在发展产业时由于产业结构雷同所造成区际的恶性竞争。

产业规划的制定要先于承接平台的建设，规划制定务必要体现出超前的远见（张琴、蒋瑛，2009），地方政府在"招商引资"时往往会出现两类极端现象：一类是所承接的产业无论是质量还是效益都很难弥补承接的成本，造成"天价承接"现象；另一类则是地方政府过于看重短期利益，政策设计缺乏吸引力，无法与周边地区形成有效竞争，错失掉一些可以推动区域经济发展、引领产业结构优化升级的产业（赵文丁、祁文辉，2015），对此，产业承接要切实做到"谋定而后动"，不可急功近利，要仔细研判社会经济形势，承接产业之前一定要做好产业规划，制定合理的产业定位和承接模式。产业规划的制定是一门"艺术"，既要符合当前的实际情况，又要有足够的政治勇气带领当地实现跨越式发展，但切忌因过于注重跨越式发展而支持那些与当地经济发展相背离的产业，进而导致这些产业在开放的市场竞争中缺乏自生能力，不仅无助于经济发展，反而因错失发展良机造成资源错配和空间低效利用的问题，进而削弱了当地的竞争优势。

　　由表8-1的相关内容可以看出，当前已建成的"非首都功能"承接平台产业发展目标定位十分明确，对于所承接的产业类型也各有侧重，相互支撑，尽管有些承接平台在产业承接上存在一定的竞争关系，但在上级政府的统一领导协调下，必定可以发挥各自的区域优势，为疏解"非首都功能"助力。

表8-1　"非首都功能"承接平台发展定位及相应拟定承接产业

承接平台名称	发展定位	拟定承接的产业
曹妃甸协同发展示范区	京津冀协同发展战略功能区，打造世界一流石化基地、建设国家原油战略储备库、京冀共建曹妃甸协同发展示范区和现代产业发展试验区	将曹妃甸作为北京高校、职校、教育培训机构转移的重点区域；承接北京一些康复中心、养生养老等社会性服务机构向曹妃甸转移。加快推进北京（曹妃甸）农业产业园区、食品工业园区、现代沿海渔业产业园规划建设，打造北京优质农副产品供应基地
沧州渤海新区	京津冀都市圈重要的产业集聚区和河北省的经济增长极，面向三北地区的重要物流基地，国家循环经济示范区，冀中南生态宜居新城	生物医药产业、科创成果转化产业、汽车产业、装备制造产业、石材产业、科教产业

续表

承接平台名称	发展定位	拟定承接的产业
北戴河生命健康产业创新示范区	高端医疗服务聚集区、生物医药技术创新转化基地、中国北方生态颐养地、滨海体育健身基地和国际健康旅游目的地	承接北京健康、医疗、教育、科研等转移
石家庄正定新区	生态文明示范区、协同创新先行区、现代商贸物流中心、新型城镇化和城乡统筹试验区	生物医药、电子信息、高端装备制造等战略性新兴产业和金融、商贸物流、电子商务、信息服务、会展服务、科技研发、服务外包、文化创意等现代服务业
邯郸冀南新区	打造辐射引领全市乃至周边地区发展的产业强、城镇美、生态好的现代化新区	高端装备制造、新材料、节能环保、现代物流、文化创意休闲度假、生态农业
张家口可再生能源示范区	京津冀生态功能支撑区、京津冀水源涵养功能区	可再生能源综合商务区、可再生能源科技创业城和高端装备制造集聚区
天津滨海新区	依托京津冀、服务环渤海、辐射"三北"、面向东北亚，努力建设成为中国北方对外开放的门户、高水平的现代制造业和研发转化基地、北方国际航运中心和国际物流中心，逐步成为经济繁荣、社会和谐、环境优美的宜居生态型新城区	打造航空航天、石油化工、装备制造、电子信息、生物制药、新能源新材料、轻工纺织、国防科技8大支柱产业

资料来源：根据相关规划整理得到。

（三）具备了较好的产业投资环境

生产要素价格等优势的存在客观上的确会有效降低企业的生产成本，但如若产业配套、基础设施建设、政府服务意识以及教育支撑能力等产业发展的"软硬环境"显现出劣势无疑会增加企业的"交易成本",进而削弱了承接地的区域竞争力(张婷婷、高新才,2009)。鉴于此,疏解"非首都功能"承接平台相对于其他产业承接地而言,应当更加注重投资"软、硬环境"的建设,进而实现其区域竞争力的提升。

受到传统"招商引资"的惯性思维作用,承接平台过于关注"重工业"这样资金规模较大、短期内能够迅速提升税收的项目,对于诸如科技、人才、大学、医院、市场这样"软环境"的承接则相对不足(赵文丁、祁文辉,2015)。对于像北戴河生命健康产业创新示范区、沧州渤海新区等承接平台对承接北京教育资源有着浓厚的兴趣,以往研究表明,产业承接必定是遵循着"逆序替代弹性"的,即越是技术水平高的产业转移越滞后且转移规模越小(胡安俊、孙久文,2014),即高端产业的引进是很困难的,如果承接平台过于注重比较优势,不能实现跨越式发展,很容易落入"比较优势陷阱"之中,形成低端价值链锁定,而突破这一"困境"的方式就是要依靠教育的不断投资,通过技术创新实现内生增长。

第二节 疏解北京"非首都功能"承接平台的选择

一 天津、河北承接平台的主要类型

按照区域资源配置体系,将天津和河北的承接平台主要分为新区、重点承接平台、开发区三个层级,作为疏解北京"非首都功能"承接平台的选择区。

(一)"新区"

天津和河北的新区主要包括国家级新区与省级的新区。目前,天津和河北共有国家级新区1个,即天津滨海新区;省级新区6个,分别是正定新区、曹妃甸新区、渤海新区、冀南新区、北戴河新区和邢东新区,它们共同构成天津和河北的经济增长极,引领天津和河北经济发展（见图8-1）。

图8-1　天津和河北新区分布

其中，天津滨海新区、曹妃甸新区、渤海新区、北戴河新区将发挥沿海开放优势，主动融入环渤海合作发展大格局；冀南新区、邢东新区将推动强化先进制造业发展、科技成果产业化、高新技术产业发展功能（见表8-2）。

（二）重点承接平台

京津冀协同发展战略实施以来，北京需要转移疏解的项目很多，而承接园区布局相对分散，难以形成集群发展。为了找准转移承接的结合点，三地明确聚焦建设一批重点承接平台，实施动态管理，引导北京非首都核心功能有序疏解、精准承接、集聚发展，按照市域内和市域外梯次转移原则，加强对重点承接平台的统筹规划和布局，通过配套政策引导企业向具有专业优势的重点平台集聚，将企业转移疏解由"大水漫灌"变"精确滴灌"。

表8-2 天津和河北的"新区"基本情况

名称	基础条件	功能定位	发展指标	支柱产业
天津滨海新区	成立于1994年3月，位于天津东部沿海地区，环渤海经济圈的中心地带，规划总面积为2270平方千米	依托京津冀、环渤海，辐射"三北"、面向东北亚，努力建设成我国北方对外开放门户、高水平现代制造业和研发转化基地、北方国际航运中心和国际物流中心，逐步成为经济繁荣、社会和谐、环境优美的宜居生态型新城区	2015年，新区内的GDP增长13%左右，全社会固定资产投资增长5%，新增就业13.9万人，完成规模以上工业总产值15500亿元	重点发展六大支柱产业：航空航天产业、电子信息产业、装备制造产业、石油化工产业、新能源新材料产业、生物医药产业
正定新区	位于滹沱河北岸，包括正定历史文化名城及东侧建设区域，规划面积为135平方千米，起步区域面积为30平方千米	现代服务业基地、科教创新集聚区，承载未来新兴产业和省会高端服务业	2015年新区全部财政收入完成4.04亿元，同比增长32.46%；公共财政预算收入完成3.61亿元，同比增长39.81%	以总部经济、金融服务、商务会展、文化创意、信息服务等为主的现代高端服务业，打造总部经济区、文化产业园、电子商务园、信息产业园、职教园区和华北金融后台服务中心
曹妃甸新区	成立于2008年10月，位于河北省唐山市，地处唐山南部沿海、渤海湾中心地带，规划总面积1943平方千米	中国能源矿石等大宗货物的集疏港，新型工业化基地，商业性能源储备基地，国家级循环经济示范区，中国北方商务休闲之都和生态宜居的滨海新城	2015年，新区内GDP完成349.5亿元；全部财政收入完成94.4亿元。全区利用外资6.1亿美元，进出口总额43.8亿美元	汽车及零部件、海工装备、新能源、节能环保、通用航空等产业，推进高端装备、新材料、海水淡化等领域的重大科技创新成果转化，实现高端制造业集聚发展

续表

名称	基础条件	功能定位	发展指标	支柱产业
渤海新区	成立于 2007 年 7 月，位于河北省东南部，东临渤海，北依京津，南接齐鲁，是首都经济圈的重要节点，规划总面积 2400 平方千米	打造环渤海地区新型工业化基地、我国北方重要的深水枢纽大港、河北对外开放新高地和亮丽繁华、生态宜居的现代滨海新城，建设极具实力、充满活力、富有魅力的沿海强区、壮美新区	2013 年新区内 GDP 增加 55.4 亿元。其中，第一产业占 1.7%，第二产业占 52.5%，第三产业占 45.8%，第二产业所占比重最大	以石油化工、冶金装备、港口物流等传统产业为基础，同时，引入了一些附加值较高的产业，如以汽车产业为支撑的临港产业体系已初步构建
冀南新区	成立于 2010 年 10 月，位于河北省南部，邯郸市中心城区南部，规划总面积 1215 平方千米	全国重要的先进装备制造业基地、四省交界区域现代物流枢纽、中原经济区与环渤海等经济区域合作交流的北部门户、现代山水田园生态新区	2014 年 GDP 320.6 亿元，比上年增长 8.3%。固定资产投资 362.2 亿元，增长 13.1%。实际利用外资 1.88 亿美元，增长 25.5%	以现代装备制造业为主导，以现代物流、休闲旅游两大关联辅助产业为支撑，信息、金融、研发等协调发展的产业体系
北戴河新区	成立于 2006 年 12 月，位于河北省东北部，北起戴河、南到滦河、西至沿海高速公路和京哈铁路、东到渤海，规划总面积 425.8 平方千米	着力支持以大健康产业为核心的主导产业、生态为底色的高端产业，以生态环境、生命健康产业和新区化体制机制为发展突破口、着力点和生长点，多方联动、合作共赢，打造亚太地区生命健康产业示范区和高端旅游目的地	截至 2016 年 10 月，全区到位资金项目 31 个，完成引进市外内资 36.75 亿元，实际引进外资 7268 万美元，完成市定全年目标任务 7000 万美元的 103.83%，同比增长 81.7%	努力构建两主导、两先导、四关联的产业体系，有序发展八大产业，即旅游业，高新技术产业，文化创意产业，会展业，康体疗养业，旅游制造业，绿色、有机型生态农业，总部经济

续表

名称	基础条件	功能定位	发展指标	支柱产业
邢东新区	成立于2016年1月，位于冀中南城市发展带上，邢台市主城区东部，规划总面积370平方千米	"一区三基地"（邢台县、桥东区、任县、南和县和邢台经济开发区），即转型升级及产城融合示范区、先进装备制造业基地、新能源产业基地和新兴业态孵化基地	2016年共谋划了道路及地下综合管廊、生态环境治理等16项重点工程，项目总投资约160亿元，计划年内完成投资30亿元，部分建设项目已开工建设或具备开工条件	重点发展"三新两特"产业，即先进装备制造、新能源及新能源产业、节能环保产业等战略性新兴产业，现代物流、电子商务及信息服务，金融及会展等现代服务业

目前，津冀共有 6 个省级重点承接平台。包括天津的武清协同发展示范区，河北省的曹妃甸协同发展示范区、北戴河生命健康产业创新示范区、张家口可再生能源示范区、北京新机场临空经济区、衡水工业新区（见图 8-2），各承接平台建设情况如表 8-3 所示。

图 8-2　津冀 6 个重点承接平台分布

表 8 – 3　　　　　　　天津市和河北省重点承接平台基本情况

承接平台	基础条件	功能定位	产业发展方向
武清协同发展示范区	2014 年 4 月提出，位于天津西北部与北京和河北接壤，武清商务区和 50 平方千米的武清开发区是承载项目的最佳载体	中部核心功能区、京津发展带、京津冀协同发展示范区、国家金融中心。着力打造"三基地"，即高端制造业基地、总部楼宇经济基地、产学研创新基地	高端制造业、企业总部、地区总部、分支机构及研发中心、相关金融业务、采购中心、物流中心及创新成果的孵化和转化
曹妃甸协同发展示范区	成立于 2014 年 7 月，该区共建 100 平方千米先行区	京津冀协同发展先行先试试验区、先进制造业和创新成果转化基地、环渤海经济圈发展的重要增长极	石化、装备制造、钢铁、港口物流、海洋经济、节能环保产业
北戴河生命健康产业创新示范区	2016 年 9 月获批，包括北戴河区、北戴河以南区域、北戴河国际机场空港区等。规划控制范围约 520 平方千米，核心区域 40 平方千米	深化健康医疗改革开放的先行先试区和我国首个国际医疗旅游服务贸易示范区	重点发展生命健康服务业、生命健康制造业和绿色健康农业，形成"医、药、养、健、游"五位一体的生命健康产业集群
张家口可再生能源示范区	2015 年 7 月获批。区位优势独特，是京津冀地区向西北、东北辐射的连接点	着力打造低碳奥运专区、可再生能源科技创业城、综合商务区、高端装备制造聚集区和农村可再生能源生态示范区五大功能区	可再生能源技术研发及转化，高端装备制造业，包括高端光伏制造业，风电装备制造业，智能电网装备制造业，新能源汽车装备制造业等

续表

承接平台	基础条件	功能定位	产业发展方向
新机场临空经济区	2016 年 10 月规划获批，位于北京市大兴区和河北省廊坊市毗邻区域，总面积约 150 平方千米	国家对外交往功能承载区、京津冀协同发展示范区、国家临空经济创新发展引领区	以航空产业、临空高科技产业为支撑，发展国际商务服务、科技研发服务、国际创意设计、国际文化休闲四大高端产业
衡水工业新区	位于衡水市主城区东北部，规划面积 128 平方千米	国家级科技研发与成果产业化基地、引进消化吸收再创新基地、京津冀功能疏解、产业转移、协同创新平台	食品、服装、医药、新型功能材料、智能装备制造五大产业

（三）开发区

天津和河北的开发区，根据规模等级，可以分为国家级开发区、省级开发区、市级开发区等，本书对开发区类承接平台的范围界定，主要在省级以上开发和高新技术产业开发区。

1. 国家级开发区（经济技术开发区和高新技术产业开发区）

主要是指由国务院批准在城市规划区内设立的国家级经济技术开发区、国家级高新技术产业开发区等实行国家特定优惠政策的各类开发区。目前，天津和河北共有 12 个国家级经济技术开发区，其中，天津有 6 个，河北有 6 个（见表 8 - 4）。

可以看出，天津经济技术开发区、秦皇岛经济技术开发区及唐山曹妃甸经济技术开发区建立伊始即为国家级经济技术开发区外，其他 9 个经济技术开发区均由省级升级而来，而从升级为国家级经济技术开发区的时间来看，大部分开发区都是在 2010 年后升为国家级开发区的。

天津和河北国家级经济技术开发区发展水平差距较大。2015 年，全国 215 家国家经济技术开发区的平均地区生产总值为 261.57 亿元，其中，天津超过全国平均水平的技术开发区有 4 个，而河北只有 1 个（见表 8 - 5）。且天津的国家级经济技术开发区总体发展水平远远高于河北。

表 8 - 4 天津和河北国家级经济技术开发区情况

省份	开发区名称	建立时间（年）	升级为国家级时间（年）
天津	天津经济技术开发区	1984	1984
	武清经济技术开发区	1991	2010
	西青经济技术开发区	1992	2010
	子牙经济技术开发区	2012	2012
	北辰经济技术开发区	1992	2013
	东丽经济技术开发区	1992	2014
河北	秦皇岛经济技术开发区	1984	1984
	廊坊经济技术开发区	1992	2009
	沧州临港经济技术开发区	2003	2010
	石家庄经济技术开发区	1992	2013
	唐山曹妃甸经济技术开发区	2013	2013
	邯郸经济技术开发区	2000	2013

资料来源：各开发区网站整理。

表 8 - 5 2015 年天津和河北国家级经济技术开发区主要指标

单位：亿元

开发区名称	地区生产总值	工业增加值	固定资产投资
天津经济技术开发区	2905.6	2139.8	910.04
西青经济技术开发区	511.38	447.63	245.62
武清经济技术开发区	467.16	365.27	246.49
子牙经济技术开发区	37.37	33.94	118.08
北辰经济技术开发区	264.78	221.05	352.85
东丽经济技术开发区	97.26	57.09	39.85
天津总计	4283.55	3264.78	1912.93
秦皇岛经济技术开发区	253.2	153.2	116.5
廊坊经济技术开发区	336	72.9	54.97

续表

开发区名称	地区生产总值	工业增加值	固定资产投资
沧州临港经济技术开发区	125.76	603.65	123.4
石家庄经济技术开发区	207	102.1	92.9
唐山曹妃甸经济技术开发区	349.5	175.8	497.07
邯郸经济技术开发区	231.2	91.6	98.5
河北总计	1502.66	1199.25	983.34

资料来源：开发区调研数据。

河北省的国家级经济技术开发区作为传统工业基地，依托省内交通物流枢纽，重点发展装备制造业、钢铁加工业、现代物流业及新能源节能环保产业，以第二产业为主，高新技术企业产值远远低于天津；而天津的国家级经开区集聚了大量的高新技术企业，其工业总产值也多为高新技术企业所贡献，其投入的科技发展资金也为河北的两倍，经济发展方式已经由粗放式向集约式转变（见表8-6）。

表8-6　2014年天津和河北国家级经济技术开发区创新发展情况

省份	高新技术企业产值（亿元）	高新技术企业产值占工业总产值比重（%）	支持科技发展资金投入（亿元）
天津	1840.8	30.20	1.2
河北	960.0	27	0.6

资料来源：《中国开发区年鉴（2015）》。

津冀共有6个国家级高新区，天津1个，即天津滨海高新技术产业开发区；河北5个，即石家庄高新技术产业开发区、保定国家高新技术产业开发区、唐山高新技术产业开发区、燕郊高新技术产业开发区和承德高新技术产业开发区（见表8-7）。

津冀国家级高新区发展水平差距显著，天津滨海高新技术产业开发区发展水平最高，地区生产总值、高新技术产业产值及固定资产投资完成额都位居首位，河北省的保定高新区和燕郊高新区，发展水平较高，其高新区的地区生产总值远远高于其他 3 个，这是由于保定和廊坊作为环京津核心功能区，接受来自北京高新技术产业的辐射较强，使得科技研发和成果转化效果较好。此外，承德高新区的发展水平远远低于其他高新区，亟待加强。

表 8 - 7　2015 年天津和河北国家级高新技术产业开发区经济指标

单位：亿元

地区	名称	地区生产总值	高新技术产业产值	固定资产投资完成额
天津	天津滨海高新技术产业开发区	398.00	1572.00	450.00
河北	石家庄高新技术产业开发区	196.40	798.00	250.10
	保定国家高新技术产业开发区	336.07	820.00	884.00
	唐山高新技术产业开发区	113.02	155.00	78.01
	燕郊高新技术产业开发区	338.56	132.12	296.54
	承德高新技术产业开发区	45.17	118.00	33.00

资料来源：开发区调研数据。

2. 省级开发区

省级开发区一般包括经济技术开发、高新技术产业开发区、出口加工区、保税区、边境经济合作区、旅游度假区等多种类型。在各类开发区中，经济开发区和高新区的数量最多，它们多以制造业为中心、兼顾其他产业配套。受资料限制，本书中的开发区主要侧重河北省的省级经济开发区和省级高新区，共计 180 个。

第一，省级经济技术开发区。目前，河北省的经济技术开发区经过优化整合之后，共有 144 家，其中，石家庄 18 个、邯郸 19 个、承德 7 个、唐山 14 个、廊坊 7 个、沧州 15 个、秦皇岛 7 个、张家口 12 个、衡水 8 个、邢台 16 个、保定 19 个、辛集 1 个、定州 1 个（见表 8 - 8）。2016 年 1—6 月，河北省经济开发区实现地区生产总值 6599.7 亿元，同比增长 14.06%；工业增加值 4896.4 亿元，增长 17.2%；主营业务收入 24140.47 亿元，增长 18.34%；税收收入

756.14 亿元，增长 14.2%；进出口额 126 亿美元，增长 5%；实际利
用外资 19.6 亿美元，增长 73.72%；固定资产投资完成额 4449.9 亿
元，增长 13.9%。

表 8-8　　　　　　　　河北省省级经济技术开发区

城市	开发区名称
石家庄	石家庄长安国际服务外包经济开发区、石家庄循环化工园区、藁城经济开发区、石家庄矿区工业园区、晋州经济开发区、新乐经济开发区、鹿泉经济开发区、石家庄装备制造产业园区、河北深泽经济开发区、河北无极经济开发区、河北赵县经济开发区、河北赞皇经济开发区、平山西柏坡经济开发区、灵寿经济开发区、行唐经济开发区、元氏经济开发区、高邑经济开发区、井陉经济开发区
邯郸	漳河经济开发区、邯郸马头经济开发区、邯郸峰峰经济开发区、邯郸邯山经济开发区、武安工业园、永年工业园、成安经济开发区、临漳经济开发区、大名经济开发区、肥乡经济开发区、馆陶经济开发区、广平经济开发区、邯郸工业园区、鸡泽经济开发区、邱县经济开发区、曲周经济开发区、涉县经济开发区、魏县经济开发区、磁县经济开发区
承德	承德双滦经济开发区、兴隆经济开发区、平泉经济开发区、围场经济开发区、丰宁经济开发区、宽城经济开发区、隆化经济开发区
唐山	海港经济开发区、南堡经济开发区、唐山芦台经济开发区、唐山汉沽经济开发区、唐山古冶经济开发区、丰润经济开发区、丰南经济开发区、迁安经济开发区、遵化经济开发区、滦县经济开发区、滦南经济开发区、乐亭经济开发区、迁西经济开发区、玉田经济开发区
廊坊	廊坊广阳经济开发区、三河经济开发区、霸州经济开发区、香河经济开发区、永清经济开发区、文安经济开发区、大城经济开发区
沧州	沧州经济开发区、沧东经济开发区、黄骅经济开发区、任丘经济开发区、河间经济开发区、泊头经济开发区、肃宁经济开发区、献县经济开发区、吴桥经济开发区、东光经济开发区、青县经济开发区、南皮经济开发区、孟村经济开发区、盐山经济开发区、海兴经济开发区

城市	开发区名称
秦皇岛	北戴河经济开发区、山海关临港经济开发区、昌黎经济开发区、秦皇岛海港经济开发区、抚宁经济开发区、卢龙经济开发区、青龙经济开发区
张家口	张家口经济开发区、张家口空港经济开发区、宣化经济开发区、沙城经济开发区、下花园经济开发区、涿鹿经济开发区、蔚县经济开发区、怀安经济开发区、赤城经济开发区、万全经济开发区、张北经济开发区、沽源经济开发区
衡水	衡水滨湖经济开发区、枣强经济开发区、武邑经济开发区、深州经济开发区、武强经济开发区、饶阳经济开发区、故城经济开发区、阜城经济开发区
邢台	邢台经济开发区、邢台县旭阳经济开发区、沙河经济开发区、临城经济开发区、任县经济开发区、柏乡经济开发区、内丘工业园区、隆尧经济开发区、南宫经济开发区、宁晋经济开发区、巨鹿经济开发区、新河经济开发区、广宗经济开发区、南和经济开发区、临西轴承工业园、清河经济开发区
保定	涿州京南经济开发区、保定经济开发区、涿州松林店经济开发区、高碑店经济开发区、安国现代中药工业园区、清苑经济开发区、定兴金台经济开发区、高阳经济开发区、涞水经济开发区、涞源经济开发区、顺平经济开发区、阜平经济开发区、唐县经济开发区、徐水经济开发区、易县经济开发区、蠡县经济开发区、望都经济开发区、满城经济开发区、博野经济开发区
辛集	辛集经济开发区
定州	定州经济开发区

资料来源：河北省商务厅提供资料。

　　第二，省级高新技术产业开发区。目前，河北省经过优化整合之后，共有 25 个省级高新技术产业开发区，其中，石家庄 1 个、承德 2 个、张家口 1 个、秦皇岛 1 个、唐山 2 个、廊坊 5 个、保定 1 个、沧州 2 个、衡水 5 个、邢台 3 个、定州 1 个、辛集 1 个（见表 8 - 9）。2016 年第三季度，河北省高新区实现工业总产值 5372.95 亿元，比上

年同期增加 13.36%，高新技术产业产值 1718.73 亿元，同比增加
31.76%；财政收入 299.8 亿元，同比增加 17.19%；利税 778.82 亿
元，同比增加 16.08%，其中净利润达到 439.33 亿元，同比增长
14.81%；税收总额达到 335.62 亿元，同比增长 13.19%；完成固定
资产投资 1667.07 亿元，同比增长 17.41%。

表 8-9　　　　　河北省省级高新技术产业开发区

城市	高新区	城市	高新区
石家庄	正定高新技术产业开发区	保定	涿州高新技术产业开发区
保定	定州高新技术产业开发区	石家庄	辛集高新技术产业开发区
张家口	张家口高新技术产业开发区	秦皇岛	秦皇岛高新技术产业开发区
承德	滦平高新技术产业开发区 承德县高新技术产业开发区	唐山	唐山开平高新技术产业开发区 迁安高新技术产业开发区
邢台	邢台滏阳高新技术产业开发区 平乡高新技术产业开发区 威县高新技术产业开发区	沧州	沧州高新技术产业开发区 沧州中捷高新技术产业开发区
廊坊	亦庄·永清高新技术产业开发区 廊坊高新技术产业开发区 廊坊龙河高新技术产业开发区 大厂高新技术产业开发区 京南·固安高新技术产业开发区	衡水	衡水高新技术产业开发区 衡水桃城高新技术产业开发区 冀州高新技术产业开发区 安平高新技术产业开发区 景县高新技术产业开发区

资料来源：河北省商务厅提供资料。

二　疏解北京"非首都功能"承接平台选择的依据

自京津冀协同发展上升为国家战略，疏解北京"非首都功能"成
为推进京津冀协同发展的关键着力点，部分资源消耗大、高污染、劳
动力密集，且不符合首都功能定位的产业亟待向周边进行合理疏解。
尽管北京"非首都功能"疏解已经成为共识，但是，如何科学、客
观、合理地在天津和河北选择承接平台仍存在较大争议。因此，明确

疏解北京"非首都功能"承接平台的选择依据和方法，对制定北京"非首都功能"疏解的具体措施具有十分重要的意义。

（一）被疏解产业的主要类型

"有序疏解北京'非首都功能'"作为京津冀协同发展战略的核心，是目前京津冀协同发展的首要任务，因此，在这个过程中对于应该疏解哪些产业，疏解到哪里去要有一个明确的标准，以此来引导疏解"非首都功能"工作的顺利进行。

《京津冀协同发展规划纲要》明确指出，在京津冀协同发展格局中，北京作为首都，其核心功能规划与发展定位是"全国政治中心、文化中心、国际交往中心、科技创新中心"。因此，凡是不符合首都城市发展战略定位的功能，都可以认为是"非首都功能"。为此，北京需要疏解的产业项目，主要包括以下五类：

一是一般性的产业。特别是高消耗产业、非科技创新型产业和一些科技创新成果转化型产业，以及高端制造业中缺乏比较优势的生产加工环节，如石油加工、炼焦及核燃料加工业，化学燃料及化学制品制造业，非金属矿物制造业，黑色金属冶炼及压延加工业，有色金属冶炼及压延加工业，电力热力的生产和供应业等产业。这些企业的技术含量低，占地面积大，资源消耗多，对环境的污染严重，因此，要重点疏解出去。

二是区域性物流基地、区域性专业市场等部分第三产业。包括物流基地、批发市场、第三产业的呼叫中心、服务外包和健康养老等，这些产业通常聚集大量外来人口，服务于整个区域，也需要向周边地区转移。

三是部分教育、医疗、培训机构等社会公共服务项目。在京高校的本科部分需要搬迁，只留下研究生以上部分，建立研究生中心、创新基地和智库。

四是部分行政性、事业性服务机构和企业总部。按照北京产业疏解的计划，北京在通州区建设首都副中心，吸纳部分行政、事业服务机构。

五是相关金融业务。虽然金融是北京要着力发展的，但不排斥金融后台服务向京外转移。北京的目标是世界城市,而在资金方面的影响力和控制力是世界城市必需的。

（二）产业疏解过程中存在的突出问题

1. 功能疏解代价较高、效果不明显

一是短期经济利益平衡难。现有低级次产业清退后,承接地建设用地空间不足,新产业项目接续滞后,短期内承接地的经济收支难以平衡。

二是处理政府与市场关系困难。对于合法合规经营的市场和企业,无法用行政手段进行强制搬迁;有形市场的合同、产权关系复杂,腾退或搬迁成本较高,而政府财政资金有限。

三是存在稳定风险。低级次产业涉及利益群体众多,清理整顿将直接影响到其经济利益,如处理不当容易激化矛盾,可能引发社会稳定风险。

四是小项目清退对人口调减成效不明显。规模较小的低端有形市场清退后,原有商户继续在区内"打游击",低级次产业和流动人口聚集的环境难以根除。

2. 过于关注转移项目,产业链协同重构不足

经淘汰疏解,北京市工业增加值只有3000多亿元,约为河北省的1/4,可供疏解的项目着实有限。对此,缺少清醒认识,河北市既没搞清楚自身优势,能够承接什么样的产业和功能,也不明白北京市有哪些产业和功能要转移,以及承接这些产业和功能所需要的条件,往往急于求成,不讲规划,全面出击,项目承接缺乏重点和战略步骤。虽然也有产业发展定位,但在实际承接中,往往是不管什么项目,只要能落地就行。协同发展被简单地理解为北京市单向功能和产业的转移,追求短、平、快,而缺少从北京市"去制造化"的现实考虑,缺少从京冀定位差异化、产业一体化的高度来认识和谋划,不利于产业间协同分工及产业链互补互促,从而影响跨区域完整产业链体系的构建,妨碍错位竞争、链式发展整体格局的形成。

3. 人口调控缺乏产业、制度保障

一是违法建设控制拆除难。没有实现整体拆迁的、短期内不能实

现拆迁的河北部分村落承接地，新增违法建设控制难；部分违法建设拆除后长期空置，没有新的产业引入，导致死灰复燃。

二是瓦片经济转变难。当前农村集体收入和村民收入还依赖瓦片经济，且瓦片经济依赖和产业发展缓慢形成了恶性循环。

三是调控制度有待细化完善。相关政策法规没有实施细则，导致基层在推进人口调控工作时，普遍存在无法可依、有法不好落实的问题。受人口调控任务压力的影响，街乡普遍存在顾虑思想，不能如实上报相关信息，对调控实际效果难以准确评估。

4. 企业搬迁成本高，影响搬迁积极性

税收、人员、土地二次开发，规划用地性质调整困难，影响企业搬迁积极性；搬迁需要投入，若无政策支持，企业难以主动搬迁；当地政府服务能力和配套设施接轨的问题；当地用工成本上升的问题，实际河北省的用工成本水涨船高，北京市企业过去后，招工成本下不去，按照当地工资招不到工人，当地工人期望工资对标北京过去的工人、对标北京市的工资水平，没有如同想象一样降低用工成本；到北京市来对接的区县太多，需要整体统筹；汽车产业特殊的产业政策，生产资质的异地监管问题，需要京冀与工信部协商等。

5. 基础设施配套不够，职工流失较大

安置原有职工负担较重，政府补贴不足，北京市户籍职工多数不愿意随企业外迁，安置这批职工；原有核心职工、一线职工大量流失，每家企业平均流失 40—50 人，当地职工流动性强、就业稳定性差；区域间缺乏有效的利益共享与协调机制；行政力量对企业外迁施加了压力，环评需要重新报批，投资计划需要按要求重新设计，延缓开工。

（三）被疏解产业对承接地的要求

北京市疏解产业对承接地的选择是一个多目标的决策过程，主要考虑区位条件、产业基础、资源环境承载力和配套政策四个方面。

1. 区位条件

在产业转移过程中，承接地的区位条件即区位的综合资源优势，即某一地区在发展经济方面客观上存在的有利条件或优越地位。其构成因素主要包括自然资源、地理位置以及社会、经济、科技、管理、政治、文化、教育、旅游等方面。区位条件是一个综合性概念，单项优势往往难以形成区位优势。一个地区的区位优势主要是由自然资源、劳动力、工业聚集、地理位置、交通等决定。成功的产业转移既要考虑到宏观的区域生产力布局，还要考虑到微观企业的利益得失。企业的区位选择往往注重当地的区位优势，并由此衡量投资的成本收益，因而在产业转移过程中，区位条件是影响其顺利实施的重要因素。就目前北京"非首都功能"疏解的进程来看，京津冀一体化发展越来越迅速，"京津冀一小时交通圈"的建设也在逐渐加快，未来交通将不再是限制产业疏解的重要因素，为此，河北省便利的交通条件、较低的劳动力成本和土地成本，外加丰富的资源，这些区位优势将在一定程度上成为吸引北京企业转移的动因。

2. 产业基础

产业转移的前提条件是存在一定的产业级差（韦倩青、曾秋芸、韦倩虹，2009）。产业梯度转移的基础条件是区域间存在产业上的梯度差异，如果不存在产业级差，产业转移也就无从谈起。从产业梯度上来看，首先，京津冀的产业发展存在明显的梯度差：北京处于后工业化时期，天津处于工业化后期，河北处于工业化中期。在经济宏观层面上，三者之间具有足够的梯度级差，这是进行产业转移的前提条件之一。其次，在转移过程中，产业梯度转移的承接方必须具备生产要素方面的比较优势，可以是土地资源优势、人力资本优势或者自然资源优势等。任何企业都是以营利为目的，只有存在比较优势，才能吸引被疏解产业的落户。最后，在产业转移过程中，最重要的就是要以承接地的产业发展为基础，以此为依据有选择地进行疏解。被疏解的产业要优先选择把其作为主导产业的承接地。这样，不仅可以使被疏解的产业充分发挥其优势，还能加快对承接地的主导产业集群培育，促进被承接企业与承接企业的相互融合，并能够带动承接地的经济发展及产业结构转型升级。

3. 资源环境承载力

从承接地的资源环境承载力角度来看，一个地区的资源环境承载力的大小与承接产业转移的状况具有密切的相关性（黄涛，2013）。如东部沿海地区较早开放，是我国承接产业转移最早的地区，经济相对发达，所以，更加注重环境的保护和治理，环境承载力高又反过来支持经济发展，促使它们在承接国际产业转移的同时自主创新，改变经济增长模式，形成良性循环；而中西部地区比较封闭，经济的落后迫使人们将发展经济的腾飞放在第一位，忽略资源环境问题，这必然为日后经济的可持续发展带来隐患。

因此，被疏解产业在疏解过程中要将可持续发展作为出发点和落脚点，使产业疏解与承接地的经济发展方式转变相结合。在产业转移过程中，对承接地的环境状况、污染程度及相关产业政策进行客观、属实的评估，从而决定是否进入该地。对于一些环境承载能力强或者有相应环境治理条件的承载地，在产业承接过程中，政府要对其进行严密的监控和监督，防止疏解来的产业对其造成二次污染。

4. 配套政策

在产业疏解过程中，承接地需要有相应的配套政策来吸引企业入驻。我国各个地区整体的宏观经济政策没有区别，都遵循着有中国特色的市场经济体制，但根据地方特点实行的相关优惠政策和政府运行效率是有较大不同的。

企业在决定选址时，往往并不一定是寻找生产成本最低的地方，而是趋向于到制度相对完善、政策透明度高、政府办事效率高、法律和市场环境规范有序的低交易成本的地区寻求发展空间（夏晴，2008）。如北京与其周边地区城市相比，虽然土地成本、劳动力成本和社会保障成本等生产成本相对偏高，但由于其地理区位优越、交通便捷、市场辐射功能强劲、国际化程度相对较高、政策透明度高、政府办事效率高，在诸多软环境方面一直领先全国，以良好的城市形象和投资经营环境等低交易成本优势弥补了生产成本相对偏高的劣势，使众多企业、商户、研发中心争相落户。因此，制度环境等软件要素是企业集聚的重要保障，应在宽松自由、尊重知识、尊重人才、讲究信誉、等价公平、鼓励创新等制度环境建设方面下功夫，提高政府的公共管理水平和效率。

三　承接北京"非首都功能"平台的选择

区域发展基础、条件和方向是承接平台选择的主要依据，项目在《京津冀协同发展规划纲要》指导下，结合河北与天津在京津冀协同发展中的定位及各区域的产业发展方向，选择北京"非首都功能"承接平台进行。

（一）新区层面

天津滨海新区经过 20 多年的发展，下一步主要打造"高水平的现代制造业和研发转化基地、北方国际航运中心和国际物流中心"。因此，天津滨海新区的承接产业会偏高端，重点承接一些高新技术产业研发项目，而这些也正是北京支持发展的项目。由此，承接北京"非首都功能"疏解的重任应该放在河北省。针对北京重点疏解的制造型产业、区域性集贸性质的产业、非生产型事业单位、区域性总部企业及非核心行政事业单位等，新区承接平台主要有正定新区、曹妃甸新区、渤海新区、冀南新区、北戴河新区及邢东新区。

（二）省级重点承接平台

省级重点承接平台主要是在原来的 7 个平台基础上，结合河北省产业承接重点和承接需求，将正定高新技术产业开发区和承德高新技术产业开发区提升到省级重点承接平台，确定 8 个省级重点平台，即天津的武清协同发展示范区，河北省的曹妃甸协同发展示范区、北戴河生命健康产业创新示范区、张家口可再生能源示范区、新机场临空经济区、衡水工业新区、正定高新技术产业开发区和承德高新技术产业开发区。

（三）开发区承接平台

主要选择 12 个国家级经济技术开发区、5 个国家级高新技术产业开发区以及河北省的 168 家省级开发区（经济技术开发区和高新技术产业开发区）作为承接北京"非首都功能"疏解的承接平台。

第三节　疏解北京"非首都功能"承接平台建设的思路

一　基本原则

(一) 坚持统筹兼顾

充分考虑自然条件，根据资源环境承载能力、现有开发强度和发展潜力，立足发展基础、区位条件和交通优势，统筹考虑新区、省级重点承接平台、开发区和园区，既要考虑到国家级新区、河北省级新区作用的发挥，也要有效发挥河北省重点承接平台、各类开发区和园区的作用，进一步明确各承接平台的功能定位，充分发挥各自比较优势，调整优化空间布局，加快推动错位发展，形成"新区—省级重点承接平台—开发区（园区）"依次传导的接力机制，共同承担疏解北京"非首都功能"的作用，实现区域良性互动发展。

(二) 坚持"两手"并用

以市场为导向，以企业为主体，加快完善市场机制，有效发挥市场配置资源的决定性作用，促进生产要素在更大范围流动和配置；强化政府引导作用，加大简政放权力度，切实转变政府职能，将政府的作用严格限制在市场不能有效发挥作用的领域，如公共产品的提供、具有强烈外部性的环境治理和区域间协作关系的协调等，绝不能违背市场竞争原则。更好地发挥政府统筹协调、规划引导和政策保障作用，致力于创造和提供承接平台良好的制度和政策环境，消除或减轻制约平台建设和产业发展的体制、制度和行政区域性障碍。通过政策引导各类资金向相关承接平台转移集中，投向京津冀鼓励发展的产业，以重点项目带动"非首都功能"疏解产业向河北转移，发挥政府在引导空间开发格局、规范开发秩序、保护生态环境等方面的主导作用。

(三) 坚持绿色发展

生态环境是经济发展的基础，保护环境也是降低成本、提高经济效益的重要途径。目前，京津冀是国内大气污染较严重的区域之一，河北以资源型经济和能源原材料型经济为主，钢铁、焦化等传统优势产业能源资源消耗量大，资源环境压力巨大。按照生态化理念，提升承接平台规划、市政基础设施、商贸旅游设施、公共事业、城市交通、环境卫生、市容景观和环境保护水平。要牢固树立统筹经济效益、社会效益和生态环境效益相结合的全面效益观，积极探索承接产业转移平台可持续发展路径，高度重视资源节约和生态环境保护，大力发展循环经济，切实加强环境保护和生态建设。大力发展节能环保产业，选择一批技术水平先进、工艺路线清晰、节能环保效果突出的产品，实施产业化示范。推动制造业重点行业向绿色、高效、循环方向发展。遵循循环经济理念，创新资源利用方式，探索生态低碳产业园建设模式，建设低碳产业示范园区，利用工业生态学原理引导园区企业进行上下游衔接，形成资源共享和副产品互换的产业共生组合；立足于城市与区域的资源环境容量，促进建设用地集约高效利用，建立适应转型跨越发展目标与可持续发展需求的规模调控与资源环境管理模式。

（四）坚持整体规划

加强整体规划，打破"一亩三分地"的思维定式，从京津冀发展全局谋划疏解北京"非首都功能"承接平台，加强全局设计，推进布局调整。对于已经达成共识的平台，抓紧落实，率先突破。依托现有发展基础，推动承接平台形成组团式布局。突出每个组团的功能特色，引导组团间合理分工，将组团建设作为承接平台近期建设的重点和抓手，促进组团内部就业和居住基本平衡，减少跨组团的长距离通勤比例，合理构建组团间绿化隔离系统，控制组团无序蔓延。

综合考虑承接产业转移平台与周边重点园区的空间布局，促进各类功能相互协调，合理组织交通路网系统；综合考虑承接平台与依托城市的协调，将承接平台作为依托城市产业布局调整的重要空间，促进各类功能在老城区和平台之间的优化布局，依托老城区既有服务功能优势，带动承接平台功能的提升；鼓励园区集中紧凑布局，集约节约利用土地资源。

二 总体思路

集中疏解与分散疏解相结合，综合考虑区位、交通、土地、水资源和能源保障、环境承载、人口及经济社会发展状况等，特别是客运专线、城际铁路等高效便捷轨道交通因素，坚持以点带轴，以轴促面，以主要城市和新区、河北省重点承接平台、开发区和园区为依托，规划建设具有相当规模、与承接地发展环境相当的集中承接平台，配套跟进教育、医疗、文化等公共服务单位，促进产业转移和"非首都功能"疏解，优化功能分工，合作构建区域一体化空间格局。

（一）重点突破：通过重要平台的开发建设促进非首都功能疏解

依托现有基础，科学布局、相对集中、功能有别、错位发展，重点建设"6＋8＋N"承接平台，即以滨海新区、正定新区、北戴河新区、渤海新区、邢东新区、冀南新区为重点，以北京新机场临空经济区、曹妃甸协同发展示范区、武清协同发展示范区、正定高新技术产业开发区、北戴河生命健康产业创新示范区、张家口可再生能源示范区、衡水工业新区和承德高新技术产业开发区为支撑，以其他省级开发区（园区）为补充，加强政府引导和支持，充分发挥市场机制作用，形成在生产性服务业、制造业、基础产业、物流产业及新兴产业等领域的发展载体，通过集聚效应和示范作用，推动区域内相关产业升级。

同时，沿京沪、京广、京九、京承、京张、京秦等方向铁路通道，选择若干中小城市，高起点、高标准建设若干定位明确、特色鲜明、职住合一、规模适度、专业化发展的"微中心"，发挥比较优势，推动"非首都功能"有序疏解。

（二）承载力提升：全面提升承接平台的承接能力

与京津相比，河北综合承载力脆弱，除土地承载力和交通设施承载力略具优势外，水资源、环境容量、能源、市政设施等承载力整体落后。在打造承接产业转移平台过程中，河北必须大力推进节能减排，提高资源环境的承载力。要认真贯彻国务院大气污染防治10条措施和京津冀实施细则，深入落实《河北大气污染防治行动计划实施方案》，突出抓好压钢、减煤、治企、控车、降尘等重点工作。加强与京津及周边地区协作，推进大气污染治理联防联控。落实好最严格的水资源管理制度，加大重点流域、饮用水水源地和地下水污染防治力度。要把存量重组放在非常突出的位置，通过存量空间的调整，来优化承接平台的功能，通过分区分类的办法制定承接平台产业引导目录和调整方案，支持部分与承接平台功能定位不一致的、环境影响不符合要求的产业和企业向外调整，腾退空间来发展体现承接平台功能定位的行业或功能，实现空间调整和功能提升的有机结合。

（三）集约集聚：促进资源节约利用和平台高效发展

在推进承接产业转移平台建设过程中，以产业集聚为导向，强化企业之间的分工协作，集约利用土地资源，优化产业布局，促进产业集聚发展。明确龙头企业、骨干企业和支撑企业，把握产业链中的关键环节和产业集群中的核心方面，明确支持重点。鼓励大型龙头企业带动上下游企业、配套企业进入承接平台，通过产业环节的分解将一些配套件及特定的生产工艺分离，分化发展具有紧密分工和协作关系的关联企业，提高产业竞争力。科学规范平台的建设，提高平台的集聚和辐射功能，逐步实现平台及周边广大地区经济、社会、生态的全面、协调和可持续发展。提升平台依托城市的综合服务水平，吸引技术、产业、资金、人才集聚，促进产业升级，培育壮大特色产业和新兴产业；以承接平台为载体，实现城镇功能布局及空间拓展协调互动，打造新的经济增长点。

（四）产城融合：打造承接平台生产生活新空间

产城融合是现代城市发展的新理念和新趋势，是以人为中心，城市生产功能和生活功能相辅相成、协调发展的空间形态。承接平台开发建设中，要将产城融合放在非常突出的位置，既作为应对既有问题的途径，也作为面向未来塑造理想空间形态的一个手段。坚持以产兴城，以产业加速人流汇聚，以城市促进产业发展，以高端装备制造业和现代服务业"双轮"为驱动，加快产业向承接平台聚集，推动经济从"单一的生产型园区经济"向"生产、服务、消费"多点支撑的城市型经济转变，把平台建设成为"工业与服务业互动、第二产业与第三产业共旺"的现代化新城，实现产业和城市的良性互动。在宏观层次上，实现平台居住空间和生产空间合理布局；在微观层次上，实现土地混合利用，生产功能和居住功能协调配置，以及生产性服务和生活性服务的综合配套。既保证生产空间集约高效，又保证生活空间宜居适度。产业布局要同时考虑各功能板块的互动，依托城镇原有的产业基础和配套服务，产业用地、生活用地的就近和均衡布局，提供多元化的居住社区和完善的社会公共服务，实现产城融合发展。

（五）转型跨越：提高承接平台产业竞争力

在打造承接平台过程中，把生态文明建设理念贯穿于经济社会发展的全过程，要切实加强生态建设，建设资源节约型、环境友好型、生态盈余型社会。以改革和创新为动力推进经济转型，着力转变经济发展方式，提高经济社会发展质量；注重提高产业的自主创新能力，形成具有自身特色的支柱产业，实现跨越式发展。切实保障生态安全，限制重污染型产业门类，在"跨越"中做大经济总量，在"转型"中提升经济发展质量。

要结合北京着重疏解的一般性产业特别是高耗能产业，区域性物流基地、区域性专业市场等部分第三产业，部分教育、医疗、培训机构等社会公共服务功能，部分行政性、事业性服务机构和企业总部等产业门类，以带动就业为根本，坚持劳动密集型产业与技术、资本密集型产业发展相结合，积极采用先进适用技术和现代管理模式，在承接疏解中调整存量结构，促进经济结构的优化升级，提升产业竞争力。

（六）梯次推进：形成"新区—省级重点承接平台—其他开发区（园区）"的接力机制

把"新区""省级重点承接平台""其他开发区（园区）"置于不同阶段的更替之中。近期，一方面要着力促进滨海新区、正定新区、北戴河新区、渤海新区、邢东新区、冀南新区等"新区"的尽快成长，使之成为承接北京"非首都功能"疏解的主要载体；另一方面要及早培育北京新机场临空经济区、曹妃甸协同发展示范区、武清协同发展示范区、正定高新技术产业开发区、北戴河生命健康产业创新示范区、张家口可再生能源示范区、衡水工业新区和承德高新技术产业开发区等"省级重点承接平台",使之成为"十三五"时期承接北京"非首都功能"疏解的主要载体;同时,有选择地对部分开发区(园区)扶持,使之发挥承接北京"非首都功能"疏解的补充作用。这样,可以形成"新区—省级重点承接平台—其他开发区(园区)"梯次推进的格局,把疏解北京"非首都功能"的"接力棒"有序地传递下去,以共同促进京津冀的协同发展。

第四节 承接平台的承接力评价

一 承接平台的分类

项目运用多层次系统分类法对所选择的平台进行分类和评估。多层次系统分类法是针对复杂的京津冀区域产业发展要求进行的一种系统分类方法,"多层次"是为天津和河北有序承接北京"非首都功能"疏解,实现"到2017年有序疏解北京"非首都功能"取得明显进展"的京津冀协同发展目标,将承接地主要分为新区、重点承接平台、国家级开发区(高新技术产业开发区)、省级开发区四类承接平台;"系统分类"主要在相关类型里,运用相应指标或指标体系对其进行评估,进一步将其分为高、中和低三种类型。

(一)第一类:新区承接平台

第一类承接平台主要是新区,分为两个层次(见表8-10)。

表8-10　　　　　　　　　　新区承接平台分类情况

层　次	新区名称
第一层次	正定新区
第二层次	曹妃甸新区、渤海新区、冀南新区、北戴河新区、邢东新区

第一层次主要包括正定新区。北京市重点疏解产业主要有制造型产业、区域性集贸性质的产业、非生产型事业单位、区域性总部企业

及非核心行政事业单位等，而正定新区是以教育医疗、文化创意、总部经济、信息技术、金融服务、商业住宅、现代商贸七大板块为引领，基础设施建设先进，拥有高铁和机场两大交通条件，依托河北省会石家庄，未来发展潜力大。为此，按照国家级新区的标准建设正定新区，打造重点承接北京"非首都功能"疏解平台是正定新区未来发展的重中之重。

第二层次的承接平台，主要包括曹妃甸新区、渤海新区、冀南新区、北戴河新区、邢东新区。其中，曹妃甸新区、渤海新区、北戴河新区将发挥沿海开放优势，承接一些高端装备、新材料、海水淡化、医疗养老等产业，主动融入环渤海合作发展大格局；冀南新区、邢东新区将推动强化先进制造业发展、科技成果产业化、高新技术产业发展功能，带动冀中南地区发展。

（二）第二类：省级重点承接平台

根据各个平台的固定资产投资完成情况，将其分为三个层次。投资金额在1000亿元以上的列为第一层次；投资金额在200亿—1000亿元的列为第二层次；投资金额在200亿元及以下的列为第三层次（见表8-11）。

表8-11　　　　　　　　省级重点承接平台分类情况

层次	平台名称	2016年投资金额（亿元）
第一层次	北京新机场临空经济区	2000
	曹妃甸协同发展示范区	1612.7
	武清协同发展示范区	1020
第二层次	正定高新技术产业开发区	460
第三层次	北戴河生命健康产业创新示范区	100
	张家口可再生能源示范区	100
	衡水工业新区	100
	承德高新技术产业开发区	42

资料来源：河北省京津冀协调发展办公室提供的调研数据。

第一层次的平台为北京新机场临空经济区、曹妃甸协同发展示范区、武清区协同发展示范区。北京新机场临空经济核心区主要承担机场功能的补充延伸以及保税物流、服务贸易等功能。此外，还有"四区"，即东北部的高端产业功能区、西部的国际空港都市区、南部河北境内的现代制造业集聚区，以及贯穿临空合作区的大尺度生态功能区。曹妃甸协同发展示范区将重点承接北京石化、装备制造、钢铁等产业转移，大力发展港口物流、海洋经济、节能环保等产业，未来将是北京市产业转移的最大承接地。武清协同发展示范区将着力打造"三基地"，即高端制造业基地（承接北京高端制造产业转移）、总部楼宇经济基地（承接国内外特别是北京的企业总部、地区总部、分支机构及研发中心、采购中心、物流中心等）、产学研创新基地（承接北京创新成果的孵化和转化）。

第二层次的平台为正定高新技术产业开发区。正定高新技术产业开发区主要集中于新能源汽车项目、集成电路产业基地项目、LED产业链跃升项目等。未来高新区将打造成为新能源汽车产业集聚区，国家级集成电路封装测试基地，生物科技、节能环保产业基地，京津冀产业转移和正定新兴产业创新示范区，打造河北省的重要增长极。

第三层次的平台确定为北戴河生命健康产业创新示范区、张家口可再生能源示范区、衡水工业新区、承德高新技术产业开发区。北戴河生命健康产业创新示范区着力发展健康管理产业、医疗保健产业、生物医药及医疗器械研发制造产业、高端养老产业和体育健身产业，建设深化健康医疗改革开放的先行先试区和我国首个国际医疗旅游服务贸易示范区。张家口可再生能源示范区着力打造低碳奥运专区、可再生能源科技创业城、综合商务区、高端装备制造聚集区和农村可再生能源生态示范区五大功能区。衡水工业新区重点承接培育食品、服装、医药、新型功能材料、智能装备制造五大产业。承德高新技术产业开发区重点打造承德高新区绿色大数据产业园、生态环保产业园、生物医药产业园、装备制造产业园，同时，积极推进文化创意产业发展。

（三）第三类：国家级开发区承接平台

该类承接平台主要包括天津市和河北省的 12 个国家级经济技术开发区及 5 个国家级高新技术产生开发区（承德高新技术产业开发区划归为第二类承接平台）。

根据该类平台的发展水平，确定各开发区的承接能力，并将其划分为三个层次，主要指标权重设置为地区生产总值40%，工业增加值（或高新技术产业产值）30%，固定资产投资完成额30%，运用表2-4和表2-6中数据计算出其综合值，依据综合值将12个国家级经济技术开发区和5个高新技术产业开发区分别划分为三个层次（见表8-12），划分标准为综合值大于500亿元（合500亿元）的为第一层次，200亿—500亿元的为第二层次，小于200亿元（合200亿元）的为第三层次。

表8-12　　　　　国家级开发区承接平台分类情况　　　　单位：亿元

层　　次	名称	综合值
第一层次 （≥500）	天津经济技术开发区	2077.2
	天津滨海高新技术产业开发区	765.8
	保定高新技术产业开发区	645.6
第二层次 （200—500）	西青经济技术开发区	412.5
	石家庄高新技术产业开发区	393.0
	武清经济技术开发区	370.4
	唐山曹妃甸经济技术开发区	341.7
	北辰经济技术开发区	278.1
	沧州临港经济技术开发区	268.4
	燕郊高新技术产业开发区	264.0
第三层次 （≤200）	秦皇岛经济技术开发区	182.2
	廊坊经济技术开发区	172.8
	邯郸经济技术开发区	149.5
	石家庄经济技术开发区	141.3
	唐山高新技术产业开发区	115.1
	东丽经济技术开发区	68.0
	子牙经济技术开发区	60.6

（四）第四类：省级开发区承接平台

众多的省级开发区承接平台，其发展水平参差不齐，统计指标各有侧重，受统计资料的限制，项目主要对河北省的166家开发区进行分类分析。

1. 指标和权重的选取与确定

运用综合分类法，参考《河北省开发区综合发展水平评价考核办法》，从经济发展、科技创新、节能环保和土地集约利用四个方面构建一级指标，并依据相关领域专家提出的意见及影响各类产业园区评价的因素，最终确定综合评价指标体系，并对其进行层级划分。

由于各指标之间的因素影响有所不同，需要确定每个指标的权重，项目参考河北省经济开发区综合发展水平评价考核指标体系中的指标权重，结合承接能力评价的特殊性，设计如表8-13所示的指标体系及其权重。

表8-13　　　　　　　开发区综合能力评价指标体系

一级指标	二级指标	权重（%）
经济发展	单位面积土地地区生产总值贡献率	35
	工业总产值	
	贸易出口总值	
	贸易进口总值	
	财政收入	
	固定资产投资完成额	
科技创新	高新技术企业个数	20
	高新技术产业产值在总产业产值中占比	
节能环保	万元能耗	15
	万元水耗	
土地集约利用	未开发土地面积	30

2. 分类方法与结果

本书使用的数据选自河北省商务厅统计的 2016 年上半年的河北省省级经济开发区统计数据库和河北省各地市提供的高新技术产业开发区 2015 年的统计数据，经过相关计算得到，具有较高的可信度和客观性。由于原始数据中含有较少的缺失值，在此首先运用 SPSS 软件中的缺失值处理功能对较少部分的缺失值进行填补。评价过程主要采用 IMD 的国际竞争力指数评价方法。

第一，指标分析。对每个统计指标计算各个开发区的正态得分，以正态得分值排名。由于各指标量纲不同，同时考虑样本量是 143 个开发区，采用正态标准化方法进行指标无量纲化处理，计算公式为：

$$X_i = \frac{x_i - \bar{x}}{\sigma}$$

其中，x_i 表示第 i 个指标值；$\bar{x}$ 表示第 i 个指标平均值；σ 表示第 i 个指标标准差。

将指标数据标准化后，再计算指标的正态得分，也就是指标的标准正态函数值：

$$Z_i = F(X \leq X_i)$$

第二，综合分析。将一级指标下的二级指标取算术平均值，得到四个一级指标得分。对经济发展、科技创新等四个一级指标，以各自的权重计算出综合得分，并对 143 个经济开发区和 23 个高新技术开发区进行排名。

指标综合得分（Y）的计算公式为：

$$Y = \sum_{i=1}^{n} Z_i \omega_i \quad 其中，\sum_{i=1}^{n} \omega_i = 1$$

第三，分类结果。通过以上过程，我们可以得到以下结果，将承接能力得分在 60 分以上的分为 A 类经济开发区，40 分到 60 分之间的划分为 B 类经济开发区，40 分以下的为 C 类经济开发区，具体分类结果见表 8 - 14 和表 8 - 15。

表 8 − 14　　　河北省省级经济技术开发区综合承接能力分类

排名	地区	经济发展	科技创新	节能环保	土地利用	承接能力	分类
1	丰南经济开发区	87.16	64.93	59.56	96.34	81.33	
2	滦县经济开发区	84.91	62.06	55.89	93.32	78.51	
3	香河经济开发区	73.72	55.38	61.08	98.72	75.66	
4	丰润经济开发区	70.88	72.99	49.48	95.24	75.40	
5	霸州经济开发区	86.54	43.45	53.67	86.36	72.94	
6	唐山海港经济开发区	85.54	56.36	50.81	80.11	72.86	
7	迁安经济开发区	88.99	50.00	25.12	89.79	71.85	
8	清河经济开发区	70.93	86.46	61.88	66.46	71.34	
9	张家口经济开发区	88.97	96.27	57.44	30.75	68.24	
10	任丘经济开发区	78.33	35.64	60.92	78.15	67.12	
11	鹿泉经济开发区	60.96	98.66	61.28	54.09	66.49	
12	邢台经济开发区	74.84	71.83	61.83	54.93	66.31	A类开发区
13	宁晋经济开发区	56.97	93.10	57.06	63.95	66.30	
14	秦皇岛海港经济开发区	63.58	44.95	39.71	92.47	64.94	
15	文安经济开发区	51.01	98.94	53.65	61.91	64.26	
16	昌黎经济开发区	66.83	62.11	57.59	62.97	63.34	
17	定州经济开发区	55.70	51.57	52.02	83.62	62.70	
18	三河经济开发区	43.85	41.64	60.18	99.63	62.59	
19	青县经济开发区	55.76	59.32	60.12	73.97	62.59	
20	南堡经济开发区	75.13	55.54	27.08	68.33	61.96	
21	保定经济开发区	76.42	68.07	61.43	40.67	61.78	
22	乐亭经济开发区	51.87	34.89	48.01	97.59	61.61	
23	盐山经济开发区	58.61	61.95	61.53	64.19	61.39	
24	丰宁经济开发区	35.08	50.00	59.58	100.00	61.21	
25	石家庄装备制造产业园区	48.48	67.48	41.08	78.63	60.22	

续表

排名	地区	经济发展	科技创新	节能环保	土地利用	承接能力	分类
26	泊头经济开发区	52.41	98.32	61.29	37.43	58.43	
27	辛集经济开发区	86.75	50.74	60.16	27.93	57.91	
28	石家庄循环化工园区	64.29	55.86	41.83	59.83	57.90	
29	曲周经济开发区	54.36	87.47	60.86	40.77	57.88	
30	沙河经济开发区	64.92	74.18	48.52	43.36	57.84	
31	枣强经济开发区	67.05	56.15	62.09	42.53	56.77	
32	河间经济开发区	54.20	68.96	60.87	49.17	56.64	
33	定兴经济开发区	49.18	83.39	57.70	46.82	56.59	
34	邯郸马头经济开发区	42.85	46.64	58.33	77.26	56.25	
35	涞水经济开发区	35.00	37.09	36.38	99.69	55.03	
36	迁西经济开发区	75.30	24.65	39.52	58.82	54.86	
37	沧州经济开发区	78.06	44.60	61.71	30.83	54.74	
38	赵县经济开发区	46.95	67.50	53.82	53.73	54.13	B类开发区
39	承德双滦经济开发区	58.22	24.10	23.37	84.27	53.98	
40	玉田经济开发区	37.72	45.61	47.68	80.74	53.70	
41	唐山古冶经济开发区	50.76	28.00	25.39	88.08	53.60	
42	武安工业园区	65.69	66.62	61.73	23.13	52.52	
43	孟村经济开发区	55.43	47.55	61.20	45.81	51.84	
44	滦南经济开发区	41.17	23.13	36.72	90.78	51.78	
45	清苑经济开发区	38.93	74.80	60.25	45.58	51.30	
46	新乐经济开发区	52.49	50.95	54.73	47.62	51.06	
47	永年工业园区	44.45	42.23	61.90	59.09	51.02	
48	徐水经济开发区	48.97	61.08	61.51	40.63	50.77	
49	涿州松林店经济开发区	41.40	71.87	60.31	42.76	50.74	
50	元氏经济开发区	53.47	58.46	59.53	34.95	49.82	
51	石家庄长安国际服务外包经济开发区	50.00	50.00	50.00	44.66	48.40	

续表

排名	地区	经济发展	科技创新	节能环保	土地利用	承接能力	分类
52	肥乡经济开发区	43.32	54.94	61.90	43.01	48.34	
53	隆化经济开发区	40.18	70.14	60.43	36.03	47.97	
54	顺平经济开发区	36.25	65.11	57.12	45.60	47.96	
55	邯郸工业园区	36.74	82.90	59.10	31.56	47.77	
56	高碑店经济开发区	44.49	63.03	42.44	43.44	47.58	
57	北戴河经济开发区	33.31	96.08	59.94	24.39	47.18	
58	大名经济开发区	43.26	32.99	61.44	51.77	46.49	
59	卢龙经济开发区	27.76	33.03	57.59	70.73	46.18	
60	无极经济开发区	39.64	50.00	56.60	44.80	45.80	
61	平泉经济开发区	33.03	28.38	52.69	68.84	45.79	
62	邱县经济开发区	43.75	44.93	61.17	40.89	45.74	
63	遵化经济开发区	51.84	27.60	56.87	44.87	45.65	B类开发区
64	内丘工业园区	42.14	64.95	56.19	31.33	45.57	
65	黄骅经济开发区	45.84	39.62	61.26	39.74	45.08	
66	满城经济开发区	40.37	50.00	62.11	38.54	45.01	
67	邢台县旭阳经济开发区	35.64	39.06	52.59	55.73	44.89	
68	赞皇经济开发区	44.50	50.00	51.14	35.14	43.79	
69	沧东经济开发区	36.39	27.50	55.39	56.85	43.60	
70	唐山汉沽经济开发区	30.46	52.19	44.43	52.49	43.51	
71	临西轴承工业园区	40.87	33.09	61.92	44.26	43.49	
72	涉县经济开发区	51.77	31.65	61.95	31.84	43.30	
73	蠡县经济开发区	29.80	74.35	60.13	29.04	43.03	
74	献县经济开发区	40.06	24.81	60.02	50.03	43.00	
75	临城经济开发区	39.67	54.75	55.97	32.55	42.99	
76	晋州经济开发区	43.66	21.21	60.00	48.17	42.98	

续表

排名	地区	经济发展	科技创新	节能环保	土地利用	承接能力	分类
77	巨鹿经济开发区	44.49	25.15	60.82	43.55	42.79	
78	易县经济开发区	32.81	55.73	59.97	35.62	42.31	
79	藁城经济开发区	40.16	43.54	60.07	34.52	42.13	
80	石家庄矿区工业园区	38.77	39.90	46.01	45.01	41.95	
81	张家口空港经济开发区	42.01	50.00	61.76	26.17	41.82	
82	肃宁经济开发区	49.16	33.49	61.36	28.16	41.56	
83	行唐经济开发区	42.42	26.02	52.25	45.39	41.51	B类开发区
84	隆尧经济开发区	47.58	28.94	55.30	35.46	41.37	
85	抚宁经济开发区	35.61	45.88	45.82	42.34	41.22	
86	芦台经济开发区	38.21	49.83	57.95	30.25	41.11	
87	宣化经济开发区	28.47	44.13	27.01	60.61	41.02	
88	武邑经济开发区	37.06	50.00	62.11	28.68	40.89	
89	南和经济开发区	49.55	28.50	61.98	27.73	40.66	
90	廊坊广阳经济开发区	42.21	50.00	62.11	21.55	40.56	
91	兴隆经济开发区	37.27	35.54	50.30	41.76	40.22	
92	海兴经济开发区	27.60	34.58	61.35	48.09	40.20	
93	深泽经济开发区	34.57	40.64	59.15	35.74	39.82	
94	深州经济开发区	39.82	27.62	61.82	36.65	39.73	
95	广宗经济开发区	35.14	40.83	61.32	33.47	39.70	
96	阜城经济开发区	39.56	23.96	60.27	39.74	39.60	
97	望都经济开发区	35.73	50.00	61.20	25.67	39.39	C类开发区
98	故城经济开发区	45.21	24.15	61.83	31.50	39.38	
99	安国现代中药工业园区	38.41	29.74	61.18	35.64	39.26	
100	大城经济开发区	44.09	38.20	58.27	23.10	38.74	
101	平山西柏坡经济开发区	66.88	24.50	25.47	21.10	38.46	
102	邯郸邯山经济开发区	28.26	58.51	62.11	24.84	38.36	

续表

排名	地区	经济发展	科技创新	节能环保	土地利用	承接能力	分类
103	鸡泽经济开发区	42.51	25.25	60.96	30.09	38.10	
104	赤城经济开发区	38.09	50.00	61.87	18.24	38.09	
105	万全经济开发区	28.01	50.00	61.76	29.77	38.00	
106	广平经济开发区	33.11	31.85	61.34	35.80	37.90	
107	高阳经济开发区	31.38	37.36	55.91	36.53	37.80	
108	永清经济开发区	47.94	40.41	61.14	12.45	37.77	
109	魏县经济开发区	40.32	29.97	59.93	28.36	37.60	
110	涞源经济开发区	34.60	50.00	36.65	33.16	37.55	
111	临漳经济开发区	37.00	21.54	62.04	36.45	37.50	
112	柏乡经济开发区	33.76	24.07	61.72	38.24	37.36	
113	涿鹿经济开发区	34.34	50.85	40.55	29.99	37.27	
114	衡水滨湖经济开发区	26.37	22.09	51.34	52.72	37.17	C类开发区
115	蔚县经济开发区	33.77	35.05	56.41	31.90	36.86	
116	宽城经济开发区	45.33	27.90	47.43	26.87	36.62	
117	漳河经济开发区	26.68	61.31	53.74	22.95	36.55	
118	南宫经济开发区	38.46	17.84	54.67	37.65	36.53	
119	山海关临港经济开发区	27.39	35.25	60.07	35.82	36.39	
120	成安经济开发区	40.35	21.77	61.66	28.09	36.15	
121	任县经济开发区	34.09	35.19	62.03	25.10	35.80	
122	高邑经济开发区	35.39	22.02	52.73	36.57	35.67	
123	青龙经济开发区	33.75	20.64	60.63	35.22	35.60	
124	吴桥经济开发区	41.13	23.69	49.10	30.18	35.55	
125	沙城经济开发区	33.87	38.24	35.62	35.66	35.54	
126	井陉经济开发区	33.38	33.18	48.19	32.78	35.38	
127	南皮经济开发区	39.99	25.25	61.22	23.81	35.37	
128	张北经济开发区	28.83	17.84	61.04	41.80	35.35	

续表

排名	地区	经济发展	科技创新	节能环保	土地利用	承接能力	分类
129	磁县经济开发区	37.81	38.22	46.63	24.88	35.34	
130	唐县经济开发区	32.62	17.84	38.09	48.47	35.24	
131	阜平经济开发区	30.94	33.55	62.11	27.78	35.19	
132	饶阳经济开发区	30.68	24.16	47.67	40.93	35.00	
133	新河经济开发区	28.64	39.38	60.99	24.43	34.37	
134	怀安经济开发区	28.82	17.84	26.62	54.85	34.10	
135	博野经济开发区	31.50	24.59	56.17	31.81	33.91	C类开发区
136	灵寿经济开发区	31.88	20.12	47.31	38.24	33.75	
137	邯郸峰峰经济开发区	34.49	43.53	2.45	40.54	33.31	
138	东光经济开发区	39.73	35.82	37.99	20.40	32.89	
139	张家口下花园经济开发区	28.50	56.99	25.44	25.61	32.87	
140	围场经济开发区	26.82	33.11	57.12	25.95	32.36	
141	武强经济开发区	35.31	25.74	60.22	18.55	32.10	
142	河北馆陶经济开发区	29.76	17.84	60.96	29.88	32.09	
143	沽源经济开发区	25.66	20.60	61.02	26.73	30.27	

表 8 – 15　　河北省省级高新技术产业开发区综合承接能力分类

排名	地区	经济发展	科技创新	节能环保	土地利用	承接能力	分类
1	衡水高新区	83.32	71.82	50.00	100.00	81.03	
2	京南固安高新区	68.28	34.62	44.72	67.89	57.90	
3	廊坊龙河高新区	41.85	54.70	54.58	73.99	55.97	
4	中捷高新区	49.98	65.16	50.00	58.35	55.53	A类高新区
5	大厂高新区	60.17	42.68	65.36	53.32	55.40	
6	涿州高新区	51.05	74.95	74.40	32.92	53.89	
7	威县高新区	42.80	19.88	90.13	71.33	53.87	
8	沧州高新区	39.32	91.54	56.79	36.02	51.40	

续表

排名	地区	经济发展	科技创新	节能环保	土地利用	承接能力	分类
9	迁安高新区	48.69	55.14	55.66	38.84	48.07	
10	景州高新区	54.29	49.98	50.00	35.15	47.04	
11	冀州高新区	38.58	48.37	83.34	36.38	46.59	
12	定州高新区	59.19	59.04	43.62	23.68	46.17	B类高新区
13	衡水桃城高新区	30.88	66.18	50.00	42.57	44.31	
14	安平高新区	38.74	31.22	47.46	57.64	44.21	
15	廊坊高新区	29.21	35.29	45.78	66.03	43.96	
16	唐山开平高新区	32.67	31.23	81.50	46.70	43.91	
17	平乡高新区	45.77	23.91	78.86	26.47	40.57	
18	张家口高新区	34.44	73.29	26.36	28.31	39.16	
19	邢台滏阳高新区	49.02	26.68	50.00	20.44	36.13	
20	承德县高新区	34.65	37.04	47.74	29.01	35.40	C类高新区
21	滦平高新区	42.30	25.03	27.47	34.08	34.16	
22	秦皇岛高新区	33.39	19.20	50.00	29.40	31.84	
23	河北辛集高新区	34.02	17.97	1.08	38.03	27.07	

二　承接平台的优劣势分析

本部分在上述分类的基础上，分析各种类型承接平台的优劣势，全面评价承接能力。

（一）新区承接平台

1. 正定新区

在京津冀协同发展进程中，正定新区的优势主要体现在以下几个方面：

（1）区位优势。正定新区距北京市258千米、天津市260千米、太原市160千米、济南市270千米、郑州市390千米，具有"东出西联、承南接北"的独特区位，处于京津冀城市群中京保石和唐津石两大发展轴交汇点，具备与周边区域互动发展的区位优势。

（2）交通优势。正定新区所在的石家庄市位于京广综合交通运输大通道上，是全国重要的交通枢纽，区域内京港澳、京昆、石太、石黄等高速公路互通交汇，京广铁路、京石高铁纵贯南北，石太、石德专线跨境东西。石家庄正定国际机场是国内第二家高铁站与机场紧密衔接的4E级国际口岸机场，是首都国际机场主要备降机场，已形成公路、铁路、航空"三位一体"的综合立体交通网络。

（3）产业优势。正定新区拥有石家庄高新技术产业开发区、石家庄经济技术开发区2个国家级开发区，石家庄综合保税区和空港工业园、正定高新技术产业开发区等6个省级开发区（园区），具有较强的发展活力和潜力，初步形成了以精密制造、新材料、新能源汽车为主体，以综合保税商贸为引导，以信息技术产业化为平台的新兴产业发展框架，呈现出"龙头带动、高端引领、集群发展"的良好态势，正在成为石家庄市和河北省新兴产业发展高地。

（4）文化优势。正定县是国家历史文化名城，拥有丰厚历史文化遗迹。现存国家级重点文物保护单位9处，省级重点文物保护单位5处，县重点文物保护单位24处，享有"中国古代建筑宝库"之美誉。此外，正定县还有常山战鼓、庙会、民间花会等大量的民间文娱活动，有深厚的历史文化底蕴。

（5）综合承载优势。正定新区基础设施、水资源、劳动力等要素配套较好。起步区30平方千米内交通、供排水、供电、供气、供热、通信等骨干基础设施已初具规模，已建成地下综合管廊18千米；紧邻国家南水北调中线工程，水资源相对丰富，地下水水质优良；劳动力比较充裕，年龄和知识结构合理，资源要素配置具有承接京津产业转移的良好条件；新型城镇化建设加快推进，城市形象和人居环境质量不断提升，具备较强的产业、人口和环境承载力。

在新区建设发展过程中主要存在以下几个方面问题和"瓶颈"：

（1）政策保障。从新区近几年的运行情况看，新区的制度机制不够灵活、管理权限较狭窄，在一定程度上迟滞了建设发展的步伐。建议借鉴深圳前海合作区、长沙湘江新区、陕西西咸新区和贵安新区做法，赋予正定新区市级管理权限。涉及发改、规划、土地、建设、财政等方面的事项，由新区有关部门代办，结果互认，责任自担，全面提高行政效率和服务质量。

（2）土地供应。目前新区来的项目较多，但由于占补平衡指标缺乏，有些项目难以落地，建议河北省政府对新区实行占补平衡指标切块单列，全省统筹重点倾斜。同时，购买占补平衡指标价格实行政府指导价。

（3）资金投入。新区定位金融服务外包基地，同时也定位作为区域金融创新中心，但一直缺少金融相关政策的支持，例如涉及基金、金融相关企业的注册审批，均需要省级金融办审批，需由新区报送市级金融办，然后再由市金融办上报省金融办，环节较多、审批较慢。随着新区基础建设逐步成型，建议拟建立一只母基金及多只专业基金，同时为促进地区创业发展，鼓励金融创新，引入证券、保险、担保、银行、小额贷款公司等多种方式的金融体系，但较长的审批流程不利于新区金融相关行业的发展，建议开辟绿色通道给予支持。

2. 省级新区

主要指曹妃甸新区、渤海新区、冀南新区、北戴河新区和邢东新区五个省级新区，其各自的优劣势分析如表8-16所示。

表8-16　　　　第一类承接平台的优劣势分析

省级新区	发展优势	存在问题及发展"瓶颈"
曹妃甸新区	（1）经济实力较强。2015年，新区GDP完成349.5亿元，固定资产投资五年累计完成3564.4亿元 （2）对外开放步伐快。2015年累计利用外资6.1亿美元，进出口总额43.8亿美元 （3）综合交通体系不断完善，产业园区承载能力显著提升	（1）城市建设滞后。城市基础设施建设处于有规划无设施、有设施无服务阶段。在产业发展遭遇"霜冻"之时，曹妃甸新区陷入了"产、城"锁定，而非"产、城"互动的困局 （2）融资渠道狭窄。新区的建设资金主要来自政府投入和国家贷款，靠市场运作而实现的资金投入只占很少一部分。狭窄的融资渠道，造成了曹妃甸的资金短缺 （3）发展环境落差大。基础设施的配套性、便利性与成熟性及管理体制、服务意识等软环境方面上远不能和先进地区相比

续表

省级新区	发展优势	存在问题及发展"瓶颈"
渤海新区	(1) 港口优势。拥有 20 万吨级综合性深水大港，是冀中南、鲁西北、豫北、晋西南等中西部地区最短运距出海口 (2) 区位优势。地处环京津、环渤海中心地带，与天津滨海新区"零距离"，已形成了海陆空立体化交通体系，港口、高速、铁路纵横交错 (3) 产业优势。区内以石油化工、冶金装备、港口物流等传统产业为基础，以汽车、生物医药、新能源、新材料等优势产业为支撑的临港产业体系已初步构建 (4) 政策优势。在用地用海、行政审批、金融创新等方面出台了一系列有力政策	(1) 环境压力大。渤海特殊的半封闭型内海形式，使得其纳污能力差，自净能力更差，近年来，渤海近岸海域水质严重恶化，自然岸线和滩涂湿地急剧减少，渔业资源严重衰退 (2) 区域间同质化竞争严重。新区内的黄骅港同秦皇岛港、曹妃甸港、天津港等地域相近、腹地重叠、业务趋同，同质化竞争不可避免，使港口之间的合作减少，难以实现区域间的协同发展 (3) 产业缺乏创新。新区的主要产品多为传统资源依托型，这些产品附加值低，技术含量不高，受资源约束强，且容易对生态环境造成严重的污染和破坏
冀南新区	(1) 区位交通。紧靠邯郸市主城区，区域内有邯郸机场、4 条铁路干线及 2 条高速路线，交通十分便利 (2) 矿产资源丰富。已探明矿产 47 种，有 40 亿吨煤和 4.8 亿吨铁矿石的储量 (3) 产业基础良好。传统支柱产业优势明显，装备制造、煤化工、新材料、现代物流等新兴产业发展迅速 (4) 生态资源独特。拥有漳河、滏阳河、牤牛河三条河流，岳城水库和东武仕水库两大水库；自然生态资源丰富	(1) 经济结构偏重。冀南新区主要以装备制造业为主，其结构偏重仍是经济发展中的一个突出问题 (2) 招商引资力度不够。首批入驻冀南新区的企业以中小企业为主，缺少一些国内知名的大公司和国外的企业，冀南新区的名气不响，致使许多外商企业并不了解冀南新区，招商引资步伐太慢，缺少海外的影响力 (3) 第三产业发展不足。冀南新区主要是以装备制造业为主，产业结构偏重，相对来说第三产业发展不足，急需加强对第三产业投资力度

续表

省级新区	发展优势	存在问题及发展"瓶颈"
北戴河新区	（1）区位优势。紧邻京津沈，是连接华北与东北的海陆通道 （2）生态优良。集海洋、森林、湿地三大生态系统于一身，淡水充沛的12条内河、150平方千米连绵葱郁林带、20平方千米观鸟湿地、储量丰富的滨海温泉等 （3）产业体系完善。已形成以高端旅游、科技研发、商务会展、娱乐休闲、总部经济等新型业态为主导，高新技术产业、种植园经济、海洋经济为支撑的产业体系	（1）配套设施不完善。经济基础还薄弱，前期的基础设施和相关配套还比较落后 （2）产业集群尚未形成、缺乏先发优势。起步晚，产业规划主要以第三产业为主，招商引资、产业培育相对较慢，缺乏产业发展的先发优势 （3）辐射面窄，缺乏地区间的融合和资源的整合。东邻辽宁，西面曹妃甸，地方保护主义严重，竞争压力大，相对辐射面窄。 （4）旅游业季节性较强。旅游产品单一、季节性强，旅游集散地功能和服务功能缺失
邢东新区	（1）区位优势。位于邢台市主城区东部，"一城五星"核心区域 （2）产业优势。先进装备制造业、新能源及新能源产业、新兴业态发展良好 （3）生态优势。以国际花园城市为目标，在园区内建设中央生态公园和邢东生态公园，打造城市中央公园品质	（1）政策体系不完善。建设时间短，缺乏相关的政策支持。从新区的运行情况来看，由于政策不完善，使新区的制度机制不够灵活、管理权限较狭窄，这在一定程度上阻碍了新区建设发展的步伐 （2）基础设施建设滞后。基础设施建设才刚刚起步，处于有规划无设施、有设施无服务的城市发展初级阶段

（二）省级重点承接平台

　　主要包括以北京新机场临空经济区、曹妃甸协同发展示范区和武清协同发展示范区为主的第一层次承接平台；以正定高新技术产业开发区为主的第二层次承接平台；以北戴河生命健康产业创新示范区、张家口可再生能源示范区、衡水工业新区和承德高新技术产业开发区为主的第三层次承接平台。这三层次平台的承接优劣势概括如表8-17所示。

表8-17   第二类承接平台的优劣势分析

类型	优势	劣势
第一层次平台	该类平台经济发展水平较高,产业基础雄厚: (1)区位优势。临空经济区、曹妃甸、武清均位于首都经济圈的重要位置,离北京距离较近,交通便利 (2)土地资源优势。土地面积广阔,可为区域产业布局、物流贸易发展及城市开发建设提供充足的用地,且具有国内其他同级开发区不具备的价格优势 (3)发展潜力大。该类平台具有港口、土地、区位、交通、资源、政策等方面的综合优势,发展潜力十分巨大	(1)产业集聚步伐需进一步加快。区域内重大产业项目、央企项目转移落地比较慢,"非首都功能"转移承载的功能还未显现;区域内缺乏战略性新兴产业,未形成区支柱产业 (2)资金投入大,回收慢,需金融和政策支持的进一步加强 (3)公共服务同城化需进一步加强,北京市内的教育、医疗等优势公共服务资源向该类平台的转移需要加快
第二层次平台	高新技术产业发展较为迅速。正定高新技术产业开发区引进该新技术项目投资136.23亿元,着重发展新能源汽车产业、集成电路产业及LED产业等	(1)土地问题矛盾突出。既缺少土地利用指标,又缺少占补平衡指标,随着高新区企业的不断入驻,土地矛盾日益突出 (2)资金缺口大。由于财政供养人员多,资金需求量大,支持新区建设的资金有限,即便采取了分年度付款和争取国债方式解决了一小部分,但还不能满足基础设施建设的需要

续表

类型	优势	劣势
第三层次平台	(1) 资源相对较丰富。如张家口的太阳能、风能；北戴河的海洋资源；承德的旅游资源等 (2) 土地供应基本保障。该类园区的规划面积相对较大，如北戴河生命健康产业示范区规划控制范围约520平方千米，承德高新区的辖区面积为320平方千米	(1) 园区建设相对缓慢。由于资金、土地的"瓶颈"制约，基础设施配套能力弱，社会综合服务功能欠发达等因素，区内的项目承载能力相对较弱，意向项目、签约项目多，实际落地项目少 (2) 科技引领功能较弱，人才引进相对困难。区内科技投入不足、科技研发能力弱、科技人才后备匮乏，具有产业龙头带动作用的高科技项目及行业领头人落户该平台的寥寥无几

(三) 国家级开发区承接平台

主要包括国家级经济技术开发区和国家级高新技术产业开发区。目前，天津市和河北省的国家级经济技术开发区共有12个，其中天津市6个、河北省6个。该类承接平台中国家级高新技术产业开发区有5个，其中天津市1个、河北省4个。其具体优劣势分析见表8-18。

表8-18　　　　　　　第三类承接平台的优劣势分析

开发区/高新区	优势	劣势
国家级经济术开发区	(1) 区内基本已经形成了较为完备的产业体系。如天津经济技术开发区已经形成了以电子通信、生物医药、新能源新材料、现代服务业、装备制造、石油化工、航天产业、汽车和零部件为主导的产业格局，秦皇岛经济技术开发区已经形成了数据产业、节能环保产业、新能源、生物工程为主导的产业格局	(1) 空间利用低效，布局功能单一，缺乏弹性。表面看开发区经济总量的增长速度是超规模的，领先于整个地区的，然而在这繁荣的背后是大量资源的消耗为支撑的，一旦资源耗尽，开发区的发展将陷入困境。比较明显的是土地开发的效率低下，造成土地资源浪费

续表

开发区/ 高新区	优势	劣势
国家级经济术开发区	（2）经济引擎效应显著。开发区人均地区生产总值远高于全市人均地区生产总值，以较少的人口实现了较高的经济贡献，经济增长极作用明显	（2）第三产业比重低。区内多以第二产业为主，在招商引资中侧重 GDP，缺乏整体规划，使得项目低水平重复，污染强、能耗大的项目仍然被引进，第三产业比重普遍较低，金融、贸易、物流等现代服务业的发展相对滞后 （3）人口集聚程度不高。开发区常住人口占全市常住人口的比例通常偏低，显示出了其人口聚集程度不高
国家级高新技术产业开发区	京津冀地区的科技创新源头和战略性新兴产业基地，集聚了一大批创新创业资源，培育了一大批科技型中小企业、高成长性企业和高技术大公司，形成了一批具有国际竞争力的创新型产业集群，探索了若干行之有效的机制体制和发展模式	（1）发展贪大图快倾向比较突出。部分高新区不顾自身的现实情况，大量圈占土地，靠土地开发增加规模，靠优惠的土地政策和财税政策招商引资，以扩大经济总量和壮大产业规模，粗放式地进行高新区载体建设 （2）产业结构雷同，缺乏特色产业链。对入区企业缺乏限制与要求，区内企业间缺少价值链与产业链的联系，表现为一定数量的企业在空间上的"扎堆"，与区外企业单位的联系更少 （3）技术创新的软环境建设滞后。一方面技术创新缺乏应有的激励与保护机制；另一方面尚未建立比较完善的科技创新孵化体系

（四）省级开发区承接平台

省级开发区中主要包括省级经济技术开发区和省级高新技术产业开发区，分析上述分类结果，A 类承接平台主要集中在唐山、沧州、邢台及廊坊；B 类承接平台主要集中在石家庄、保定；C 类承接平台主要集中在邯郸、张家口、衡水、承德、秦皇岛。A、B、C 三类承接平台的优劣势及其需要补齐的"短板",见表8-19。

表8-19　　　　　省级开发区承接平台的优劣势分析

平台类型	优势	劣势
A类平台	首先,该类平台主要集中在经济发展水平较高的地市,可为这类开发区提供较多的资金支持,此外,该类开发区的科技研发投资也居多,科技创新能力提升较快;其次,平台的要素吸引力较强,依托本地市较好的工业基础,可以吸引更多的生产要素,以此可以充分发挥原有工业聚集地的优势,再与承接产业相互融合,两者可以共同发展,相互促进	承接平台发展过程中,能源消耗量大,区内的生态环境较差。许多园区一味地追求短期经济效益,大量排放废气、废物,而污染物又没有及时得到有效的处理,严重影响了当地的生态环境污染。因此,这类承接平台在发展过程中要加大对生态环境的保护,加强对产业承接企业的限制,合理科学地规划产业承接布局,摒弃以重污染换效益的老路
B类平台	经济发展水平及科技创新发展较好,多集中在石家庄、保定等地。石家庄致力于打造京津冀城市群第三极,其有足够的产业优势及交通优势吸引北京的先进技术和设备,发展高新技术产业;保定作为创新驱动发展示范区,致力于科技研发、产业转型和城市服务等多功能发展,且两地都拥有大量的高等院校、科研院所,为科技创新产业的发展提供了强大支持	首先,该类平台的产业支撑力较弱,吸引力处于中等水平,应该加强在基础设施建设,资源承载力上的投资力度,提高产业的吸引力;其次,该类开发区还存在土地供不应求,公共基础设施用地不足的现象,随着经济开发区城镇化、工业化进程的加快,对土地的需求也进一步加大,但开发区内基础设施的建设还十分薄弱,难以跟上开发区经济发展的步伐

续表

平台类型	优势	劣势
C类平台	这类承接平台主要集中在张家口、承德、秦皇岛等地，在对接产业的吸引力上具有明显的优势。首先，该类平台所处区域拥有丰富的自然资源、矿产资源及旅游资源，生态环境优良，可以吸引北京的医疗、教育、养老等相关现代服务产业的转移；其次，该类平台的节能环保发展较好，水耗、能耗低，产业结构优良，使服务业发展较为突出，拓展了现有的服务业领域，可以作为产业改革升级发展示范基地	该类承接平台的经济发展水平较弱，难以对当地的经济发展起到良好的带动作用。此外，根据上述指标得分可知，C类开发区中土地粗放利用较为明显，使土地价值未能得到很好的发挥。目前，部分开发区工业园区用地已基本填满，但土地利用率不高，普遍存在项目投资强度低、建筑容积率及建筑密度过低，土地闲置过多，批而未用、圈而未建、建而不符的现象较突出，土地浪费较严重，一些生产效益较好的企业也存在土地闲置现象

第五节　平台承接能力提升的路径探讨

针对上述四类承接平台的优劣势，本节从政府职能、产业功能、人口集聚功能、公共服务功能、集约发展等方面提高平台承接能力。

一　完善政府职能，加强对平台建设的生产要素调节和外部要素供给职能

（一）对园区发展生产要素的调节

首先，针对劳动力资源供给问题，政府以劳动力的引介和培训为调节重点，保证承接平台内企业所需的劳动力数量和质量。

其次，金融是解决承接平台内企业尤其是中小企业资本不足的主要渠道，政府以金融信贷为调节环节，重点支持企业信贷、担保和发债，缓解企业建设资金压力，破解中小企业融资"瓶颈"。

再次，针对技术要素供给问题，政府要充分发挥财政奖补和政策引导作用，着力为企业的技术投入和自主创新提供优良环境，构建有效机制。

最后，针对企业家资源供给问题，政府通过改善环境和优化服务，将"留人"与"引人"相结合，为企业家创业和发展提供良好的舞台。

（二）对园区发展外部要素的供给

首先，政府对园区现行各项优惠政策进行清理，制定持续稳定、相对统一的着眼于产业优惠的政策体系。

其次，政府应加强规划，着眼于长远，重在整体统筹布局和突出各自特色。

再次，土地有效利用方面，政府应致力于供给，重在解决现实需求和保障未来发展。

最后，软硬环境建设方面，政府应专注于优化，重在基础设施完备和公共服务完善。

二　增强其产业功能，提升承接平台的产业承接能力

（一）积极创造承接产业转移的环境，加快软硬件环境建设

制定适合本开发区的产业发展规划，遵循产业转移的客观规律和产业适应性，充分考虑本地的产业承接能力，如技术基础、资源禀赋状况、人力资本水平、环境状况等条件，积极承接适合本地发展的产业，只有这样才能使承接产业建立在科学基础之上。在承接产业转移时把好产业政策关，对能够优化当地产品结构、提升产业竞争力的产业，如特色农业、加工业、装备业、资源开发等产业给予税收优惠、信贷优惠等政策支持，对高能耗、粗加工、低收益和高污染等产业则通过相关的产业政策和经济手段限制转移。政府要加快承接平台基础设施建设步伐，为产业转移提供良好的硬件环境，发挥弥补"市场失灵"的功能，为企业提供公共产品和准公共产品，如便捷的交通网络与信息服务网络，促进物流等产业发展。

（二）发挥承接平台的主体功能，提高产业对接效率

制定促进园区内企业技术进步的产业技术政策，集中科技资源增

强企业自主创新能力，并鼓励运用高新技术和先进适用技术来改造和提升传统产业；加大对企业科技研究、开发产品的支持力度，鼓励企业组建技术研发中心，同时引导企业与科研机构、高等院校进行经济技术合作，开展"产学研"结合，实现优势互补；相关企业要构建适合自己的产业对接链，提升竞争优势来获得对其他环节协同的主动性和资源整合，使企业成为产业链的主导。企业还要利用转移产业的产业优势，消化吸收新技术，学习先进的生产经验和管理经验，使自己的能力和实力不断增强，逐渐形成自己的核心能力，并引导和加强中小企业与龙头企业的配套合作，加紧建立自己的配套产业集群最终形成区域竞争力。

（三）打造特色产业链条，培育产业集群

按照"规划产业—培育龙头企业—加强配套关联—完善产业链条—形成产业集群—壮大承接平台实力"的发展之路建设承接平台。重点做好打造龙头企业和集聚关联企业两个方面：龙头企业可以从园区现有的主导产业企业中，选择市场占有率高、发展前景广、辐射能力强的企业中培育，也可以通过招商直接引进；关联企业可以通过实行"产业链招商"，以与园区主导产业的关联度为标准，引进能与龙头企业相对接的上下游产品生产或配套经营企业，或者鼓励龙头企业将一些配套件及特定的生产工艺分离出来，形成一批专业化配套企业。通过强链（强化产业链优势环节）、填链（填补产业链空白环节）、补链（补强产业链弱势环节）、延链（延长产业链终端环节）、断链（切断产业链低端环节），最终形成具有区域特色的包括基础产业、主导产业、上游产业和支撑产业在内的相对完整的产业链条以及主业突出、特色明显、带动能力较强的产业集群。

三　加强人口集聚功能，由吸引产业转变为吸引人才

产业疏解过程中，最关键的就是人口。北京地区的人口一旦得到有序疏解，其"非首都功能"疏解任务将完成一半，而北京的人口在疏解过程中，承接平台就要做好人口承接准备，加强人口集聚。人口的集聚不仅仅是人力资源的集聚，还会带来产业的集聚、资金的集聚、信息的集聚，给当地带来更多的发展机遇。

承接平台要吸引人口集聚，一方面要创造良好的环境，完善基础设施，满足人口集聚的需求。通过基础设施建设的加强，提高公共服务能力和水平，培育壮大特色优势产业，扩大就业，充分发挥承接平台的载体和引导作用，以产业园区为载体，引导各类企业向园区集中，形成产业聚人、城市留人的发展格局，实现人、产、城互动融合。另一方面，要以人为本，提供必要服务，方便人口流动和转移，推动人口集聚效应的形成。教育、就业、医疗、文化、环境、交通等都是吸引人口集聚的重要因素。一个地区吸引人才，并不单单只是盖楼房、修马路那么简单，需要综合解决住房、岗位、户籍、医保、养老等问题，不但能让人进得来，而且能够住得下、稳得住，在生产方式、职业结构、消费行为、生活习惯、价值观念等方面逐步融入当地地区。只有这样，才能充分发挥人才集聚的功能，使北京市人口得以疏解。

四　坚持以人为本的原则，完善公共服务功能

承接园区中的公共服务功能建设要以政府为主导，有步骤地扩大公共服务的覆盖面，解决园区内政府公共服务中的突出问题。强化政府就业服务职能，大力扶持发展民营中小企业，推进城镇化与现代服务业的发展。加强公共卫生体系建设，实现全体人口基本公共卫生服务的均等化，把更多的资金投入到社会效益大、能大大改善园区内广大群众健康状况的公共卫生服务和基本医疗服务，建立覆盖全体劳动者的基本医疗保险制度。完善社会保障体系，建立健全与经济发展水平相适应的社会保障体系和社会福利制度，切实解决疏解人员的社会保障、子女教育、住房与社会服务等问题。

调整财政支出结构，加大园区政府对公共服务的财政投入。各级财政在财力安排上，应体现公共财政的要求，满足社会公共需要，调整支出结构，稳定基本建设等经济性公共支出，加大基础教育、社会保障和公共医疗卫生等社会性公共支出，加快建立和完善公共服务支出体系。完善公共服务法律体系，依法保障公共服务支出的稳步增长。

加强政府自身建设，提高政府公共服务的能力。政府工作人员必须严格按照法定权限和程序行使权力、履行职责，把政府各项行政行为纳入法制化的轨道。完善和健全政府决策机制，努力提高行政决策的科学化、民主化水平，保证决策的正确和有效。要规范决策程序，健全决策制度，优化决策环境，强化决策责任。要创新政府管理方式，寓管理于服务之中，更好地为基层、企业和社会公众服务。要推行政府公共服务绩效管理与绩效审计制度。将公共服务指标作为园区政府绩效考核的重要指标，运用社会保障覆盖率、就业率、公共教育支出、公共医疗卫生支出等指标来考核政府绩效。加强政风建设，切实提高各级政府工作人员的公共服务能力。

五 走集约型发展道路，促进承接平台的可持续发展

（一）承接园区内要做好土地利用和规划

严格依据土地利用总体规划和城市总体规划进行开发建设，合理确定承接平台未来发展建设用地的空间，并纳入所在城市的土地利用总体规划和城市总体规划进行统一管理。

（二）建设节能型园区

将节能技术的研究、开发纳入到承接平台科技和高新技术产业化规划，加强对引进项目的筛选，要大力引进能源消耗低、附加值高的产业项目。支持科研机构和企业开展节能技术的研究、节能产品的开发、节能技术成果的推广应用。

（三）发展循环经济园区

承接平台应根据自身实际制订循环经济发展计划，编制循环经济发展专项规划和生态工业园区建设规划，统筹考虑，配套推进。积极引导传统的制造业企业进行生态化改造，运用清洁生产的新技术和新工艺，创建循环型企业。充分发挥行业协会、科技创新服务机构、中介机构的作用，建立循环经济技术咨询服务体系，开展信息咨询、技术推广、宣传培训等服务，重点扶持一批循环经济示范项目，带动区域发展。

第六节 提升承接平台能力的战略举措

不同类型的承接平台发展条件不同,存在问题也是各具特色,项目在对各类平台承接能力评估的基础上,从不同类型承接平台的角度,提出相关政策建议。

一 加快"新区"建设

(一)建议国家批准石家庄正定新区为一般意义上的国家级新区

赋予正定新区国家级新区,有利于更好地承接北京"非首都功能"转移,有利于推动河北省省会和冀中南区域全面融入京津冀协同发展战略,有利于打造河北省新的经济增长点,成为推进改革创新、实施国家战略的试验田和承载地,为华北地区加快转变经济发展方式和京津冀协同创新发挥示范作用。

推进京津冀协同发展需要新空间。京津冀协同发展是一项重大国家战略,推进京津冀协同发展,疏解北京"非首都功能"迫切需要新的空间。石家庄市作为河北省省会和京保石发展轴的重要节点,是京津冀南部功能拓展区的发展龙头,打造好与天津滨海新区遥相呼应的国家级正定新区,能够辐射带动冀中南的发展,成为拓展京津冀协同发展的新空间。

传统地区发展需要探索新道路。石家庄市位于华北地区中部,是传统农业地区和老工业基地,面临着环境资源约束、发展方式转变、产业结构调整等方面的挑战,迫切需要探索新的发展道路。建设正定新区,发展战略性新兴产业和现代服务业,能够优化石家庄市产业结构,激发市场活力,以创新驱动带动经济发展,为传统地区探索转型发展新道路提供借鉴。

传承历史文化需要新思路。华北地区是燕赵文化的发源地,石家庄市拥有国家级历史文化名城正定和多个千年古县。建设正定新区,以正定古城为载体弘扬燕赵文化,统筹推进正定古城保护和正定新区建设,能够有效地推动国家历史文化名城和省会副中心协同发展,为全国提供历史古迹保护和新区建设相互协调、相互支撑、和谐发展的典范。

（二）以国家级新区的标准建设正定新区

1. 加速推进产业转型升级

打造战略性新兴产业集群。以石家庄高新技术产业开发区、石家庄经济技术开发区、正定高新技术产业开发区、石家庄空港工业园、正定现代服务产业园区、商贸物流产业聚集区为载体，以提升自主创新能力为核心，推动生物医药、电子信息、高端装备、新材料等新兴产业发展。提升重点企业研发能力和科技成果产业化水平，巩固优势产业竞争力。积极鼓励和扶持各种新技术、新模式和新业态发展，营造"大众创业、万众创新"的生动局面，增强产业发展活力和后劲。

加快构筑现代服务业体系。大力发展楼宇经济、总部经济和信息经济，促进金融、商贸物流、电子商务、信息服务、会展服务、科技研发、服务外包、文化创意等现代服务业发展，积极发展健康医疗、养老服务和教育培训、休闲观光等公共服务业，构筑现代服务业体系。

优化产业布局。将正定新区作为未来城市经济发展的主阵地和空间拓展的主战场，积极承担城市行政、文化和经济等核心功能，推动现代服务业聚集区建设，形成石家庄现代服务业新增长极。加快推进石家庄综合保税区和电子商务跨境产业园等项目建设，打造空港高端服务业开放新门户。推进正定商贸物流产业聚集区、南部物流产业聚集区、西北物流产业聚集区规划和建设，打造国家重要物流节点城市。

2. 加快基础设施建设

提高基础设施建设标准。以"低碳、生态、智慧"城市为理念，提升基础设施的配置标准，为行政、商务、文化、公共服务等城市功能提供有效支撑。协调区域重大基础设施布局，完善市政公用设施建设，加强设施运行维护管理。提高滹沱河防洪标准，按100年一遇防洪标准设防，建设滹沱河两岸正定新区段堤防防洪工程，为正定新区发展提供防洪保障。

加快重大基础设施建设。发挥重大工程和配套设施建设对城市发展的引导作用，提升正定新区对内对外的交通能力，提升空港能级，加快交通枢纽建设。

3. 注重生态绿色发展

加强生态建设构建生态屏障。开展滹沱河、磁河和洨河水系地下水源保护区防护隔离，建设京津保中心过渡地带绿色廊道，提升滹沱河的生态功能。加大对农村环境综合整治力度。

以产业结构调整为重点促进节能减排。以低碳发展理念强化城市可持续发展，以技术创新为导向推动节能减排工作，科学合理利用能源。持续推进产业结构调整，积极推动能源结构调整和优化利用，加大重点领域节能减排工作，大力发展循环经济。

创新生态文明制度。建立生态补偿机制，引入市场主体参与生态建设，创新生态建设工程的融资模式。围绕重大节能减排技术进行创新突破，加强产业化推广，加快节能减排技术平台建设和人才队伍培育。

4. 做好充分保障措施

积极争取国家专项资金，对正定新区符合条件的基础设施、城乡社会事业和生态环境保护建设项目给予支持。支持正定新区加快投融资体制创新，鼓励社会资本参与正定新区建设。支持符合条件的商业银行、外资银行、中外合资银行和境内外金融机构在正定新区设立分支机构和运营中心，为协同创新、产业转移和城镇化建设等领域提供资金保障。

合理安排河北省年度用地计划指标，保障正定新区规划建设必要用地。在确保全市域耕地面积不减少、不涉及基本农田和河道管理范围内土地的前提下，允许正定新区规范开展土地利用总体规划调整修改，并依法按程序报批。确保林地保有量，保证林业发展和生态建设用地。支持开展节约集约利用土地，充分盘活存量，优化土地利用结构。支持开展国土资源管理制度配套改革，建立统一的建设用地市场和保护农民权益的新机制。

支持高端人才引进，通过资金奖励、住房保障等方式引进国内外行业领军人才、创新人才和技术骨干，形成一批专业化、高科技、高技能的技术队伍。建立京津冀跨区域人才交流合作机制，积极鼓励京津地区人才来正定新区创新创业。

（三）重点发展省级新区

1. 打造平台载体，提升园区基础配套功能

按照产业为本、生态优先、产城融合发展的理念，在大力度推进产业项目的同时，超常推进园区基础设施和生态修复工程。全面加快路网建设，进一步拉开新区框架，顺畅交通连接，实现区域交通一体化。加快管网配套建设，推进供水管网、变电站、天然气配套工程、热力管网等建设，满足转移企业对水、电、气、暖等公共资源的需求，提升公共服务功能。重点实施生态绿化和景观打造工程，着力改善区域生态环境，高标准打造功能完善、宜居宜业的新城区，为加快产业集聚、央企集聚创造良好的区域环境。

2. 补齐承接"短板"，实现精准对接与均衡发展

五大省级新区依托其自身优势，经过多年的发展，在城市建设方面和产业发展上已形成了较好的基础，具备承接北京"非首都功能"很多领域的转移。因此，在产业转移上，依托各个新区的产业基础，力争引进京津的战略性支撑项目和对各个新区经济具有产业链拉动效应的大项目、好项目，实现精准对接。此外，还要进一步深化和拓展对接渠道，强化精准对接，增强承接实效。在承接过程中，还要发挥各地龙头企业的资源优势，与有实力的企业和机构探讨合作招商、共赢发展模式，加快促进北京"非首都功能"承接平台的建设。

3. 创新体制机制，确保新区高效有序承接

按照新区发展定位、发展目标，积极学习借鉴省内外其他新区先进经验，对新区发展的体制机制、要素保障等方面进行深入研究，实行"统分结合"的管理体制，构建精简高效的管理架构，积极引进战略投资者，加快推进重大项目建设，确保新区建设的高效、有序运转。

4. 出台相关政策，支持产业项目顺利承接

由于北京市目前尚未出台北京市产业转移的配套政策，北京市部

分企业尚存在观望等待思想。基于此，北京市政府应该尽快出台支持企业转移落户河北省省级新区的政策，同时，河北省政府也要出台承接北京市产业转移的支持政策，解除北京搬迁企业的后顾之忧。此外，还要对特殊地区给予政策倾斜，支持项目承接。如渤海新区的成立时间较短，煤炭及综合能耗基数较低，因此，在进行产业转移时，应同步将能耗指标转移至承接地。

二　着力打造省级重点承接平台

各重点承接平台在对接京津、加快融入步伐上取得了一定成绩，但在承接京津产业转移和配套项目上还缺乏深度和广度；在建立对接京津的长效互动机制上还缺乏强有力的政策保障；在吸引京津科技、教育、人才等优势资源上还需要更加具体有效的落实措施。

（一）健全规划体系

遵循获批的园区总体发展规划，抓紧完成控制性详规的修订，加快新一轮土地利用规划、产业发展规划、城市设计调编工作，实现工业、城市、土地、生态等各类规划的多规合一。

（二）完善平台架构

按照"政府主导、企业主体、市场运作"的原则，重点打造管理运营平台、开发建设平台、融资投资平台和公共服务平台四个平台，构建"产业链、创新链、资金链、政策链"深度融合的产业创新体系，放大协同效应、整合效应、创新效应。

（三）增大政策扶持力度

政府在引进京津项目、资金、科技成果、人才等方面进一步创造宽松政策，在土地、财政、交通、税收等方面出台更加灵活实用的统一支持政策。组建园区发展政策研究院，集聚国内外政产学研用各界领军人物、专家群体，打造产业高级智库，系统深入开展政策研究，加强跑办争取，确保国家层面有若干项创新政策在园区内先行先试。

三　积极推进国家级开发区承接平台发展

（一）着力完善基础设施建设

针对目前基础设施亟待完善提升的现状，开发区要积极破解资金与土地的"瓶颈"制约，加快推进与PPP项目的合作，尽快实现开发区供水、排水、供电、道路、供气、供热、通信、宽带网络、有线电视和土地平整等"九通一平"基础设施建设，完善基础设施环境，提升开发区综合功能，同时逐步打造"新九通一平"等公共服务平台建设。

（二）加快推进项目工作

招引项目要加大筛选甄别力度，建立健全和不断完善项目准入条件、准入门槛、准入程序、准入政策，围绕开发区产业板块，招大商、强商、优商，着力引进自主品牌、自主创新、自主产权、市场好、潜力大的战略性新兴产业项目。

制定差异化的项目支持政策。对于新上项目，实行缴纳项目建设保证金制度，根据其签订协议承诺的投资规模、投资强度、土地节约利用率、投资建设期、投产达效期、每亩上缴税税金等。

为项目建设创造良好环境。营造支持服务项目氛围，树立支持项目就是支持自己的理念，一旦项目落地，大力支持全力服务。

（三）推动科技创新，鼓励"双创"发展

加快建立和完善以政府财政投入为引导，以企业投入为主体，以银行信贷和风险投资等金融资本为支撑，以民间投资为补充的多元化、多渠道、多层次的科技投入体系。围绕产业创新升级、新技术研发、新产品开发，建立产学研基地，促进技术成果在开发区转化应用。支持创建国家公共检验检测认证服务平台示范区，加快重点实验室、工程技术研究中心、企业技术中心、产业技术研究院等研发服务机构建设。

（四）多渠道吸引社会资本

推动开发区投融资平台与金融机构合作设立产业投资基金，充分利用投融资发展资金，建立政府引导与市场运作相结合的多元投入机制，积极吸引社会资本投入园区基础建设。加快与金融机构的主动对接，充分发挥国控集团投融资功能，放大政府投入效应，撬动社会资本投资，支持开发区企业创业创新和产业升级，促进创新链、产业链、金融链紧密结合。

四　加快省级开发区承接平台发展

（一）整合体系规范，确保政策持续稳定

一方面，政府对开发区现行各项优惠政策进行清理，制定持续稳定、相对统一的着眼于产业优惠的政策体系。主要是全面落实国家规定的现行各项税收政策，减少各类临时性的税收优惠竞争，规范园区各种行政事业性收费，整合各类园区发展专项资金，并将资金使用细化到具体项目，而非切块给部门和单位。

另一方面，在目前园区数量过多、省级财力削弱的情况下，可以从100多个园区中选出若干示范性园区，重点对这些园区进行体制扶持，或者选出诸如战略性新兴产业等若干重点产业，主要对重点产业进行政策支持，而对其他园区或其他产业的财政政策逐步淡化退出。

（二）统筹整体布局，突出各自特色

在园区整体布局方面，省级政府要统筹规划、综合平衡全省各类园区的发展。一是从整合后的园区中选取若干个产业特色突出、产业关联明显的重点园区予以优先推进和宣传，打造其良好形象和集群品牌。二是结合不同园区的发展定位，统筹布局园区的发展规划。鼓励引进的项目以及不符合园区产业规划的转出项目按产业归属选择相应的园区落户，对不进园区和不符合园区产业定位的项目，原则上不予落户，不提供土地、电力、供水等要素供应。三是结合不同发展程度的园区各自资源禀赋，探索建立异地合作共建园区模式。支持县域园区与国家级开发区、高新区建立战略合作联盟，创新园区管理和利益共享机制，推动园区优化产业分工、促进产业对接。

（三）解决土地现实需求，保障未来发展

一方面，努力解决园区土地的现实需求，以多种方式优先供应园区土地。省（市）年度建设用地计划指标、城乡建设用地增减挂钩的周转指标优先用于园区项目建设；有步骤地推进园区内村庄整合和新民居建设，置换出的土地用于园区项目建设；园区上缴的土地出让金除计提用于农业土地开发、国有土地收益基金、土地出让业务费外全额返还，由园区建立专项资金，用于园区建设和土地开发整理。另一方面，充分考虑园区土地的未来供给，促使园区企业提高用地效率。

一是严格控制企业非生产性建设。除履行投资强度、容积率、建筑系数等建设用地控制指标外，原则上只准入园企业建设标准厂房，不准单建职工宿舍、餐厅等三产服务设施。二是鼓励企业挖掘原有土地潜力。如在工业用地符合规划、不改变原用途的前提下，对提高土地利用率和增加容积率的企业，可以不再收取或调减土地有偿使用费。三是建立入园企业退出机制。对圈而不建以及投入产出率低、税收贡献率低的企业，实施"腾笼换鸟"，通过协商、补偿等方式进行项目用地调剂；对于经营困难无法继续生产的老企业，加快破产重组和改制工作，盘活闲置土地。

（四）优化园区发展环境，完善公共服务和基础设施建设

园区政府应着力优化园区经济发展环境，变单纯依靠优惠政策招商为依靠优化综合环境招商。一是完善基础设施，提高园区的承载力。既要建设道路、供水、供电、供气、通信等生产性设施，也要完善学校、医院、住宅、服务网点等各类生活性服务设施，为项目入驻和人口集聚创造条件。二是优化政府服务，增强园区的吸引力。通过深化园区经济和行政改革，推动园区政务、法制、市场、人文等环境的人性化和便利化，如对入区企业实现从洽谈、落户、建设到经营管理、信息服务的"一站式服务"和从立项、土地、环评、城建规划、消防安全到登记注册的"一条龙审批"等，提升园区对各种经济要素的凝聚力。

第九章 河北省调整产业结构、
化解过剩产能路径

转型升级是京津冀产业协同发展的重要内容,尤其是对于河北而言,以钢铁、建材等为主的传统产业占据重要地位,产能过剩问题突出,能否顺利实现产业转型升级,不仅关系到河北省经济发展,同时决定着京津冀协同发展重大战略的实施效果,决定着京津冀生态环境的改善以及北京疏解"非首都功能"的成败。

河北省产业发展的产业结构是指国民经济各产业部门之间以及各产业部门内部的构成,产业结构调整包括产业结构高级化和合理化两个方面。产业结构的高级化一般遵循产业结构演变规律,由低级到高级演进,主要体现为四个方面:一是产业高附加值化,即通过企业的生产或者经营活动实现较高的价值增值;二是产业高集约化,即产业组织的合理化,具有较高的规模经济效益;三是产业高加工深度化,即具有较高的劳动生产率;四是高技术化,即在产业中普遍应用高技术。产业结构合理化是指各产业之间和产业部门内部相互协调,能适应市场需求变化,并带来最佳效益的产业结构。产业结构调整的一般目标是:能够合理利用和配置资源;各产业部门之间结构协调;提供的产品和服务具有市场竞争力;能够提供劳动者充分就业的机会;先进的产业技术能够持续应用;产品和服务清洁安全;获得较好的高附加值和经济效益等。

从河北省经济社会发展和产业结构现实状况分析,当前河北省产业结构调整面临着三项任务:一是产业结构系统从较低级形式向较高级形式的转化过程;二是包括三次产业内部的结构调整优化,尤其是第二产业内部的行业结构调整和传统产业转型升级;三是化解第二产业中占比重较大的部分产能过剩的刚性任务。

其中，化解过剩产能对于河北省当前产业结构调整方向和任务来讲，既是紧迫的刚性任务，又是推进产业转型升级的关键问题，直接影响到产业结构调整的速度和质量，必须紧紧抓住推进产业结构合理化和高度化这一方向，从理论上深刻认识、正确判断产能过剩问题的客观性质和长期态势，准确客观地分析过剩产能产生的原因、存在的矛盾，科学精准地化解过剩产能，化不利因素为有利因素，实现产业顺利转型升级。从理论和实践规律分析看，产能过剩具有如下基本特征：

第一，"过剩常态"是中国体制转型的必然阶段。早在一百多年前，马克思在《资本论》中就深入地研究了市场经济下相对过剩危机的客观必然性；三十年前科尔内在《短缺经济学》中也已对计划经济体制是一种"资源约束型"的短缺经济，而市场经济则是"需求约束型"的过剩经济作过权威分析。1978 年以前，中国经济是典型的"资源约束型体制"，市场需求旺盛，有效供给不足，"可动用资源"的多少决定着经济总量的大小，属于短缺经济、卖方市场范畴；经过二十年体制转型改革，1998 年后，中国经济逐渐显露出"告别短缺"的特征进入"需求约束型体制"时期，产品产能过剩，"有效需求"的多少成为经济总量扩张和收缩的决定因素，属于过剩经济、卖方市场范畴。从计划经济走向市场经济的改革本身就决定了我国终究会告别短缺经济走向过剩经济的必然，过剩已然成为中国经济的新常态。对此无须恐慌，必须冷静分析，客观面对。

第二，"适度过剩"是保持竞争活力的内在要求。传统的计划经济体制缺乏活力的一个重要原因是资源约束型经济中的"生产者主权"、卖方市场，供给不足，哪怕劣质的产品也是"皇帝女儿不愁嫁"，没有竞争，一潭死水。而市场经济活力的源泉正在于其需求约束型经济中的"消费者主权"、买方市场，供给过剩，竞争激烈，企业能否生存和发展取决于消费者的"货币选票"，倒逼厂商必须改进质量，不断创新，取得市场认可。竞争是活力的源泉，过剩是竞争的前提，但过度竞争会伤害产业发展，导致巨大浪费，因此，要利用适度竞争的活力必须保持适度的过剩，把过剩的损失控制在竞争活力带来的效益之下。这要求河北省既要压减"严重过剩"，又要注意"适可而止"。不宜用一个完整经济周期中的危机和萧条阶段的市场需求状况来判定整个周期甚至几个周期中产能过剩的程度。压减产能无须追求"超额完成"，化解产能过剩也要避免"过度压减"，应该研究如何保持河北经济的"适度过剩"状态。

第三，"过剩危机"是经济自动均衡的必要机制。过剩是市场经济的常态。过剩危机既是市场失灵的后果，也是市场配置资源的一种方式，是市场经济实现自动调节、自我均衡的必要机制。经济周期波动是一种客观存在，从高涨到衰退，到萧条，到复苏，再到高涨，循环往复。正是由于经济周期高涨阶段的旺盛需求中包含着非理性的种种"虚假需求"导致的"虚假繁荣"使优劣不等的各类企业泥沙俱下，都能开足马力生产，产能、产量迅速扩张，当超过一定点后"虚假繁荣"的泡沫就会轰然破灭，走入危机，通过优胜劣汰，企业破产，对经济结构进行强制性调整，使市场经济自动恢复平衡。过剩危机作为一种调节机制是有代价的，但也是必需的，因为由此实现了产业转型升级，达到结构优化即比例合理化和层次高度化的产业调整目标。所以，应研究在社会主义市场经济中如何运用好过剩危机的自动调节原理来构建我们化解和防范严重产能过剩的长效机制。

第四，经济低迷是化解过剩产能、促转型升级的最佳时机。"过剩常态"已经形成，但不是理想的"适度过剩"而是产能的"严重过剩"。要解决产能严重过剩问题，目前的经济低迷时期正是最佳时机。在产能闲置、开工微利甚至亏损状态下压减产能的成本低，方方面面阻力小，中央高兴，地方和企业相对都较易接受。此时不压减，到了经济高涨时期将再无压减机会。但压减严重过剩产能"功夫在诗外"。压减之难不在于"压不下"，而在于"敢不敢压"：有时候，对其压减可能带来的后果的担心大于压减本身的难度。因此，化解过剩产能要考虑两类应对之策：一类是如何压即压减严重过剩产能的具体路径政策措施；另一类是压减可能带来的其他方面风险的预警和防范，包括经济后果、社会后果甚至政治后果等。而核心在于无论哪种应对之策都要坚持市场决定、政府引导，坚持体制改革和制度创新，即用市场化的思路作为化解严重过剩产能的方法的底色。

第一节　河北省调整产业结构、化解过剩产能的成效分析

一　河北省产业结构调整取得的主要成效

（一）三产结构改善，但资源型传统产业为主的基本模式没变

自 1988 年以来河北省产业结构始终处于"二三一"发展阶段。近 20 年来总体变化特征是第一产业所占比重由 1995 年的 22.16% 逐年降低到 2016 年的 10.97%；第二产业所占比重由 1995 年的 46.42%，上升到 2016 年的 47.31%，其间经历了 2004 年首次突破 50%、2008 年达到历史最高值 54.34%、2009 年迅速跌至 51.98%、2011 年恢复至 53.54%、2012 年后持续下降的过程；第三产业所占比重由 1995 年的 31.42% 上升到 2016 年的 41.71%，尽管在 2004—2008 年出现了回旋，但是，总体保持了持续上升的态势（见图 9－1）。同全国的产业结构相比，第一、第三产业比重相对较小，第二产业比重较大。这种产业结构与产业结构高度化的"三二一"型结构还有一定差距。

河北省产业结构中第二产业占半壁江山，在规模以上工业增加值中重工业是轻工业的 3 倍，即 3/4 产值由重工业贡献，从行业构成来看，钢铁业中的黑色金属冶炼和压延加工业、通用设备制造、石油加工、炼焦和核燃料加工业、非金属矿物制品业、农副食品加工业和纺织业等资源型传统产业占规模以上工业增加值的一半。因此，河北省的调整产业结构的任务很大。

（二）三大支柱产业和四大传统优势产业遥遥领先

在第二产业内部，钢铁、装备制造、石化构成河北省三大支柱产业，建材、纺织服装、食品和医药为四大传统优势产业。2014 年，七大行业共完成增加值 10027 亿元，占规模以上工业的 85.3%。钢铁作

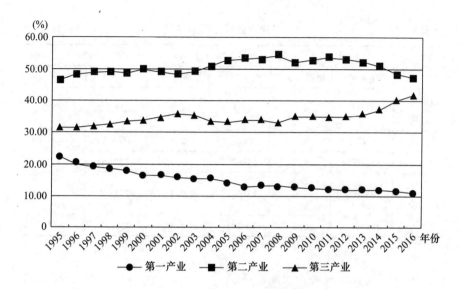

图 9 - 1　1995—2016 年河北省产业结构变化

资料来源：2015 年《河北统计年鉴》（河北省统计局网站）和 2016 年统计月报数据整理所得。

为河北省第一支柱产业，工业增加值占全省工业的 30.6%，年产粗钢产量 1.85 亿吨，占全国的 24%；装备制造增加值完成 2416.5 亿元，占规模以上工业的 20.6%；石油化工完成增加值 1490.2 亿元，占全省规模以上工业的 12.7%。2014 年，建材、食品、纺织服装、医药四大传统优势产业实现工业增加值 2526.6 亿元，占全省工业的 21.5%。

（三）第二产业增速有所下滑，资源型工业产品产量出现负增长

河北省第二产业增速 2012 年为 11.5%，2013 年为 9.0%，到 2014 年降至 5.0%，逐年下滑，尤其是 2014 年比 2013 年下滑 4 个百分点（见表 9 - 1）。铁矿石原矿量、焦炭、水泥、平板玻璃、生铁、粗钢等资源型工业产品产量负增长。据统计，2014 年主要工业产品产量中，水泥增长 - 15.1%，减产最多，其次是焦炭 - 12.0%，最后是摩托车整车 - 7.7%，铁矿石原矿量 - 2.2%，平板玻璃 - 2.4%，生铁 - 1.0%，粗钢 - 0.6%，变压器 - 2.0%。

表 9 - 1　　　　　　　　　三次产业可比增速　　　　　单位：万元

	2014 年		2013 年		2012 年	
	绝对量	增速（%）	绝对量	增速（%）	绝对量	增速（%）
国内生产总值	29421.2	6.5	28301.4	8.2	26575.0	9.6
第一产业	3447.5	3.7	3500.4	3.5	3186.7	4.0
第二产业	15020.2	5.0	14762.1	9.0	14001.0	11.5
其中，工业	13330.7	5.0	13194.8	9.4	12511.6	11.8
第三产业	10953.5	9.7	10038.9	8.4	9387.3	8.4

（四）战略性新兴产业发展平稳

河北省战略性新兴产业 2014 年完成增加值 1540.4 亿元，占全省规模以上工业的 13.1%。较 2013 年提高 1.3 个百分点，较 2012 年提高 1.35 个百分点，其中，高端装备、新材料、生物产业，完成增加值分别为 571.9 亿元、261.4 亿元和 239 亿元，占全省规模以上战略性新兴产业增加值的 49%、17% 和 16%，三项合计占战略性新兴产业的 82%。保定、邢台等国家级光伏产业基地，张家口、承德两个百万千瓦级风电基地，廊坊、保定、石家庄、秦皇岛四大信息产业基地，石家庄国家生物产业基地等一批战略性新兴产业基地快速壮大。河北已成为全国太阳能及硅材料与光伏太阳能电池、消防报警和楼宇自控产品的主要生产地。液晶显示、半导体照明、高速动车组客车、核电及输变电设备、通用飞机及航空配套设备等在全国占有重要地位。

二　河北省过剩产能化解取得的主要成效

（一）三大产能过剩行业生产能力和产品结构变化明显

按照国发〔2013〕41 号文件确定的五个产能严重过剩行业，涉及河北省的有钢铁、平板玻璃和水泥 3 个行业，3 个行业产能分别占全国的 1/4、1/6 和 1/16。2014 年，河北省压减炼铁产能 1500 万吨、炼钢 1500 万吨、水泥 3918 万吨、平板玻璃 2533 万重量箱，化解过剩产能取得一定成效。

1. 生铁、粗钢减产，钢材产量增加

2014 年，全国生铁产量 71159.90 万吨、粗钢 82269.80 万吨、钢材 112557.20 万吨，分别增长 0.47%、0.89% 和 4.46%。河北省 2014 年生铁产量 16932.57 万吨、粗钢 18530.34 万吨、钢材 23995.24 万吨，粗钢、生铁分别比上年降低 0.99%、0.6%，钢材比上年增长 5.14%。河北省粗钢减产 110.99 万吨、生铁减产 168.48 万吨，是全国粗钢减产最多的省份之一。河北省粗钢产量占全国粗钢产量的 22.52%，比上年的 24.2% 降低了 1.68 个百分点。河北省钢铁产量连续三年呈下降趋势，但从钢铁产量比重看，"中国第一，河北第二，唐山第三"的格局没有改变。

2. 平板玻璃、水泥产量下降明显，技术玻璃投资增速快

2014 年水泥产量 10625 万吨，同比下降 15.1%，平板玻璃产量 12293 万重量箱，同比下降 2.4%；水泥行业完成投资 69.4 亿元，同比下降 21.5%，平板玻璃行业完成投资 73.3 亿元，同比下降 24.9%，技术玻璃行业完成投资 38.8 亿元，同比增长 129.8%。2014 年水泥产量占全国总产的 4.3%，居第 11 位，平板玻璃占全国总产的 15.5%，居第 1 位。

（二）重点行业通过淘汰落后产能等途径化解过剩产能成绩显著

河北省淘汰落后产能领导小组办公室将 2014 年淘汰落后和过剩产能目标任务分解，下发《关于下达各设区市 2014 年工业行业淘汰落后和过剩产能计划（第一批）和全省淘汰城区落后产能计划的通知》（冀淘汰办〔2014〕8 号）和《关于下达各设区市 2014 年工业行业淘汰落后和过剩产能计划（第二批）的通知》（冀淘汰办〔2014〕11 号），稳步推进淘汰落后和过剩产能。截至 2014 年年底，全省通过淘汰落后设备涉及 275 家企业的相关设备已于 2014 年 11 月底前全部关停，主体设备、生产线全部拆除，共压减炼铁产能 1500 万吨、炼钢产能 1500 万吨、水泥 3918 万吨、平板玻璃 2533 万重量箱，超额完成国家下达的压减产能任务。

（三）钢铁行业结构调整方案启动实施

《河北省钢铁产业结构调整方案》的 5 个重点工程已有 3 个正式启动，石钢搬迁、唐山渤海钢铁重组搬迁、武安钢铁企业退城进园升级改造项目标志着河北钢铁产业布局结构调整进入全面实施阶段。与此同时，企业整合重组取得重要突破，除冀南钢铁集团、河北太行钢铁集团、唐山渤海钢铁有限公司成功组建并启动退城搬迁项目外，迁安津安钢铁与轧一公司、邢台德龙钢铁重组涞源奥宇钢铁和唐山德龙钢铁等已完成实质性整合，峰峰矿区 7 家企业已整合成宝信集团。另外，列入《河北省钢铁产业结构调整方案》的曹妃甸首钢京唐公司二期、承德钒钛制品基地两个布局调整重大项目也正在积极推进。

另外，通过开拓扩大国内市场和国际市场消化过剩产能的工作也在进行。

第二节　河北省调整产业结构、化解过剩产能中存在的问题与症结

一　河北省调整产业结构、化解过剩产能存在的问题

（一）河北省化解过剩产能任务重、压力大

按照大气污染防治"6643"工程要求，河北省计划 2017 年完成 6000 万吨钢铁产能削减任务，6100 万吨水泥、4000 万吨标煤、3600 万重量箱玻璃产能削减任务；到 2017 年，实现空气质量明显好转，细颗粒物浓度比 2012 年下降 25% 左右，并提出 11 项必须完成的主要任务。2014 年，河北省关停黑色金属采矿选业、非金属矿物制品业、黑色金属冶炼和压延加工业、化学原料和化学制品制造业 4 个行业 565 家企业，同时生铁、粗钢、水泥等高耗能产品产量同比分别下降了 1%、0.6% 和 15.1%，超额完成国家下达的年度压减产能任务，两年来已压减不少产能，进一步压减难度加大。

（二）主导产业集中度不高，装备水平参差不齐

河北省钢铁企业基本为钢铁联合企业，有部分铸造生铁生产企

业，还有一些独立轧钢企业。多数钢铁联合企业烧结、球团、炼钢、轧钢工序齐全，少部分企业配套焦化工序，少量企业缺少轧钢工序。

从河北省钢铁企业生铁生产能力和粗钢生产能力两个方面，对80家钢铁会员企业的调查发现（见表9-2和表9-3），15家生铁企业集中了全省53.09%的生产能力，且生产能力在5000千吨以上，其余65家企业集中了46.91%的生产能力；16家粗钢生产企业集中了全省49.02%的生产能力，且生产能力在5000千吨以上，其余64家企业集中了50.98%的生产能力，集中度有待提高。

表9-2   河北省钢铁企业生铁生产能力

规模	企业数量	生铁生产能力/千吨	生产能力占比（%）	生产能力占比向下累积（%）	企业数量向下累积（%）
1000 千吨以下	6	4150	1.55	100.00	80
1000—2000 千吨	22	33573	12.58	98.45	74
2000—3000 千吨	24	61330	22.98	85.87	52
3000—5000 千吨	13	48880	18.31	62.89	28
5000—10000 千吨	13	96210	36.05	44.57	15
10000 千吨以上	2	22750	8.52	8.52	2
合计	80	266890			
80家平均规模	3336				

资料来源：2014年12月河北冶金工业统计月报整理所得。

表9-3   河北省钢铁企业粗钢生产能力

规模	企业数量	粗钢生产能力/千吨	生产能力占比（%）	生产能力占比向下累积（%）	企业数量向下累积（%）
1000 千吨以下	4	2070	0.76	100.00	80
1000—2000 千吨	22	33720	12.39	99.24	76
2000—3000 千吨	20	48900	17.97	86.85	54
3000—5000 千吨	18	64610	23.74	68.88	34
5000—10000 千吨	15	112270	41.26	45.14	16
10000 千吨以上	1	10560	3.88	3.88	1
合计	80	272130			
80家企业平均规模	3401				

资料来源：2014年12月河北冶金工业统计月报整理所得。

另外，现有工艺装备两极分化现象严重，既有 5500 立方米高炉、300 吨转炉、300 平方米以上烧结机等先进装备，也有 420 立方米高炉、90 平方米烧结机、30 吨转炉存在。部分企业质量检验装备具有国际先进水平，也有部分企业处于相对落后状态。

（三）工业结构调整难，现代服务业发展缓慢

从工业内部看，战略性新兴产业规模明显偏小，2014 年规模以上高新技术产业增加值占工业的比重仅为 13.1%，而山东、浙江、辽宁、上海都在 20% 以上。河北省战略性新兴产业起步晚、规模小，尽管连续多年高速增长，仍未形成对工业发展的重要支撑，传统产业占比过高的局面没有得到根本改善。从服务业看，增加值占全省 GDP 比重一直在 35% 左右徘徊，2014 年占比上升至 37.2%，仍低于全国平均水平 11.2 个百分点。尤其是传统服务业仍占主导地位，现代服务业尚未形成规模优势，由于高端现代服务业发展慢，直接影响了战略性新兴产业和高新技术产业的快速崛起。

（四）沿海和环首都优势尚未充分发挥

沿海地区经济总量占比低，临港产业起步晚。2013 年，秦唐沧三市地区生产总值仅占全省的 36.4%，比环渤海地区山东、辽宁分别低 13.2 个和 12.4 个百分点；适宜在沿海地区发展的钢铁、石化、重型装备制造主要集中在内陆地区，全省钢铁产能只有 14% 左右布局在沿海临港地区，大型石化、装备制造基地刚刚起步。环首都的张家口、承德、廊坊和保定 4 市尽管在承接首都产业转移上取得了积极成效，但承接的项目大多属于传统产业，而真正利用首都技术、人才等优势催生的新兴产业项目还不多，规模还不大。

（五）领军企业少、规模小

从河北目前的情况看，大企业少、平均规模小、行业分布不均衡的问题比较突出（王晶，2012）。在 2014 中国企业 500 强中，河北省只有 14 家（新浪河北，2014）。2013 年，河北工业企业 100 强中，主营业务收入超 1000 亿元的仅有河北钢铁、冀中能源、开滦集团 3 家，超 100 亿元的企业只有 51 家，平均主营业务收入为 223.1 亿元，远低于全国 500 强 1000.4 亿元的平均水平。从超百亿元的 51 家企业

行业分布看，43 家企业属于钢铁、石化、建材和煤炭等能源原材料行业，装备制造和战略性新兴产业企业仅有长城汽车、晶龙实业、华药、石药、中信戴卡、唐山轨道客车 6 家。

二　河北省调整产业结构、化解过剩产能的症结剖析

（一）主要工业行业品种结构层次低，产业链短

河北省主要工业产品层次低，链条短，如钢材品种中热轧窄带钢占 15.67%、中宽厚钢带占 14.72%、钢筋占 10.99%、盘条（线材）占 10.79%、热轧薄宽钢带占 8.96%、中小型型钢占 8.90%、焊接钢管占 6.17%、中板占 5.86%、棒材占 5.84%。占 5% 以上的品种有 9 个，占全部钢材的 87.90%（河北省工业经济联合会，2013）。钢铁深加工能力不足，初级产品占比较高，产品附加值低，产业链短，企业重规模轻品种，忽视延伸加工，追求短期效益，难以形成深层次技术积累。

（二）化解过剩产能的有效补偿机制尚未建立

淘汰高能耗、高污染的落后产能，化解过剩产能，这需要对有关企业进行补偿，因为一方面，可以鼓励企业淘汰落后产能，走上产业转型升级发展的道路；另一方面，还可以减少因企业关停对企业和职工造成的损失，有利于维护经济社会稳定。根据"6643"目标，到 2017 年，河北省要完成 6000 万吨钢铁压减任务，就涉及 60 多万直接或间接的就业人员需要妥善安置，每年需支付社保资金 200 亿元，影响直接或间接税收 500 多亿元（吴艳荣，2014）。就目前来说，政府还未建立起有效的补偿机制来解决落后产能和化解过剩产能的补偿方法及巨额补偿金来源，失业员工的安置、资产的处置、债务处理方法等问题。

（三）科研能力弱、科技和高层次管理人才严重短缺

战略性新兴产业的发展和传统产业转型升级过程需要有高科技成果和高素质的科技、管理人才作为支撑，河北省科技研发和自主创新能力较弱，科技与管理人才缺乏问题突出。河北省研发投入占 GDP 比重不及全国平均水平的一半。在全国处于中下水平（吕晨、霍国庆等，2015），科技与管理人才缺口大。

以钢铁产业对人才的需求为例，按照 2009—2013 年的粗钢产量和相关人员数据，充分考虑到产量、装备、钢种、钢材品种、节能环保和信息化等因素的影响，在钢铁工业品种质量均有较大幅度提高、节能环保设施配套的新常态下，河北省钢铁工业粗钢产量达到 2.2 亿吨时，据测算，万吨粗钢高级技师、技师和高级工均应有所增加，分别达到 0.16 人/万吨、1.12 人/万吨和 6.25 人/万吨。据此推算，粗钢产量达到 2.2 亿吨时，高级技师、技师和高级工需求量分别达到 3520 人、24640 人和 137500 人。与 2013 年相比，缺口分别为 784 人、5958 人和 27848 人。另外，调查发现，河北省传统行业普遍存在着高技能人才总量不足，高级管理人才和领军人才匮乏，掌握新工艺、新装备的高精尖高技能人才明显不足，关键、特殊岗位缺乏精湛的技能专家和能工巧匠等。

（四）城镇化水平低及行政区碎片化抑制了服务业发展

2015 年河北省城镇化率虽然超过了 50%，但仍低于全国 56.1% 的平均水平，滞后于工业化进程，阻碍了第三产业的快速增长。造成河北省城镇化水平低下的一个重要原因就是河北省行政区碎片化严重，大中小各级城市集聚能力弱，对周边地区的带动作用受限，进而导致第三产业发展空间狭小，尤其河北省内中小城市规模小，县域经济发展严重不足。

（五）现有大中型企业的管理体制对市场经济的反应缺乏灵敏度

目前河北省国有大中型企业领导人的产生多用委任式，这种方式注重效率，但行政化色彩较浓，不能较好地体现市场对企业家更客观的评价；而对市场反应灵敏、具有独特的灵活性的聘任制运用较少；在人才招聘、培养、使用、分配、激励、考核等方面缺乏前瞻性，视野窄，观念落后，明显滞后于优秀的经营管理人才所需要的国际视野、市场观念、竞争能力和创新意识的多元型要求。

第三节　河北省调整产业结构、化解
过剩产能的路径选择

着力用"调整、化解、升级、优化"破解河北省调整产业结构、化解过剩产能难题。"调整"即大力发展战略性新兴产业和服务业，调整三次产业结构，沿着"互联网＋"工业、交通、农业、物流商贸等新业态方向发展，寻求新途径加速优势产业做大做强；"化解"即通过扩大国内需求和国际投资、以科技驱动引领传统产业转型升级，化解过剩产能；"升级"即充分挖掘和利用现有优势产业，通过引进项目和大型企业，搭建技术研发创新平台，推进产学研结合，加大专项技改投资等途径升级已有传统优势产业，增加产品竞争力，提高产品附加值，升级产品结构，实现行业升级；"优化"即通过市场机制，（价值规律的作用）强化过剩产能自主化解。具体来说，就是通过竞争→供求变化→价格波动来实现资源的合理配置，促进生产者改进技术，改善管理，优胜劣汰，调整产业结构。

一　实施"科技立省"战略，全面提高河北省科技水平和人才质量

（一）以协同创新为引领，提高河北省高校和研究机构的科技研发转化水平

将协同创新思想贯穿于高校人才培养、科学研究、社会服务和文化传承创新全过程，构建协同创新的新模式、新机制，营造有利于协同创新的氛围，大力转变高等教育发展方式，全面提高高等教育质量，为全省经济社会发展提供强有力的人才保证、智力支持和科技支撑。鼓励地方高校与京津高校、科研院所以"合作共读"模式联合培养高素质专业人才，提升人才的培养水平。大力推进科学研究和技术开发，积极推进产学研一体化进程，充分发挥智库的作用，以创新为依托，抓住产品研发和市场开拓两个关键环节，围绕满足企业需求这一重点，加强与企业之间的合作与交流，积极推进解决科技成果转化

的"最后一千米"难题，把创新成果的研发、中试、转化、推广、应用等环节有效衔接起来；搭建科技成果转化平台，积极推进科技成果转化，切实提高科技成果转化水平，为产业转型发展提供强有力的支撑。

（二）建立高效的人才培养、引进和共享机制

积极创新人才的引进和共享机制，切实把引进高层次人才特别是高技能人才作为推动产业转型升级的一项重要内容。人才培养和引进过程中坚持"能力核心，以用为本，高端引领，整体推进"的基本方针，以提升职业素质和职业技能为核心，以高技能人才为重点，紧紧抓住技能培养、考核评价、岗位使用、竞赛选拔、技术交流、奖励保障等环节，进一步更新观念，完善政策，创新机制，健全和完善技能人才工作体系，形成有利于技能人才成长和发挥作用的制度环境和社会氛围，加快打造一支门类齐全、技艺精湛的高技能人才队伍，带动劳动者队伍整体素质不断提高。尤其在技能人才队伍建设思路上要实现由"量"到"质"的转变，不单纯追求技能人才在数量上的增加，而是通过调整产业结构，使技能人才配置更加合理，并注重技能人才队伍的素质提高和结构优化发展。积极创新人才的引进和共享机制，切实把引进高层次人才作为推动产业转型升级的一项重要内容。

（三）搭建京津冀联合攻关、自主创新科技平台

借京津冀协同发展之机，加快科技资源的交流融合，提高资源使用效率，搭建资源共享、技术研究合作与技术转移、产业合作平台。主要途径为：

第一，制定相应政策措施，相互开放国家级和省级重点实验室、工程技术研究中心、中试基地、大型公共仪器设备、技术标准检测评价机构、科技信息机构、科技经济基础数据和基础条件，促进各类科研机构合作交流。

第二，与京津共同建设区域科技信息资源共享服务平台，结合国家科技基础条件平台建设与实施，合力打造为区域服务的文献资源、科技成果、技术项目、科技报告、科技数据等科技信息资源。发挥信息资源共享与资源互补的优势，形成信息资源共享机制，开展科技信

息服务的交流与合作。

第三，规划京津冀大型科研仪器设备体系，建设三方仪器设施租赁、转让等交易共同市场。通过调整、重组、新建等方式，使京津冀的国家重点实验室成为京津冀孕育自主创新的重要基地。实施"科学数据共享工程"，建设区域科学数据管理中心。整合已有的天津科研网、北京科学仪器协作共用网以及其他仪器共享网络与机构，初步建成京津冀大型科研仪器设备网络。

二　培育替代产业，升级传统工业行业，发展战略性新兴产业

工业行业内部结构调整的核心是发展战略性新兴产业与实现传统工业产业的转型升级并举，这两大产业的发展与提升，都需要发展替代技术，为此，培育替代产业是实现转型升级的重要内容。

（一）推动传统产业转型升级

对于河北省的传统优势产业，一是鼓励和推进科技创新，利用先进技术加强对传统产业的技术改造和升级，逐步淘汰高污染、高能耗的生产设备。在保持传统产业规模优势的同时，通过技术改造和升级提高传统产业生产效率，逐步使其走向集约化的增长模式。二是加强先进技术的引进和消化吸收，并与自身的研发和生产紧密融合起来。加强与军工科研院所及军工集团的协作，注重吸收军工先进技术，通过技术的引进、吸收、改进和再创新，使企业逐步掌握具有核心竞争力的生产技术，打造具有自主知识产权的知名品牌，从而占据产业链的核心环节。三是实施制度创新。推行激励性政策鼓励大中型企业建立技术研发机构，切实落实企业技术研发经费加计扣除等政策，不断提高自主创新能力。

（二）积极培育替代产业

首先，大力引进诸如富士康类的大项目，配合以一些优惠政策和金融手段，破解就业与招商引资难题，培育一批可持续发展的替代产业，改变大项目单一或者主要由政府招商的方式，探索由民营企业招商等市场化招商方式。

其次，积极发展替代能源，实现传统能源之间、传统能源和新能源之间的替代，近年来发展速度最快、产业前景最好的生物燃料、风能和太阳能资源产业大有可为，能源替代孕育着重大投资机会，适时适度倡导工业生产"煤改气"项目，大力提倡利用太阳能发电项目并促进其实施，以解决产业发展能源利用"瓶颈"问题。

（三）大力发展战略性新兴产业

围绕做大电子信息、生物医药、新能源、新材料、节能环保等优势产业，实施高新技术产业倍增计划，加快物联网、云计算、大数据、卫星导航等技术推广应用，扩大光伏规模化应用，推进新能源汽车发展和动力电池产业化建设，抓好石家庄国家高端生物医药区域聚集发展试点，开展节能环保骨干企业基地园区创建活动，支持省级以上高新技术产业开发区、创新型产业集群和新兴产业基地壮大规模，抓好高新技术产业化项目建设。

三 打造产业升级示范区，构建培育京津冀战略性产业链

当前，区域发展正由单一的产业竞争转向产业链竞争，由城市间竞争转向城市群间竞争。京津冀战略性产业链是指在京津冀区域的经济体系中占有重要地位，与京津冀区域发展战略相协调，并且能带动相关部门发展，对该区域经济长期发展具有重大影响的产业所形成的产业链条。在京津冀区域内构建培育钢铁产业、节能环保产业、海洋产业、生物医药及电子及通信设备制造业等产业链，对接京津相关产业链条。

（一）钢铁产业链

钢铁产业链对接的关键：一是严格制定能耗及污染的限制要求，要有选择性地承接首都钢铁企业向河北的转移，对于超越污染界限的企业，要严格禁迁。二是继续兼并重组，对重组后的企业实行一定的鼓励措施，对兼并后回收的土地进行补偿。三是鼓励科技园区建设，强调园区循序渐进、由小到大、由内而外的发展。四是鼓励国有钢铁企业或者有实力的钢铁企业进行产业链的延伸，把工作着力点放在产出优质或高附加值产品上。

（二）节能环保产业链

节能环保产业链对接的关键：一要加大财政支持力度。节能环保产业投资需要大量资金，成本高、见效慢，节能环保产业的私人成本

是大于社会成本的，具有明显的正外部性，应该支持。为此，成立节能环保产业专项资金，用于向节能环保产业关键技术研发、关键技术的产业化、高成长性企业培育和重大项目提供资金支持。二要加强节能环保产业关键技术攻关、工艺创新、成果转化和标准制定。支持优势企业建立省级以上企业技术中心，鼓励企业加大研发投入，在节能环保产业重点领域支持建设一批重点实验室（工程实验室）和工程（技术）研究中心。

（三）海洋产业链

海洋产业链对接的关键是建设海洋产业园区，提高海洋产业聚集度。一要坚持建设特色产业园区，突出海陆统筹和河北省海洋产业特色，延伸产业链，加快形成优势突出的特色产业集群，打造影响力广泛的品牌。二要坚持建设高品质的产业园区。以发展的眼光谋划园区建设，以该标准推进园区开发，建成高端、高质、高效的海洋产业园区。三要突出海洋特色园区发展重点，打造品牌特色。四要强化对海洋特色产业园区的政策支持，给予优惠条件，引导重大海洋产业项目向园区集中。

（四）生物医药产业链

生物医药产业链对接的关键是构建区域医药创新体系。促进京津冀高校、科研机构、国家各部委以及跨国公司研发中心广泛开展科技合作，建立京津冀医药科技联盟，对经济社会发展的共性关键技术和重大医药科技专项实行联合攻关。成立京津冀知识产权转移中心，对于符合国家政策的研发成果，加大用地、贴息、补助等政策支持力度，加速科技成果转化。

（五）电子及通信设备制造业产业链

电子及通信设备制造业产业链对接的关键：一要加强各地的信息产业基地建设，有重点地发展特色产业；二要加快河北省电子及通信设备制造业配套服务体系的建设；三要加大电子信息产业人才的培养和引进力度；四要加强园区建设，提升各地特色园区竞争力。

四　积极发展生产性服务业，实现工业与生产性服务业互动发展

生产性服务业是与工业密切相关的配套服务业，它依附于工业企业而存在，贯穿于工业生产的各个环节，其主要功能在于保持工业生产过程的连续性，推动工业技术进步、产业升级，提高生产效率等。《国民经济和社会发展第十一个五年规划纲要》中将生产性服务业分为交通运输业、现代物流业、金融服务业、信息服务业和商务服务业。生产性服务业的发展有利于形成第二、第三产业融合发展的格局，既可以带动制造业发展，又可以促进河北省第三产业的发展，进而推动三次产业结构的优化调整。

发展生产性服务业，第一，要出台有针对性的管理办法，规范生产性服务企业运营秩序，尤其要规范中介机构的行为，杜绝不规范行为的发生，促进生产性服务业市场有一个良好的发展秩序。

第二，要尽快制定出一套生产性服务业与制造业相对接的发展规划，使生产性服务业的发展能够适应制造业发展的需要，不断增强制造业的专业化和规模化优势。

第三，推进制造业与服务业融合，与智慧城市、新型城镇化、美丽乡村建设相结合，推进产城、产医、产教等跨界融合，培育新型住宅、节能环保、智能产品等新增长点。

第四，发展工业互联网，创新要素配置、生产制造和产业组织方式，重构传统产业生态，加快网络众筹平台建设，围绕个性化、定制化和小众化需求，推进创客发展。

第五，跟进国家"互联网＋"行动计划，加快发展物联网、云计算、大数据、移动互联网、智能终端、工业软件等新一代信息技术和基础设施建设。

第六，紧紧围绕五大产业链和五大功能区，大力发展商贸流通业，着力提升质量效益，以"供应链服务商"培育为载体，实现行业"联动融合发展"，积极开拓钢铁、煤炭等大宗商品物流需求，加快发展快递速运、冷链物流、物流平台等物流业态，发展商贸中心，做好商贸流通业规划建设。

五　完善城镇规模体系，加速城镇化进程，消化过剩产能

（一）扩大特大、超大城市规模

继续发展河北省中心城市，主要包括石家庄、唐山、邯郸、保定等地，形成京津冀区域的次级中心城市。如石家庄拓展了正定新区、空港新城等新的城市建设空间，于 2014 年 9 月将藁城、鹿泉、栾城改市（县）为区，撤销桥东区，并入桥西区与长安区，2017 年地铁的修通，大大提升了交通空间，扩大了城市规模。

（二）提升大城市发展质量

城市群的发展有赖于核心城市的发展，河北省各大城市辐射能力较弱，需要对城市体系进行系统性提升和整合，秦皇岛市、邢台市、张家口市、承德市、沧州市、廊坊市作为各自行政区域的中心城市，需要进一步提升其发展水平，发挥各自特色，带动周边地区升级改造，构造行政区域内的网络城镇结构。

（三）提高中小城市的发展水平

一方面扩大京津冀县级市的面积，把县级市周边的县划入县级市，以扩大县级市的腹地范围；另一方面推动中小城市的产业专业化、集群化发展。一要充分发挥中小城市的区位、资源、产业基础等优势条件，发展区域性的特色产业集群；二要依托县城，打造"增长极"，改变各地区竞相发展、"遍地开花"导致产业过度分散的现状，围绕地区优势产业和"龙头企业"，搭建产业工业区，引导产业向城镇工业区集中，实现中小城市集群化发展，进而带动第三产业快速发展。

六　实施"走出去"发展战略

支持大型企业集团采取合资开发、股权收购等多种方式，积极推进产能向省外或境外转移。以"一带一路"战略为契机，以国际产能合作的形式实现产能"出海"，将饱受过剩产能之苦，处于转型阵痛期的传统优势产业找到升级新航向，通过"走出去"得到激活。针对河北省过剩产能化解需求，首先，整合行业资源，建立钢铁联盟、建材联盟，通过兼并重组，做大做强优势产业，整合行业资源，依托央企，探索以合资、公私合营等多种投资运营方式，为有需求的国家提供工程设计咨询、施工建设、装备供应、运营维护等全方位服务。

其次，进行产业链和产业集群转移，按照国际市场的需要，支持企业利用国内装备在境外建设上下游配套的生产线，实现产能的系统性输出及与东道国的深入结合，不仅实现产品"走出去"，更要实现技术和规则标准同步"走出去"，构建互利共赢的全球价值链。

最后，探索多种方式"走出去"，通过对外工程承包、对外投资等，企业以海外并购、建立海外研发中心等方式，加快"走出去"，提高跨国经营能力，为企业抓住海外发展机遇成长为大型跨国公司奠定基础。

实施过剩产能"走出去"发展战略，还要统筹完善国际产能合作的支持政策：一是完善金融支持政策。要用好对外经贸发展专项资金等现有政策，可以考虑按照市场原则拓宽外汇储备运用渠道，支持企业在境内外发行股票或债券募集资金，发挥政策性金融工具作用，为优势产能"走出去"提供合理的融资便利和金融支持。二是统筹配套政策。要加强境外投资监管，规范企业经营秩序，坚决防止恶性竞争，保证企业有序共赢合作地"走出去"。同时，也要保障"走出去"企业的合法收益和安全，建立健全风险评估和突发事件应急机制，强化风险防控，确保我国企业和公民在境外的安全。

鼓励高校与"走出去"国家成立联合研究机构，与国外大学和研究机构共同建立咨询智库，对境外投资国家的法律制度、用工保障、风土人情等方面展开全面系统研究。尤其是对当前"走出去"企业急需的，如有关境外投资和经营的政策法规、投资东道国的文化差异、产业政策、投资政策、会计制度、环保政策以及区域性保护措施，本土化进程中的相关技术、配套设施的完备程度以及专业人才、管理人才的储备问题等进行深入研究，为河北省企业"走出去"提供咨询服务，同时政府在投资信息、投资保障、提供优惠条件等方面给予企业相应的扶持和支持。

七　改革创新，引领传统大中型企业管理转型升级

建立完全市场化的管理体制、用人机制、分配机制和经营模式，使企业资源配置更加科学高效，让广大员工的创新活力、创效潜能充分释放，让全体员工的根本利益得到切实维护，让企业发展更加持续。

从企业层面看，要着力解决的体制机制问题是如何深化企业改

革，确立企业市场主体地位，进一步增强企业活力，建立起现代企业制度。即从体制机制到基础管理，彻底颠覆那些与市场不适应的传统思维定式和粗放式的惯性做法，实实在在地提升市场适应能力和工作效率，以流程再造为路径，实现资源的优化配置，最大限度地提升创效经营单元的功能，把最优秀的人才、最优质的资源和最丰厚的待遇倾斜到生产线上去，充分挖掘长期蕴藏在职工当中的潜力和活力，全面提高企业的创效水平和竞争实力。

八　实施差别引导政策，倒逼产业结构调整和转型升级

一是以"关、停、并、退、转、迁"目标，充分发挥差别电价、资源性产品价格机制在结构调整和转型升级中的作用，落实和完善资源及环境保护税费制度，强化税收对节能减排的调控功能。

二是加强环境保护监督性监测和对能耗限额标准及安全生产规定的监督检查，加大执法处罚力度，提高列入限制范围的既有产能使用能源、资源、环境、土地的成本。

三是改革按地区平均分配压缩产能的分配方法，基于有效供给的思路，用科学的技术标准淘汰过剩产能，对于附加值高、具有国际市场竞争力的产能不能淘汰，对于那些产品层次低、市场需求小、环境成本大的产能进行淘汰。

四是制定省内产能严重过剩行业产能置换的具体交易实施办法，支持跨地区产能置换，引导国内有效产能向优势企业和更具比较优势的地区集中，鼓励并积极探索政府引导、企业自愿、市场化运作的产能置换指标交易。同时，监督置换的淘汰项目，使其不能恢复生产。

九　搭建融资平台，为企业调整结构、转型升级提供资金支持

政府积极搭建银企对接平台，鼓励金融创新，促进工业企业与金融机构合作；支持企业通过上市融资、发行债券等，不断拓宽融资渠道；鼓励有条件的企业设立财务公司，增强资本运营能力，吸收各种形式的社会资金，为企业淘汰落后、技术改造和转移产能提供资金支持。尤其是对河北钢铁产业结构调整在金融信贷等方面建议给予特殊政策支持。金融机构按照风险可控和商业可持续原则，积极给予河北钢铁产业结构调整和转型升级的授信额度支持，主要用于布局优化、产品升级等重大项目的建设资金的骨干企业的日常流动资金需要；对因企业整合重组和既有产能压减造成金融负债，按现行规定给予核销。同时，对于过剩产能化解产生的下岗劳动力问题，应予重视，允许河北省使用结余失业保险基金支持过剩产业结构调整企业职工安置工作，进一步增强失业保险基金稳定就业、促进就业的作用，在就业专项资金方面给予支持。积极争取中央财政政策支持，打造转型升级试验区。尽快盘活财政性沉淀资金，用于企业调整结构、转型升级。

十　简政放权，完善公平竞争的市场和法制环境，逐步形成长效机制

改变政府对企业管得过多的做法，切实简化行政审批手续，把经营管理权下放给企业，借助邻近天津自贸区的便利，在河北大力推广和复制自贸区的成功做法和经验，鼓励企业"大胆创业、大胆创新"，逐步建立起公平竞争的市场环境和秩序，进一步创新法制制度完善市场机制。

未来五年是我国走向依法治国的关键时期。促进市场公平竞争，维护市场正常秩序，从法治的层面确保市场在资源配置中的决定性作用是长效机制建立的基础。为此，政府要不断改进市场监管执法，使市场监管职能法定化，严格依法履行职责，建立行政执法自由裁量基准制度，细化、量化行政裁量权，公开裁量范围、种类和幅度，严格限定和合理规范裁量权的行使，制定市场准入负面清单，依法公开权力运行流程；加强执法评议考核，督促和约束各级政府及其市场监管部门切实履行职责；综合运用监察、审计、行政复议等方式，加强对行政机关不作为、乱作为、以罚代管等违法行为的监督；整合优化执法资源，减少执法层级，健全协作机制，提高监管效能；加强制度建设，强化执法能力保障，确保市场监管有法可依、执法必严、清正廉洁、公正为民，充分发挥社会力量在市场监管中的作用，调动一切积极因素，促进市场自我管理、自我规范、自我净化。加快形成权责明确、公平公正、透明高效、法治保障的市场监管格局，逐步形成体制比较成熟、制度更加定型的市场监管体系，力促形成调结构、化产能的长效机制。

第四节　河北省调整产业结构、化解过剩产能的风险与防范

一般来说，区域产业结构优化升级是一个渐进的历史发展过程，稳健的产业刺激政策对经济发展的作用是平缓的和具有时滞性的，不会对经济发展带来大的风险。河北省调整产业结构、化解过剩产能是在资源环境倒逼下进行的，此时的政策措施往往具有很强的时效性，尤其是"6643"工程项目的实施，对河北省经济发展基本上是"伤筋动骨""刮骨疗毒"，其政策风险是不容忽视的。

一　可能产生的风险

（一）"关、停、并、退、转、迁"引发的社会问题

调结构、促转型无论从节能、环保，还是从市场角度都必须加以实施，然而，非市场化的调整如果应对不当，可能会带来很大的社会问题。

1. 经济增速下滑

受市场需求不足、大幅度压减过剩产能和启动大气环境应急预案影响，企业大面积频繁停限产，经济增长、财政收入、企业盈利大幅下滑，对地方政府、企业和职工带来严峻考验。石家庄爆破拆除的35家水泥企业导致了约10.8亿元的直接经济损失和超过60亿元的产值下降。唐山贝氏体钢铁（集团）有限公司等三家企业拆除的3座高炉导致5.6亿元直接经济损失和1268名职工下岗。

2. 工人失业，劳资纠纷增多

据河北省人社厅资料，到2017年年底，全省产业结构调整涉及106万人，除实施援企稳岗政策等在企业内部安置的人员外，还涉及60多万失业人员需要妥善安置。在这些失业人员中，年龄偏大、技能单一、就业能力较差的人员占了较大比重，就业结构性矛盾突出，就业总量压力加大。劳资纠纷增多，维权诉求加大。关停企业安置方案经济补偿的合理性如得不到职工认可，或兼并重组企业职工重新就业

的岗位不能满足职工意愿，将会在职工与企业解除劳动关系时引发矛盾纠纷，甚至引发上访事件。部分企业大量使用农民工，且大多既未签订劳动合同也未按规定参加社会保险，在产业调整过程中被侵权的风险很大，农民工的权益如何保障需要给予特别关注。

（二）化解产能的金融风险

当作为经济支柱、财税之源的行业发展遭到沉重撞击时，政府偿债能力下降，非但旧债难化，且更添新债，有可能出现银行抽贷现象，尤其是民营企业，民间借贷现象普遍，中小企业从非正规金融渠道筹集发展资金规模巨大，潜藏隐患，极易转化为金融风险。

（三）过度压减产能后的市场风险

化解过剩产能本来是调整产业结构、优化转移升级、提高产业竞争力的重大政策，但如果一味地压减、淘汰主导产业的过剩产能，而忽略或者有碍于升级进步、技术创新，就会直接影响产业竞争力提升，特别是对一些有想法、谋求发展的民营企业更是一个致命的冲击。另外，经济发展具有周期性和阶段性，现阶段河北乃至全球经济低迷，产品需求不旺，如果以此为据过度压减产能，当经济发展回转进入高涨阶段需要大幅度扩张生产时，可能由于产能不足需要重新大量投资而形成高昂成本、巨大代价。所以，河北压减过剩产能需要政治意识、大局观念，但无须追求对压减任务的"超额完成"，必须考虑河北过剩产能的实际，压减产能的同时要不忘保持"适度过剩"，以形成产业竞争态势，并为经济繁荣时期的供给扩张保持必要的产能基础。

（四）"走出去"战略的企业风险

目前河北省尚未建立完善的对外直接投资保险制度，不能为投资者在海外市场遇到的政治风险提供充分有效的保护，使一些企业在"走出去"遇到风险时无法及时获得补偿。与国外发达的信用保障和保险制度相比，河北省的海外投资保险发展处于初步探索阶段。另外，河北省银行和保险公司等金融机构也并未建立起有效的海外企业服务及保障机制。导致"国外市场风险太大，企业不具备相应的资金等生产条件和实力，不敢贸然行事"。投资的高风险性使企业难以获得商业性金融机构的融资、保险等政策支持，但走向国外经营的高成本性使企业的资金需求量加大，而国内政策性金融的作用有限，为"走出去"企业提供信贷服务的政策性银行——中国进出口银行在河北省仅有一家分支机构，国家政策和资金运用很难发挥作用。

（五）竞争力下降的产业风险

近几年来，一味地压减、淘汰主导产业的过剩产能，而忽略了升级进步、技术创新，直接影响产业竞争力提升，激烈竞争的市场环境下，不进则退，产业竞争力自行下降的行业悲剧不可避免，同时对一些有想法、急于谋求发展的民营企业也是一个致命的冲击，行业的出路也值得深思。

二　防范风险发生的相关配套政策与举措

（一）社会问题防范政策措施

1. 增加生活补贴和社保补贴

如给予河北省产业结构调整涉及转岗再就业人员基本生活补贴和社会保险补贴，其中生活补贴标准为当地最低工资标准，社会保险补贴按其实际缴纳社会保险费的数额全额补贴，补贴期限为 3 年，所需资金建议由中央财政补助。

2. 增加求职补贴

拟适当增加河北省产业结构调整涉及企业失业人员求职补贴，所需资金建议由中央财政补助。

3. 加大对河北省养老金调整财政转移支付力度

由于河北省养老保险基金支付能力不足，再加因产业结构调整而造成基金减少，将加剧基金支付困难。为确保养老金按时足额发放，应对河北省特殊政策支持，调整退休人员养老金水平所需资金由国家财政全额承担。

4. 解决失业动态监测经费问题

建议加大国家对失业动态监测工作经费的补助力度，或明确失业动态监测经费的资金渠道。

（二）化解产能金融风险的防范

防范和化解金融风险，保障金融安全，一方面要加强金融监管，将金融活动纳入规范化、法治化轨道，强化信息披露制度，切实发挥金融监管作用；另一方面要强化决策者对地方债务的风险意识，强化责任追究和债权人的风险意识，政府（包括地方政府）逐步减少市场干预、强化预算硬约束，真正提高公共财政透明度，避免地方债务滑向地方政府财政悬崖。

（三）市场风险的防范

把产能过剩治理和产能建设充分结合起来，加强过剩产能行业的技术升级改造，摆脱产品同质性带来的产能过剩问题，提高企业的创新能力，提升产品的竞争力，但是，要遵循国家政策中关于产能过剩行业不许新增加哪怕一个单位生产能力的规定。在压缩过剩产能的过程中，一定要处理好"压缩任务"与"适度过剩"的关系，不能为了"好大喜功"，而盲目压减产能，要科学预测经济周期变动，密切关注市场经济中各因素的内在调整，充分把握市场需求，保持产量的适度过剩。

（四）企业"走出去"风险防范措施

1. 引导和鼓励企业进行战略性对外投资

对于"走出去"以获取资源为主要投资目标，以缓解资源开发类行业严重依赖进口的现象，鼓励有实力的企业到境外进行投资建立资源的海外供应基地；对属于高新技术产业的学习型投资，以及获取先进技术和管理经验的投资，均应给予一定的减免税的鼓励和支持。

2. 在"走出去"的企业相对集中地区建设境外经贸合作区

按照在省内建设经济开发区的思路，选择具有优惠政策和有相近企业文化背景的国家和地区，独资或合作建设境外经贸合作区，为"走出去"企业搭建持续发展平台，以达到合理利用"走出去"资源，获取规模经济效应，同时规避风险的目的。

3. 完善风险防范机制

政府必须在建立和完善"走出去"的宏观政策法规上有所作为：一是要加强双边或多边"投资安全保护协定"的签署机制，与政治风险高的国家签订投资保护条约，对"走出去"企业给予必要和合理的投资保护及其投资安全的保障。二是要逐步完善抗风险保障机制，进一步强化金融保险的支持和风险承担的功能，为"走出去"提供降低资产和人身安全风险的保障。三是要建立和完善风险监管、预警和应对机制，完善对"走出去"企业的宏观指导机制，包括境外投资信息的发布与传播，合理投资与布局，避免在境外的恶性竞争。建立信息获取和发布渠道，建立风险预警机制。特别是加强协会的中介组织的构建作用，完善预警机制。在分析与预控的基础上，给予基本应对机制的提出。

4. 建立和完善"走出去"的信息咨询服务体系

建议在省发改委或商务厅相关部门建立全省范围内的境外投资服务网络，及时提供境外投资信息、投资政策、投资风险等方面的信息咨询。并定期组织管理、信息、技术等方面的培训，以满足企业信息化建设的需要，将鼓励和引导企业"走出去"落到实处。

（五）产业风险的防范

把治理产能过剩与能力建设充分结合起来，加强过剩产能行业的技术升级改造，摆脱产品同质性带来的产能过剩问题，提高企业的创新能力，提升产品的竞争力，摆脱部分行业产能过剩和某些高科技领域中产能不足两者并存的问题。

依靠大规模劳动力支撑起来的产业，其比较优势虽然会出现下降，但绝对竞争优势仍然明显。要充分发挥自己的绝对竞争优势，通过创新能力的发挥来解决产能过剩的问题，防止治理产能过剩对产业竞争力造成的一些不良影响。

第十章 京津冀海洋产业链的
构建与培育路径

京津冀海域面积广阔，海洋资源丰富，同时具备陆域相关产业基础，对于发展海洋产业既具有先天优势，也不乏后天基础。目前，京津冀地区海洋产业发展各具优势，并且部分企业内部已经形成了各具特色的产业链条，但是在区域间海洋产业链的发育程度仍需大幅度提升，如何培育、延伸产业链条成为新的关注点。本章探讨了京津冀典型海洋产业链培育构建思路，并提出构建京津冀海洋产业链的保障措施与对策，有助于明确京、津、冀在海洋产业链中的功能划分，立足优势产业，实现共赢，促进京津冀海洋产业持续健康发展。

海洋产业是开发利用和保护海洋所进行的生产和服务活动，在我国《海洋及相关产业分类》（GB/T 20794—2006）中的海洋产业定义是指开发、利用和保护海洋的各类产业活动，以及与之相关联活动的总和。根据研究目的和分析方法的不同，主要海洋产业分类如表10 - 1所示。

表 10 - 1   海洋产业分类

分类标准	海洋产业分类
按三次产业分类法	海洋第一产业、海洋第二产业、海洋第三产业
按国民经济核算体系	海洋产业、海洋相关产业
按海洋产业开发顺序及技术标准	传统海洋产业、新兴海洋产业、未来海洋产业
按部门分类（依照产业自身特点形成的产业部分）	滨海旅游业、海洋交通运输业、海洋渔业、海洋工程建筑业、海洋油气业等

本书将海洋产业按开发顺序及技术标准分类法，分成传统海洋产业、新兴海洋产业和未来海洋产业（见表10-2）。

表10-2　　　　　　　　　　　海洋产业的类型

海洋产业类型	产业部门
传统海洋产业	海洋捕捞业、海水养殖业、海洋交通运输业、海洋盐业、海洋船舶业
新兴海洋产业	海洋油气业、滨海旅游业、海洋生物医药业、海洋化工业、海洋工程建筑业、海洋科研教育管理服务业
未来海洋产业	深海采矿业、海洋能利用业、海水综合利用业、海洋空间利用业

第一节　京津冀海洋产业链发展现状及问题分析

一　京津冀海洋产业的发展现状

京津冀东临渤海湾，拥有丰富的海洋资源，众多优良港口，具有发展海洋产业得天独厚的优势，海洋产业发展迅速（见表10-3）。

表10-3　　　　　　　2013年京津冀地区海洋产业基本情况

地区	海洋生产总值（亿元）	第一产业（亿元）	第二产业（亿元）	第三产业（亿元）	海洋生产总值占地区生产总值比重（%）
全国	54313.2	2918.0	24909.0	26486.2	15.8
天津	4554.1	8.7	3065.7	1479.7	31.7
河北	1741.8	77.9	911.4	752.5	6.2

资料来源：《中国海洋统计年鉴（2014）》。

（一）北京市海洋产业的发展现状

受区位和资源限制，北京市海洋产业生产总值与津冀两地存在较大差距，其主要集中在海洋方面的科研、教育、管理及服务等。北京市海洋科研力量优势明显，在发展海洋产业上拥有丰富的技术、资金和人才要素。例如，科技与研发能力方面，京津冀总体科研机构数量接近全国的25%，从业人员约占全国的45%，科研活动和课题数也占很大比例（见表10－4）。另外，从京津冀地区来看，北京在海洋科研力量上，比河北省和天津市总体资源还多，远远超过津冀两地。北京市的海洋科研力量十分雄厚，为京津冀地区提供了坚实的科研基础。

表10－4　　　　　　　　2013年京津冀地区海洋科研情况

地区	机构数（个）	占比（%）	从业人员（人）	占比（%）	科研活动人员（人）	占比（%）	课题数（项）	占比（%）
全国	175	100	38754	100	32349	100	16331	100
北京	24	13.71	13976	36.06	12371	38.24	6045	37.02
天津	14	8.00	2646	6.83	2192	6.78	723	4.43
河北	5	2.86	555	1.43	525	1.62	94	0.58

资料来源：《中国海洋统计年鉴（2014）》。

（二）天津市海洋产业的发展现状

1. 天津市海洋产业的地位分析

天津市属于滨海城市，海洋产业的发展对天津市经济意义重大。在日益发展的海洋高新技术的推动下及陆域经济发展受到限制的压力下，海洋产业不断壮大，对天津市经济发展起到重要的支撑作用。从天津本地来看，2014年，天津市海洋生产总值达5027亿元，比上年增长11.23%。2010—2014年，天津市海洋生产总值占全国的比重由7.85%增加到8.39%（见图10－1）。显然，天津市海洋产业在全国海洋产业的地位逐渐提高，增长率呈现缓慢但持续增长态势。

2. 天津海洋产业的结构分析

2014年，天津市海洋产业总体平稳增长，发展速度快于全国海洋产业和全市经济，具有涉海服务业发展快于工业的特点。2014年，天津市海洋产业结构进一步优化，成为海洋产业发展的一大亮点，三次产业之比为0.26∶63.40∶36.34，呈现"二三一"结构。

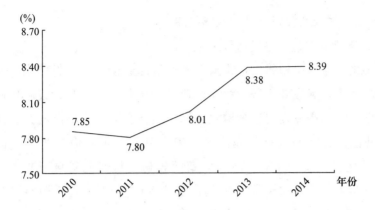

图10－1 天津市海洋生产总值占全国海洋生产总值的比重

天津市海洋优势产业明显，主要表现在海洋第二产业。2013年在主要海洋产业中，海洋油气业、滨海旅游业、海洋工程建筑业、海洋交通运输业、海洋化工业的产业增加值所占比重较大，而海洋生物医药业、海水利用业、海洋盐业、海洋船舶业等的产业增加值占比较小（见图10－2）。

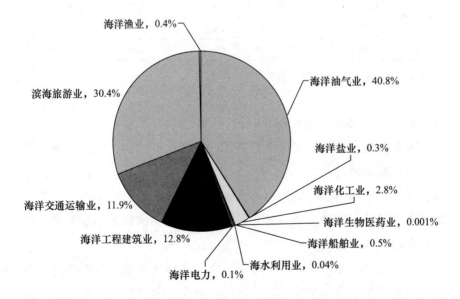

图10－2 2013年天津市主要海洋产业增加值构成

资料来源：《2013年天津市海洋经济统计公报》。

（三）河北省海洋产业的发展现状

1. 河北省海洋产业的地位分析

河北省与京津相邻，是我国重要的沿海省份之一。近年来，河北省海洋经济发展成效显著，海洋产业结构优化明显，基础设施建设快速推进，海洋产业发展后劲增强，海洋经济综合实力不断提升，但仍然是我国海洋经济发展的塌陷区。2013 年，河北省海洋生产总值达1741.8 亿元，仅仅高于广西和海南两省份。从河北省自身来看，河北省海洋生产总值占全省 GDP 的比重从 2009 年的 5.42% 增加到 2013年的 6.15%，海洋产业在经济发展中的地位有所提高，但是增幅较小（见表 10 – 5）。

表 10 – 5　　　　　　　河北省海洋产业结构构成　　　　　单位：%

年份	海洋生产总值	第一产业	第二产业	第三产业	占全省 GDP 比重
2009	922.9	4.0	54.6	41.4	5.42
2010	1152.9	4.1	56.7	39.2	5.71
2011	1451.4	4.2	56.1	39.7	5.99
2012	1622.0	4.4	54.0	41.6	6.10
2013	1741.8	4.5	52.3	43.2	6.15

资料来源：由历年《中国海洋统计年鉴》整理。

2. 河北省海洋产业的结构分析

河北省海洋产业一直保持着第二产业独大的结构，一直以来，第二产业比重均超过 50%。表 10 – 5 显示，河北省海洋第一产业占比稳定，缓慢增加，第二产业占比远大于其他产业，第三产业占比从整体来看略有增加。这样看来，河北省海洋产业结构需要进一步调整，第三产业的发展亟待提高。

在河北省海洋产业中，滨海旅游业、海洋化工业、海洋渔业、海水综合利用业、海洋交通运输业等增长迅速，而发展相对较弱的产业主要集中在新兴产业和未来产业，海洋生物医药业、深海采矿业等尚未形成规模。因此，河北省海洋经济更多地集中在传统产业，新兴产业有所发展，但是，发展层次仍然较低，处于起步阶段，高附加值的未来产业基本未涉及。

由此可见，北京市海洋产业的发展主要体现在涉海科研方面，在全国傲居榜首；天津市是海洋大市，海洋产业发展势头良好，产业基础雄厚，具有多个优势产业；河北省海洋产业处在稳步上升期，产业结构不断优化，传统海洋产业优势明显，新兴海洋产业较为弱小。总之，京津冀三地的海洋产业基础不同，各有优势。

（四）京津冀海洋产业发展面临的难题

1. 管理功能分散，涉海部门缺乏有机协调

无论是天津市海洋局还是河北省海洋局，涉及的工作只是在有关海洋资源、环境、海域管理、数据统计等方面，具体到产业的有关职能则分散在农业厅、工信厅、交通厅、水利厅、旅游局等不同部门。这种职能分工一定程度上可以使各个职能在不同部门得以针对性实施，但是，也存在不能综合规划、集中引导等诸多弊端。

海洋的开发和利用是一个复杂的系统工程，需要各地区、各部门的共同努力，但现实情况是，十多个涉海部门之间缺乏权威的领导和有效沟通机制，各部门"各扫门前雪"，内部调控十分不到位。

2. 河北省海洋科研能力不足，专业人员匮乏

河北省的海洋科研能力与全国沿海地区相比，相去甚远，无论是科研机构、科技课题还是科研人员在全国都排在后位。2013年，河北省海洋科研机构数量仅为5个，海洋科研机构科技课题为94项，科研人员仅为525人。

河北省只有河北农业大学海洋学院，并无其他专门院所，并且2014年才正式开始硕士招生，高层次、高规格的人才培养与其他省份存在较大差距。河北省科研力量严重不足，与北京市、天津市差距悬殊，严重制约河北海洋经济的发展。

3. 思想观念制约，重视程度欠缺

与海洋经济快速发展不相符的是，人们的观念还相对保守，对海洋发展认识滞后。缺乏海洋保护意识，对海洋掠夺式开发，导致尤其是环境污染，造成了一系列的海洋环境问题。除此之外，人们缺乏发

展海洋新兴产业的意识。津冀两地虽然已经认识到海洋新兴产业对海洋经济发展的重要性，但是，由于海洋新兴产业不同于传统产业的特点及发展规律，人们在发展过程中不免出现重视程度不足、发展方向偏差的问题。海洋新兴产业具有高投入、高风险等特点，与传统产业的立竿见影有所不同，因此，政府在对海洋新兴产业的投入与重视程度上都远不及海洋传统产业。

二　京津冀海洋产业链的发展现状

（一）北京市海洋产业链的发展现状

北京市与河北省紧邻，与天津市接壤，属于内陆地区，虽然在海洋产业发展方面受到资源上的限制，但是，在海洋科技综合实力方面却占有绝对优势。北京市海洋企业和海洋科研机构之间缺乏交流和联系，科研成果的产业化和市场化程度低。在北京市海洋科研机构科技中应用研究的课题项目数量是最多的，其次是基础研究，排在第三位的是科技服务，试验发展和成果应用的项目相对较少。北京市众多科研机构、院所的研究成果没有完全、及时地投入到生产实践中，造成资源上的浪费，产业链衔接存在问题。

（二）天津市海洋产业链的发展现状

天津市作为滨海直辖市，不断推进"海洋强市"战略，经过多年的发展布局，形成了五大海洋产业区——临港经济区、南港工业区、滨海旅游区、天津港主体港区、中心海港区。天津市目前积极进行海洋产业转型升级，大力培育战略性新兴产业，逐渐打造门类齐全的海洋产业链。天津市海洋经济示范区着力发展循环经济，打造以现代海洋渔业、海洋化工业、海水综合利用业、海洋工程装备制造业、海洋旅游业等为核心的多条产业链，构筑现代海洋产业体系。天津市海洋产业链的发展比京冀更加成熟，在多个海洋产业内部已经形成不同程度的产业链。天津市滨海新区北疆电厂海水综合利用项目成为典型。天津市北疆电厂循环经济发展成熟，是政府重点打造领域，项目依托产业区位优势，从发电厂作为龙头环节，以海水作为连接纽带，循环发展，提高资源的使用效率，形成了"发电—海水淡化—盐化工—制造"等环环相扣的海水综合利用产业链。

（三）河北省海洋产业链的发展现状

河北省沿海地区包含唐山、秦皇岛、沧州 3 个市，6 个县，1 个县级市，4 个区，海岸线总长 487.3 千米。河北省海洋产业发展较晚，已经形成的产业链多数较短，亟须建链、补链。经过多年积累，河北省初步形成了多条海洋产业链。秦皇岛在扇贝养殖方面全国知名，尤其是昌黎地区，贝类产量占全市水产品的 90% 左右，不仅销往全国，更远销国外。河北省秦皇岛海湾扇贝的养殖面积超过 4 万公顷，是中国产量最大的海湾扇贝养殖区，扇贝养殖业的产业体系日渐清晰。在扇贝带动下，逐渐形成"苗种培育—养殖—加工—冷藏—出口贸易"产业链（张福崇、王六顺等，2011）。但是，在这个链条中，秦皇岛的优势体现在养殖和加工环节，苗种培育和冷藏运输等还不成熟，产业链较短。

曹妃甸是国家级循环经济示范区，全力建设三条典型产业链，其中有一条是利用华润电厂发电余热作为产业链上游进行热电生产和海水淡化，淡化后的浓缩海水用于盐业生产和盐化工，产生的灰渣则用于制造建材等。曹妃甸海水淡化项目是我国在该领域成熟的代表，形成了"海水冷却发电—海水淡化—浓盐水综合利用—盐化工"这样一条产业链（刘堃，2013）。

南堡开发区海洋化工循环体系成熟，它以南堡盐场丰富的海盐资源为依托，三友集团为主体，形成了上游海盐生产，中游"两碱一化"，下游氯气利用的体系。

沧州临港化工园区建立了以"三圈"为主要特征的循环经济体系，形成了企业内部循环圈、园区内循环圈、园区与周边地区的循环圈。但是，由于河北省在技术、人才上的短缺，因此制约了产业链进一步向上下游的延伸。

（四）京津冀区域海洋产业链发展现状

1. 省域内部分海洋产业链条已初步形成

京津冀三地内部已经形成了多条产业链，主要表现为企业内部和企业间上下游产业的衔接。从省域内部来看，三地发展程度有所不同，天津市最优，河北省次之，北京市主要提供技术支持，典型产业链条如表 10-6 所示。

表 10-6   津冀已形成的典型海洋产业链

地区	产业部门	产业链条
河北	秦皇岛扇贝养殖产业	苗种培育—成贝养殖—贝柱加工—冷藏和出口贸易
	曹妃甸海水淡化产业	海水冷却发电—海水淡化—浓盐水综合利用—盐化工盐—碱—氯气—四氯化钛—海绵钛
	南堡开发区海洋化工产业	按照石油化工、煤化工、氯碱化工产品链的上下游关系，形成循环经济的产业链
	沧州临港化工园区海洋化工产业	
天津	滨海新区海水综合利用业	发电—海水淡化—制盐—盐化工—建材生产
	中心渔港现代海洋渔业产业	工厂化循环水养殖—冷链加工—市场交易—休闲旅游
	临港经济聚集区海洋工程装备制造业	船舶造修、海洋工程装备制造一体化产业链
	南港工业基地海洋石油化工业	海洋石油开采—存储—炼油—乙烯生产—轻纺加工

京津冀现有海洋产业链中，天津市基于雄厚的产业基础，海洋产业链发展较为成熟，拥有多条产业核心链条；河北省海洋产业总体基础薄弱，形成的产业链多为短链，其中，秦皇岛扇贝养殖产业链、曹妃甸海水淡化产业链、南堡开发区盐化工产业链、沧州临港化工园区海洋化工产业链发展较为成熟。京津冀三地省域内已经初步形成多条产业链，这对三地实现跨区域产业链的对接奠定了基础。

2. 跨区域海洋产业合作初露端倪

京津冀在海洋领域的合作显现出产业链形成的端倪。京津冀区域目前已有海洋产业链条主要是以北京市企业作为开发企业，河北省和天津市产业和经济区为依托形成的。如北京市和河北省就海洋风电项目展开了一系列的合作。

2014年，华电重工和唐山市签订建设曹妃甸海上风电产业基地合作协议。根据协议，华电重工将引进国际先进海上风电塔基专有技术，打造曹妃甸海上风电产业基地，直供京津冀地区使用。津冀海洋产业的合作多是在沿海地区的工业园区中体现的，如滨海新区管委会与唐山市政府共同签署的经济合作协议，推进曹妃甸工业园区和滨海新区优势产业的合作。可见，京津冀三地在海洋产业方面陆续开展合作，跨区域产业链正在逐步形成。

关于京津冀海洋产业链的发展，可以看出，在京津冀各地内部个别海洋产业中已经形成一些产业链条，多为断链、短链，但是，也有部分产业链条发展较为成熟，这为构建京津冀区域产业链打下了一定的基础。从整个区域来看，京津冀地区关于海洋产业存在合作，这些合作多是在政府主导下达成的，并且后续合作趋势明显。

（五）京津冀海洋产业链发展存在的问题

1. 产业链完整性差

由于京津冀三地海洋产业经济技术水平存在巨大差异，京津冀地区的海洋产业存在较大的梯度落差，导致区域内产业链不能有效衔接。由于京津冀三地在行政区划上的分割，竞争大于合作，尤其是津冀之间产业同构现象突出，竞争更是激烈，区域间的产业关联性差。以滨海旅游业为例，它既是河北海洋支柱产业之一，也是天津海洋产业中重要组成部分。京津冀在地理位置上接近，旅游资源各具特色、各有所长，北京人文旅游资源丰富，天津滨海旅游资源突出、文化旅游资源多元，而河北海洋风光以自然风景为优势。但是，三地的滨海旅游，尤其是津冀之间的滨海旅游并没有过多的联系，而是孤立地存在，没有形成产业链。因此，急需围绕吃、住、行、购、娱等要素形成完整的链条。

2. 产业链条短

京津冀区域间海洋产业只是形成了局部的、某一环节上的产业链，还未真正形成区域间整体的产业链，并且京津冀各地的海洋产业链也只是较短的链条，或者仅仅是企业与企业间的合作。河北省海洋现代产业规模小、起步晚，传统海洋产业仅是"靠海吃海"，直接对海洋资源进行开发，没有多少技术含量，忽略对产品的深加工。比如海洋渔业产业链，包括海洋渔业养殖—捕捞—产品加工—流通，各个环节与其他产业存在密切的关系，它更像是一个网，不只是简单的直线链条结构。但是，河北省海洋渔业仍以传统、粗放型开发为主，无节制地开发海洋，从企业推动到信息技术支撑再到市场销售没有一个完整的产业链，仅仅是其中的一部分，尤其是海洋渔业产品加工业十分欠缺。

3. 北京市科技优势与津冀科研薄弱落差明显

科研实力与技术进步对推动海洋经济具有重要作用，在产业链中，科研开发处于十分重要的环节，没有科研创新的推动，产业链是无法实现纵横向延伸的。京津冀区域内，北京市科技实力在全国领先，然而，研究成果有80%左右转移到了京津冀之外，而长三角和珠三角则是主要技术承接区，津冀并没有得到"特殊待遇"。除此之外，津冀两地科研开发能力薄弱，在创新环节跟不上海洋产业的发展。从2013年的数据来看，天津的海洋科研机构为14个，科研活动人员和课题数占全国的比例分别为6.78%、4.48%，位于全国中等水平；河北省的海洋科研机构仅为5个，科研活动人员和课题占全国总数的1.62%、0.58%，与广西、海南两省份相当，科研水平处于全国靠后水平，而北京市在海洋科研机构、科研活动人员等多个方面超过了津冀总和。

4. 规划缺失下的产业合作机制尚未形成

区域产业链的培育与构建离不开合理有效的合作机制。京津冀地区一直以来都是"各自为政"的状态，虽然就区域合作进行过多次双边或多边的高层对话，但是，一直没有建立起像长三角、珠三角一样的正式的协调机制，在培育海洋产业链上既没有制度保障，也没有诸如《京津冀海洋产业链规划》之类成体系的指导文件。另外，政府在构建区域层面上海洋产业链的意识不足，主要着眼于本地区经济的发展，以至于产业链的构建主要是以本地为主要载体，鲜有与其他省域间的合作。

5. 津冀海洋产业发展落差大导致产业链对接困难

天津市海洋新兴产业发展程度较高，产业链主要向海洋新兴产业方向发展，而河北省海洋产业集聚程度较低，产业链主要集中于传统海洋产业。目前，津冀已经形成的海洋产业链，除了海水淡化产业链均是两地区发展的重点，其他形成的产业链并不对称。这也就存在河北省想要与天津市对接扇贝养殖产业链，天津市没有基础，而天津市想要就海洋石油化工业与河北省进行产业链对接，河北省无力参与等问题，加大了产业链对接难度。

三　河北省对接京津冀海洋产业链存在的问题

（一）海洋产业聚集性低

区域产业链的形成过程中最为关键的环节是集聚，在某一区域内，只有企业集聚起来，才有可能形成生产环节相互衔接的结果（陈朝隆，2007）。河北省目前还没有形成大规模的海洋产业园区，另外也缺乏特色海洋产业集群，涉海企业规模小，且布局分散。这样的情况下，不仅河北省企业间副产品交换不顺畅，而且在与京津海洋产业链对接中也受到阻碍。

（二）海洋产业规模小

天津市海洋产业发展相对比较成熟，海洋生产总值占地区 GDP 的比重在30%左右，远高于全国的平均水平。而河北省海洋产业不仅与天津市存在较大差距，在全国也处于落后水平。2013 年，河北省海洋生产总值在全国排名靠后，在沿海城市中排在倒数，海洋生产总值占地区 GDP 的占比排名仅高于广西。另外，海洋新兴产业发展程度较弱，发展规模小于海洋传统产业。京津冀海洋产业规模差距大，致使河北省在对接京津海洋产业链时，有些产业并不能在产业链发挥作用，致使对接出现问题。

（三）海洋产业缺乏有力的技术支持

产业链的构建与连接势必需要技术支持，而河北省海洋科研开发能力欠缺，加上海洋经济对技术要求比较高，需要企业进行高投入，同时面临较大的风险，投入产出的周期也比较长。大多数企业没有足够的资金，也没有能力开发产业链衔接所需要的技术，无法有效对接天津市海洋产业，因此出现了产业断链的情况。

第二节　京津冀典型海洋产业链的构建

京津冀海洋产业链要充分考虑到各地海洋产业的发展程度，根据劳动地域分工理论中分工与合作的思想，认清自己的优劣势，因地制宜地掌握产业链关键点，避免盲目对接。产业链的对接不能以服务的态度，而是以发展为目标，在考虑京津需求的同时，也要考虑到河北省海洋产业所具有的优势。对于发展还处于起步阶段的产业，首先要采取的是保护态度，如果强行与其他地区对接，势必适得其反。

一　京津冀海洋产业链的选择

对于核心产业的选择要从各地区的实际出发，充分考虑到已有产业基础、资源禀赋、科技研发实力等条件来确定产业链的中心产业。结合京津冀地区的实际情况，本书根据以下三个标准对产业链中的核心产业进行选择。

（一）未来发展方向

海洋传统产业主要是对资源的原始开发利用，产业链条短，对相关产业的带动性较弱。海洋未来产业在我国目前处于初步发展阶段，对高新技术具有非常高的要求，只有当技术和市场达到成熟阶段，海洋未来产业才能得到迅速发展。而海洋新兴产业对技术有较高要求、产业带动性强，成为拉动经济增长的新引擎。各沿海地区都将海洋新兴产业作为重点发展领域，这也是我国海洋产业未来发展的方向。

（二）产业基础

以基础雄厚的产业为中心产业进行产业链构建，不仅可以发展该地区的比较优势，同时也减少了成本，提高了效益。天津市和河北省都十分重视海洋新兴产业的发展，并且天津市在这方面已经取得了很大进展，发展迅速，而河北省的海洋新兴产业和未来产业规模尚小，实力较弱，海洋生物医药和深海采矿业尚未形成规模。

（三）产业关联度

产业关联度要求的是核心产业与其前后项产业有紧密的联系，在较高的关联度基础上形成产业链条，选择的核心产业应该是对关联产业的发展具有带动作用，这样，才有利于产业链的进一步延伸。海洋渔业、滨海旅游业、海洋化工业等关联产业多且联系紧密，对其他产业发展具有明显的带动作用。

（四）选择结果

通过对海洋产业未来发展趋势、产业基础及产业关联度的分析，本书按开发顺序和技术标准分类，从不同类型的海洋产业中选取六个核心产业作为京津冀典型产业链进行构建（见表10-7）。

表 10-7　　　　　　　　京津冀海洋产业链的选择

海洋产业类型	产业部门
传统海洋产业	海洋渔业（海洋捕捞业、海水养殖业等）
新兴海洋产业	滨海旅游业、海洋生物医药业、海洋化工业、海洋工程装备制造业
未来海洋产业	海水综合利用业

二　京津冀典型海洋产业链的构建

（一）以海洋渔业为中心的海洋产业链

海洋渔业产业链包括海洋渔业捕捞、海洋渔业养殖、海洋渔业产品加工等主导部门及流通、销售、运输、渔船修造等辅助部门（见图10-3）。

在海洋渔业产业链中，海洋渔业是核心，而海洋渔业加工业则是海洋产业链延伸的关键。京津冀在海洋渔业产业链上的合作主要着重在海洋渔业产品加工环节，以此为契机，延伸区域海洋渔业产业链，形成"海水循环养殖—工厂化养殖—生态养殖—远海养殖—精深加工和冷链物流"产业链。河北省在海洋产业链中着重发展产业链的上游，天津市在海洋渔业产品深精加工方面加大投入，形成北京市提供技术支持，津冀构建海洋渔业的产业链。

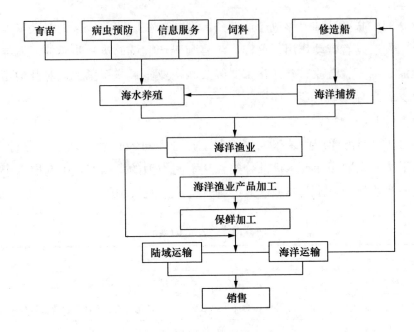

图 10 - 3　海洋渔业产业链

（二）以滨海旅游业为中心的海洋产业链

滨海旅游产业链是以滨海景区为中心，上游涉及交通运输、旅行社、旅游装备制造，下游涉及住宿、餐饮、娱乐、零售等相关产业（毛昊洋，2012）（见图 10 - 4）。滨海旅游产业链不同于其他产业链，产业链内各企业是直接面向消费者的。

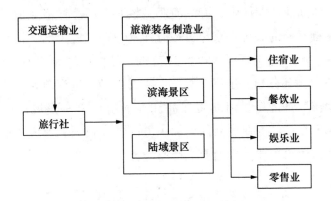

图 10 - 4　滨海旅游业产业链

与津冀相比，北京市人口密度高，且城市自身具有极高的吸引力，可以考虑在旅行社、交通运输等方面下功夫，将北京一日游或北京一地游延伸为京津冀三地游。京津冀三地的旅游资源各具特色：北京市是全球拥有世界遗产最多的城市，其民风习俗、文物古迹都是宝贵的资源；河北省滨海旅游资源主要集中在秦皇岛，当地自然资源丰富，既有山、海、湖、泉、瀑、沙等各种自然资源，也有关、城、港、寺、庙等人文资源；天津市滨海旅游优势主要在人文资源，五大道、滨江道、意式风情区等独具特色。京津冀可本着"错位发展、突出个性"的原则，打造多条以滨海景区为中心，与陆域景区相结合，吃、喝、玩、乐、住、行于一体，涵盖三地的精品旅游路线。另外，随着人们旅游需求的不断升级，新的旅游消费热点推动旅游装备向高层次发展，作为滨海旅游产业链上游产业，旅游装备制造业是旅游业的重要支撑，是提升旅游品质的重要保障。天津市旅游装备制造业发展迅速，是本地优势产业。天津市应紧随旅游业发展步伐，明确高端旅游装备、户外运动装备、基础设施装备等旅游装备产业的发展侧重点。

（三）以海洋生物医药业为中心的海洋产业链

海洋生物医药产业作为高新技术产业，产业链具有强大的关联作用，是带动区域发展的重要产业。海洋生物医药产业对技术要求高，每个生产过程都有核心技术与之对应，并且上一环节的技术对本环节和后续环节的生产都有影响（于志伟，2014）。实际上，与海洋生物医药产业链对应地存在一条技术链（韩立民、周乐萍，2013）。对产业链予以支撑，包括药物发现、药物开发和药物生产三大过程（见图10－5）。

在海洋生物医药产业链上，北京市利用其在生物医药行业的人才、研发机构和大型企业的优势，建立院校、企业、研发机构的创新联盟，将资源优势转化为产业优势，将重点放在产品研发和高技术产品生产方面。河北省具有良好的医药产业基础，尤其在传统医药上具有比较优势，天津市具有大兴、滨海国家级生物医药产业基地，在中药现代化、医疗器械等方面优势明显。津冀在产业链形成过程中，以比较优势产业为基础，错位发展，做好产业链的始发环节和成果转化环节，适当地从低端、低附加值产品生产转向中间医药制品和高技术医药制品的生产。

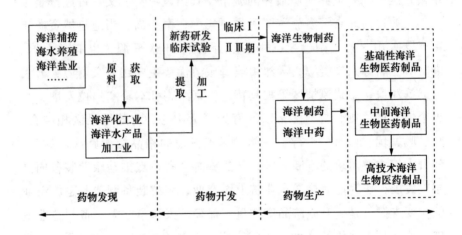

图 10 - 5　海洋生物医药产业链

（四）以海洋化工业为中心的海洋产业链

唐山海洋经济区中的海洋化工产业链发展比较成熟，在此基础上与京津展开合作相对比较容易。南堡开发区初步建立起盐化工产业链，要继续做大做强氯碱下游产品，完善"氯气—三氯氢硅—多晶硅—单晶硅—太阳能电池、氯气—有机硅单体—有机硅中间体"产业链，并且以白炭黑、涂料、聚酯纤维、环氧树脂为最终产业的产业链，向下游延伸。天津市南港工业基地已形成"海洋石油开采—存储—炼油—乙烯生产—轻纺加工"的石油化工产业链条。京津冀海洋化工产业链可以在此基础上优势互补，调整产业产品结构，延伸产业链条。

（五）以海水淡化产业为中心的海水综合利用产业链

海水综合利用产业链具有很强的产业关联性，上游产业提供能源动力，即热电厂或大型钢铁企业提供的生产余热作为淡化海水的生产动力；下游浓缩海水开发利用（见图 10 - 6）。

海水淡化是津冀海洋产业中发展较为成熟的产业链。曹妃甸新区和天津市滨海新区的海水淡化项目发展成熟，但是却没有过多合作，在已经形成的产业链上加强津冀合作是构建区域性的海水综合利用产业链的关键。另外，海水淡化中部分环节对技术要求非常高，我国也采用国际上的主流技术"热法"与"膜法"，但是，技术落后是阻碍海水淡化产业发展的重要原因。因此，在海水综合利用产业链中，基于北京的技术、人才优势和津冀在海水淡化及综合利用产业链形成的基础上，进一步完善和延伸产业链条。

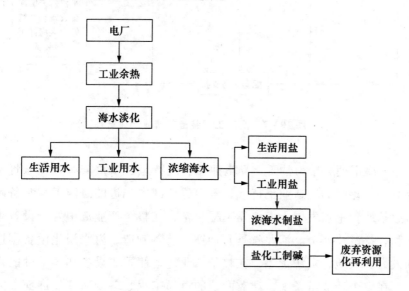

图 10 - 6　海水淡化及综合利用产业链

资料来源：巨星：《河北省发展海水淡化循环经济研究》，博士学位论文，燕山大学，2010 年。

（六）以海洋工程装备制造业为中心的产业链条

海洋工程装备制造业具有技术密集、资源消耗少、综合效益高、关联性强的特点，是海洋经济的先导性产业。京津冀是我国海洋工程装备制造业的重要基地，具备形成以海洋工程装备制造业为中心的产业链的良好基础。京津冀地区以海洋工程装备制造业为中心的产业链是以北京技术研发为支持，津冀以各自发展优势为方向，以已有基地为载体形成的跨区域、跨海陆的一条产业链（见图 10 - 7）。

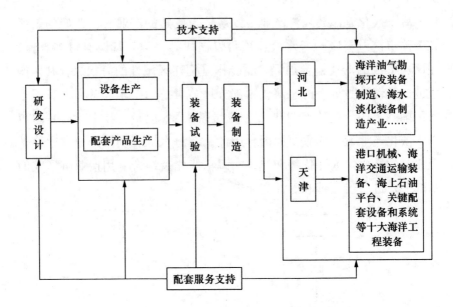

图 10 - 7　海洋工程装备制造业产业链

　　天津市拥有中海油工、新港船舶、波特迈、太重滨海等多家骨干企业，在雄厚的制造业支持下，着力建设国内先进的海洋工程装备制造业基地，重点发展十大海洋工程装备，在整个产业链中处于设备生产和装备试验环节。河北省具有钢铁、装备制造、海水淡化设备制造和人力、土地、资源优势，在整条产业链上侧重于设备和零部件的生产。在整个产业链条上，津冀两地的海洋工程装备制造业发展面临的共同问题是核心技术依赖于国外，研发设计能力弱。北京市依托较强的科研实力和骨干科研机构与津冀形成"研究—开发—生产"相互促进的发展模式。

第三节　构建京津冀海洋产业链的路径探索

一　建立海洋产业链发展的"三维"保障

（一）建立完善的合作制度

一维是要建立起制度保障。可以看到，京津冀三地在海洋产业发展上，各具优势，具有形成完整产业链的可能性。为此，京津冀区域必须加强顶层设计，借鉴长三角、珠三角地区发展经济，尽快建立起一套完善的合作与监督机制，成立起如海洋产业协作组织等区域性组织。

（二）加大相关企业的政策支持

二维是要建立起政策保障。部分企业内部已经形成一些断链、短链，但是由于成本、技术、人才等问题，无法独立建设完整的产业链。政府要从财政和税收两方面加大对企业的政策支持，对于相关企业给予财政补贴、减少税收的优惠政策，鼓励企业的培育、对接、延伸产业链的行为。一方面，对于这些企业的设备购买、产房扩建等可以进行一定比例的补贴，减少其生产成本；另一方面，由于部分海洋产业链的收益周期较长，生产压力大，一定时期内可以降低企业的税收，降低企业的生产成本。

（三）加快建立技术支撑体系

三维是要建立起技术保障。京津冀地区除了北京，津冀两地的科技研发能力弱，满足不了海洋产业发展过程中对于一些先进技术的要求，对于京津冀海洋产业链的完善形成制约。从津冀两地来说，要加大本地的科技研发能力，培养自身的海洋产业专业人才，同时，从北京市以及其他地区引进先进技术；对北京来说，要加强与津冀的合作，形成稳定的技术供给渠道，为津冀海洋产业的发展提供技术支持，让其享受到北京的研发优势。

二　壮大津冀海洋产业，实现产业链对接

京津冀地区海洋产业发展与其他沿海地区相比，规模较小，产业基础薄弱，而且津冀产业梯度落差大，这使海洋产业链的构建缺乏坚实的基础，因此，必须大力发展津冀海洋产业。针对津冀面临着产业链对接不畅问题，河北省要进一步加快发展滨海旅游业、海洋生物医药业、海水综合利用业，在与京津对接时，做到"力所能及"。天津市要继续推进海洋新兴产业的发展，以更现代化的手段升级传统海洋产业，转换传统发展模式，打造现代海洋产业链，京津冀三地围绕这六大海洋产业链条，实现区域间产业链的顺利对接。

三　加强区域间产业协作，打破行政界限

京津冀人缘相近、地缘相接，但是，由于行政壁垒，三地市场分割，要素流通不畅。在京津冀协同发展的历史背景下，三地应该打破地理上的界限，加强区域间海洋产业协作，形成统一的大市场。北京市现代服务业发达，要在相关方面加大对津冀海洋产业的支持，将更多的技术、服务等要素向邻地输出。天津市和河北省要秉着"错位发展、互利共赢"的理念，在海洋产业方面加强交流，在有益的竞争中实现更多合作。

四　延伸短链，找到对接突破口

京津冀局部存在不少利用企业内部或企业间的供需关系形成的海洋产业链，这些链条仅仅由两三个环节构成，产业链较短，比如临港化工的三聚氯氰项目产生的盐，又回收作为离子膜烧碱项目的原料，对环渤海新区内其他产业并没有明显的带动作用。由于产业链条短，京津冀三地在产业对接上难以找到突破口，从而造成区域间的断链。这就要求在局部首先形成发展成熟的产业链，为跨地区产业链的对接打下基础。因此，要延伸京津冀已有的短链，在已形成的产业链基础上，向上、下游产业延伸，建立起供需关系，进一步突破企业内的产业链，形成企业间、园区间的产业链。

参考文献

［1］安树伟：《中国大都市区管治研究》，中国经济出版社 2007
年版。

［2］安树伟、刘晓蓉：《区域政策手段比较及我国区域政策手段完
善》，《江淮论坛》2010 年第 3 期。

［3］安树伟、肖金成：《京津冀协同发展：北京的"困境"与河北的
"角色"》，《广东社会科学》2015 年第 4 期。

［4］安树伟：《推动京津冀形成"三足鼎立"格局》，《中国城市报》
2017 年 3 月 6 日第 2 版。

［5］安树伟：《近年来我国城市环境污染的趋势、危害与治理》，《城
市发展研究》2013 年 5 月 26 日。

［6］白冰冰：《论现代信息技术与城市管理理念转变》，《前沿》2003
年第 2 期。

［7］白美丽：《河北省高层次、高技能人才队伍建设存在的问题及解
决对策》，《河北北方学院学报》（社会科学版）2014 年第 5 期。

［8］薄文广、陈飞、张玮：《促进京津冀协同发展的四"点"建议》，
《中国国情国力》2015 年第 1 期。

［9］薄文广、周立群：《京津冀协同发展应借鉴长三角的经验》，《南
开学报》（哲学社会科学版）2015 年第 1 期。

［10］鲍龙、苗运涛、朱波：《河北省城市规划代表团赴首尔都市圈
规划考察报告》，《城市与区域规划研究》2012 年第 1 期。

［11］鲍志伦、郑英霞：《河北省科技人才使用机制创新研究》，《经
济论坛》2015 年第 3 期。

［12］滨野洁：《日本经济史：1600—2000》，南京大学出版社 2010

年版。

［13］蔡来兴：《国际经济中心城市的崛起》，上海人民出版社 1995
年版。

［14］蔡龙：《巴黎城市发展历程给我们的启示——赴法国学习考察见
闻》，《长江建设》2003 年第 1 期。

［15］蔡玉梅、宋海荣、廖荣：《韩国首都圈发展规划的演变与启
示》，《华北国土资源》2014 年第 5 期。

［16］沧州渤海新区管理委员会：《沧州渤海新区国民经济和社会发
展第十三个五年规划纲要》，2016 年。

［17］沧州市人民政府：《沧州渤海新区国民经济和社会发展第十三
个五年规划纲要》，2016 年。

［18］曹现锋、夏雪岭、何建平：《秦皇岛市扇贝养殖业现状及科学
发展建议》，《河北渔业》2010 年第 4 期。

［19］常艳：《日本首都圈的规划建设对京津冀协同发展的启示》，
《经济研究参考》2014 年第 59 期。

［20］陈朝隆：《区域产业链构建研究——以珠江三角洲小榄镇、石龙
镇、狮岭镇为例》，博士学位论文，中山大学，2007 年。

［21］陈海威、田侃：《我国基本公共服务均等化问题探讨》，《中州
学刊》2007 年第 3 期。

［22］陈剑平：《论法律手段与行政手段、经济手段的关系》，《上海
大学学报》（社会科学版）1994 年第 4 期。

［23］陈璐、杨素敏：《坚定不移走生态优先绿色发展之路》，《河北
日报》2016 年 9 月 23 日第 7 版。

［24］陈睿：《都市圈空间结构的经济绩效研究》，博士学位论文，北
京大学，2007 年。

［25］陈涛：《德国鲁尔工业区衰退与转型研究》，博士学位论文，吉
林大学，2009 年。

［26］陈新：《兰州新区承接产业转移潜力研究》，博士学位论文，西
北师范大学，2015 年。

［27］陈逸轩：《长三角区域政府间横向协调机制研究——整体性治理

理论视角》，硕士学位论文，上海师范大学，2013 年。

[28] 陈永国：《技术转移与京津冀产业分工协作》，《经济与管理》2007 年第 10 期。

[29] 成德宁：《我国农业产业链整合模式的比较与选择》，《经济学家》2012 年第 8 期。

[30] 程贵平、庞丽萍：《区域经济发展规律及欠发达区域发展研究综述》，《山东行政学院学报》2012 年第 2 期。

[31] 程长羽、李莹、王雪祺：《河北省海洋经济发展现状及其对策》，《经济论坛》2013 年第 2 期。

[32] 崔军、余艳：《推动京津冀经济协同发展的财税政策：作用机制与路径选择》，《京津冀协同发展的展望与思考》2014 年 5 月：214 - 222。

[33] 崔晶：《促进京津冀都市圈协同治理》，《中国社会科学报》2015 年 7 月 10 日第 4 版。

[34] 戴宏伟等：《区域产业转移研究：以"大北京"经济圈为例》，中国物价出版社 2003 年版。

[35] 道客巴巴：《城市轨道交通导向系统设计》，

    [36] http：//www. doc 88. com/p－3035592356083. html。

[37] 丁家云、周正平：《基于农业产业链延伸的农产品国际竞争力研究》，《南京审计学院学报》2015 年第 3 期。

[38] 董晓明：《河北省产业结构研究与主导产业选择》，博士学位论文，辽宁大学，2014 年。

[39] 杜偲偲：《苏南地区产业结构与转型升级路径研究》，《商业经济研究》2015 年第 4 期。

[40] Edward J. Blakely、Alexander E. Kalamaros：《大型可持续城市开发：从纽约到洛杉矶的经验》，王兰译，《国外城市规划》2003 年第 18 期。

[41] Edward J. Levy、尤文沛：《多伦多地区的公共交通：回顾与展望》，《国际城市规划》2005 年第 2 期。

[42] 冯怡康、马树强、金浩：《国际都市圈建设对京津冀协同发展

的启示》，《天津师范大学学报》2014 年第 6 期。

[43] 傅道忠：《国外产业结构调整及其启示》，《河北经贸大学学报》2002 年第 6 期。

[44] 傅国华：《运转农产品产业链，提高农业系统效益》，《中国农垦经济》1996 年第 11 期。

[45] 高占东：《国有钢铁企业人力资源管理对策研究》，博士学位论文，天津大学，2008 年。

[46] 龚勤林：《论产业链构建与城乡统筹发展》，《经济学家》2004 年第 3 期。

[47] 龚勤林：《区域产业链研究》，博士学位论文，四川大学，2004 年。

[48] 谷树忠：《疏解非首都核心功能》，《北京观察》2014 年第 6 期。

[49] 谷永芬等：《大都市圈生产性服务业——以长三角为例》，经济管理出版社 2008 年版。

[50] 顾朝林等：《京津冀城镇空间布局研究》，《城市与区域规划研究》2015 年 1 月 31 日。

[51] 郭小卉、康书生：《京津冀金融协同发展的路径选择》，《金融理论探索》2016 年第 2 期。

[52] 国家行政学院经济学教研部课题组：《产能过剩治理研究》，《经济研究参考》2014 年第 14 期。

[53] 哈妮丽：《探索体制机制创新，推进首都经济圈建设》，《投资北京》2012 年第 4 期。

[54] 海尔曼·皮拉特、杨志军：《德国鲁尔区的转型与区域政策选择》，《经济社会体制比较》2004 年第 4 期。

[55] 韩红霞、高峻等：《英国大伦敦城市发展的环境保护战略》，《国外城市规划》2004 年第 2 期。

[56] 韩士元、唐茂华：《京津冀都市圈一体化发展的合作重点及政府作用》，《天津行政学院学报》2005 年第 4 期。

[57] 何维达、潘峥嵘：《产能过剩的困境摆脱：解析中国钢铁行

业》，《广东社会科学》2015 年第 1 期。

［58］河北省发展改革委宏观经济研究所课题组：《解决环京津地带贫困与生态问题研究》，《宏观经济研究》2004 年第 7 期。

［59］河北省人民政府办公厅：《关于印发河北省钢铁水泥玻璃等优势产业过剩产能境外转移工作推进方案的通知》，冀政办函〔2014〕97 号。

［60］［美］赫希曼：《经济发展战略》，经济科学出版社 1991 年版。

［61］洪世健：《大都市区治理——理论演进与运作模式》，东南大学出版社 2009 年版。

［62］胡安俊、孙久文：《中国制造业转移的机制、次序与空间模式》，《经济学》（季刊）2014 年第 7 期。

［63］胡春斌、王峰、池利兵、高德辉：《首尔都市圈的轨道交通发展及其启示》，《城市轨道交通研究》2015 年第 5 期。

［64］胡琨：《德国鲁尔区结构转型及启示》，《国际展望》2014 年第 5 期。

［65］黄涛：《环境承载力与承接国际产业转移的能力分析——以湖北省为例》，《区域经济评论》2013 年第 3 期。

［66］黄喜、陆小成：《东京生态文明建设和环境治理经验对北京的启示》，皮书数据库，2015 年。

［67］黄晓蕾：《巴黎：构筑创新生态系统》，《华东科技》2010 年第 6 期。

［68］纪良纲、严飞、母爱英：《京津冀煤炭产业链的构建与思考》，《兰州商学院学报》2014 年第 5 期。

［69］姜秀娟、郑伯红：《浅谈日本东京和加拿大多伦多生态的复苏》，《山西建筑》2006 年第 10 期。

［70］蒋国俊、蒋明新：《产业链理论及其稳定机制研究》，《重庆大学学报》（社会科学版）2004 年第 1 期。

［71］蒋海英：《钢铁企业产能过剩成因及其化解》，《合作经济与科技》2015 年第 3 期。

［72］《京、津、冀区域经济一体化》课题组：《京津冀区域经济一体

化中的若干问题》,《经济研究参考》2003 年第 56 期。

[73] 《京津冀协同发展规划纲要》,2015 年 3 月 23 日。

[74] 景勤娟、卢靖华、吴丹:《河北企业经营管理人才现状及问题研究》,《中小企业管理与科技》(中旬刊)2014 年第 3 期。

[75] 郎友兴:《浙江杭州"以民主促民生":以社会民主为重点的民主政治建设之路》,《学习时报》2009 年 8 月 4 日。

[76] 李国平:《京津冀地区科技创新一体化发展政策研究》,《经济与管理》2014 年第 6 期。

[77] 李海申、苗绘、张杨:《河北省科技创新与科技金融协同发展模式研究》,《合作经济与科技》2015 年第 4 期。

[78] 李娜:《基于协同理论的京津冀都市圈合作治理研究》,硕士学位论文,天津商业大学,2014 年 5 月。

[79] 李向阳:《产业转型的国际经验及启示》,《经济纵横》2013 年第 10 期。

[80] 李雪瑾:《英国工业城市的转型经验及其对我国城市的启示——以伯明翰和唐山为例》,《中国管理信息化》2002 年第 4 期。

[81] 李子伦、马君:《财政政策支持产业结构升级的国际经验借鉴》,《财政研究》2014 年第 6 期。

[82] 栗宁:《漫谈世界五大都市圈》,《地理教育》2009 年第 2 期。

[83] 廖日坤、周辉:《瑞士区域协同创新模式及其借鉴》,《科技管理研究》2013 年第 7 期。

[84] 林宏:《世界都市圈发展的借鉴与启示》,《统计科学与实践》2017 年第 1 期。

[85] 林兰、曾刚:《纽约产业结构高级化及其对上海的启示》,《世界地理研究》2003 年第 9 期。

[86] 林尚立等:《复合民主:人民民主促进民生建设的杭州实践》,中央编译出版社 2012 年版。

[87] 林先扬:《广东县域经济转型与升级的机遇与挑战》,《广东经济》2015 年第 1 期。

[88] 林毅夫:《新结构经济学——反思经济发展与政策的理论框

架》，北京大学出版社 2012 年版。

[89] 林毅夫：《转型国家需要有效市场和有为政府》，《中国经济周刊》2014 年第 6 期。

[90] 刘道明：《巴黎的城市保护与更新》，《安徽建筑》2003 年第 4 期。

[91] 刘恩初、李江帆：《发展生产服务业核心层　推动广东产业高端化》，《南方经济》2015 年第 1 期。

[92] 刘贵富：《产业链基本理论研究》，博士学位论文，吉林大学，2006 年。

[93] 刘航、孙早：《城镇化动因扭曲与制造业产能过剩——基于 2001—2012 年中国省级面板数据的经验分析》，《中国工业经济》2014 年第 11 期。

[94] 刘会：《临空经济对促进京津冀都市圈一体化发展的作用探析》，《城市》2012 年第 10 期。

[95] 刘加顺：《都市圈的形成机理及协调发展研究》，博士学位论文，武汉理工大学，2005 年 5 月。

[96] 刘敬：《钢铁行业化解过剩产能问题研究——以邯郸辖区为例》，《河北金融》2015 年第 1 期。

[97] 刘莉、张晶、李海燕、李俊强：《京津冀都市圈区域金融合作发展的研究》，《特区经济》2011 年第 10 期。

[98] 刘瑞、伍琴：《首都经济圈八大经济形态的比较与启示：伦敦、巴黎、东京、首尔与北京》，《经济理论与经济管理》2015 年第 1 期。

[99] 刘世锦：《产业集聚及其对经济发展的意义》，《改革》2003 年第 3 期。

[100] 刘文超、曾昭春、张润清、李辉：《秦皇岛贝类产业发展状况调研报告》，《现代渔业信息》2011 年第 6 期。

[101] 刘西忠：《跨区域城市发展的协调与治理机制》，《南京社会科学》2014 年第 5 期。

[102] 刘学敏：《关于京津冀区域可持续发展的几个问题》，《城市问

题》2009 年第 6 期。

[103] 刘艳荣：《首都圈客运的多主体协调发展研究》，博士学位论文，河北工业大学，2011 年。

[104] 刘玉、刘彦随、陈玉福、郭丽英：《京津冀都市圈城乡复合型农业发展战略》，《中国农业资源与区划》2010 年第 4 期。

[105] 陆大道：《关于"点—轴"空间结构系统的形成机理分析》，《地理科学》2002 年第 1 期。

[106] 陆立军、裘小玲：《中国工业园区发展》，中国经济出版社 2003 年版。

[107] 陆瑶：《大城市群发展中的政府协调机制研究》，硕士学位论文，西南交通大学，2007 年。

[108] 罗纳德·J. 奥克森：《治理地方公共经济》，北京大学出版社 2005 年版。

[109] 罗守贵、李文强：《都市圈内部城市间的互动与产业发展——以上海都市圈为例》，格致出版社、上海人民出版社 2012 年版。

[110] 罗思东：《美国大都市区政府理论的缘起》，《厦门大学学报》（哲学社会科学版）2004 年第 5 期。

[111] 吕晨、霍国庆、张晓东：《中国区域科技竞争力评价研究》，《科技管理研究》2015 年第 3 期。

[112] 马海红、孙明正：《首尔交通的启示》，《北京观察》2010 年第 5 期。

[113] 马建章：《新形势下京津冀都市圈功能定位、战略重点和保障机制研究》，《城市》2012 年第 12 期。

[114] 马俊炯：《京津冀协同发展产业合作路径研究》，《调研世界》2015 年第 2 期。

[115] 毛昊洋：《产业链视角下的福建省海陆产业联动发展研究》，硕士学位论文，福建农林大学，2012 年。

[116] 孟鑫：《大都市圈空间发展模式比较研究》，《城市发展理论》2015 年第 43 期。

［117］ 孟延春：《美国城市治理的经验与启示》，《中国特色社会主义研究》2004 年第 3 期。

［118］ 孟育建：《世博会对举办地城市国际化进程的安全挑战》，《城市安全：首都国际化进程研究报告》，2010 年 8 月 9 日。

［119］ 米尔科·塔尔迪奥、卡罗琳·久里奇、吕帅：《法国巴黎安东尼可持续生态屋》，《动感：生态城市与绿色建筑》2012 年第 3 期。

［120］ 牟永福、胡鸣铎：《河北省生态建设面临的三大挑战及其对策》，《河北大学学报》（哲学社会科学版）2013 年第 3 期。

［121］ 母爱英、何恬：《京津冀循环农业生态产业链的构建与思考》，《河北经贸大学学报》2014 年第 6 期。

［122］ 母爱英、王建超、严飞：《基于循环经济视角的首都圈生态产业链构建》，《城市发展研究》2012 年第 12 期。

［123］ 母爱英、王叶军、单海鹏：《后经济危机时代京津冀都市圈发展的路径选择》，《城市发展研究》2010 年第 12 期。

［124］ 母爱英、武建奇、武义青：《京津冀：理念、模式与机制》，中国社会科学出版社 2010 年版。

［125］ 皮乐为：《京津冀科技协同创新的对策研究》，博士学位论文，首都经济贸易大学，2015 年。

［126］ 秦波：《多伦多的环境：探讨城市蔓延对大气的影响》，《国际城市规划》2005 年第 2 期。

［127］ 秦婷婷：《日本首都圈建设对我国京津冀协同发展的启示》，《廊坊师范学院学报》（自然科学版）2014 年第 5 期。

［128］ 全诗凡、江曼琦：《京津冀区域产业链复杂度及其演变》，《首都经济贸易大学学报》2016 年第 2 期。

［129］ 让·皮埃尔·科林、雅克·勒韦勒、克莱尔·波特哈：《加拿大与美国都市圈内政府治理差异分析》，《城市观察》2009 年第 1 期。

［130］ 饶会林：《中国城市管理新论》，经济科学出版社 2003 年版。

［131］ 任洁：《谈英国伦敦城市交通规划》，《山西建筑》2011 年第

11 期。

[132] 《长三角都市圈与全球五大都市圈经验》，http：//club. ebusi-
nessreview. cn/blogArticle－171929. html。

[133] 上海市经济和信息化委员会：《世界服务业重点行业发展动
态》，上海科学技术文献出版社 2015 年版。

[134] 邵任薇：《国外城市管理中的公众参与》，《江海学刊》2003
年第 2 期。

[135] 邵颖萍：《从首都圈到首位都市圈的战略定位——京津冀都市
圈一体化再建构探索》，《中国名城》2010 年第 10 期。

[136] 石碧华：《京津冀协同发展态势与政策匹配》，《重庆社会科
学》2015 年第 11 期。

[137] 史俊仙：《河北产业结构优化调整策略》，《合作经济与科技》
2006 年第 4 期。

[138] 史长俊：《辽宁沿海经济带与沈阳经济区协同发展研究》，博
士学位论文，吉林大学，2012 年。

[139] 史贞：《产能过剩治理的国际经验及对我国的启示》，《经济体
制改革》2014 年第 4 期。

[140] 世界银行：《2009 年世界发展报告：重塑世界经济地理》，清
华大学出版社 2009 年版。

[141] 苏华、胡田田、黄麒堡：《中国各区域产业承接能力的评价》，
《统计与决策》2011 年第 5 期。

[142] 孙兵：《区域协调组织与区域治理》，上海人民出版社 2007
年版。

[143] 孙久文、丁鸿君：《京津冀区域经济一体化进程研究》，《经济
与管理研究》2012 年第 7 期。

[144] 孙久文、张红梅：《京津冀一体化中的产业协同发展研究》，
《河北工业大学学报》（社会科学版）2014 年第 3 期。

[145] 孙久文、原倩：《京津冀协同发展的路径选择》，《经济日报》
2014 年 6 月 4 日第 7 版。

[146] 孙久文：《京津冀协同发展的目标、任务与实施路径》，《经济

社会体制比较》2016 年第 3 期。

[147] 孙鲁军等：《韩国政府主导型的市场经济》，武汉出版社 1994
年版。

[148] 孙伟善：《充分发挥市场作用化解产能过剩》，《中国石油和化
工》2014 年第 5 期。

[149] 谭维克、赵弘：《论"京津冀都市圈"建设》，《北京社会科
学》2011 年第 4 期。

[150] 唐艺彬：《美国纽约大都市圈经济发展研究》，博士学位论文，
吉林大学，2011 年。

[151] 陶红茹、马佳腾：《京津冀都市圈生态协同治理机制研究》，
《理论观察》2016 年第 3 期。

[152] 田玉国：《英国城市交通安全管理的调查与思考》，《中国安全
生产科学技术》2012 年第 5 期。

[153] 汪波、米娟：《多伦多区域网络合作治理模式》，《安庆师范学
院学报》2013 年第 4 期。

[154] 王佃利、王桂玲：《城市治理中的利益整合机制》，《中国行政
管理》2007 年第 8 期。

[155] 王海芳：《南堡开发区如何延伸化工产业链》，《中外企业家》
2013 年第 35 期。

[156] 王鹤祥、郑燕华：《中国高新技术产业开发区评估研究》，《上
海交通大学学报》（哲学社会科学版）1994 年第 2 期。

[157] 王虎：《探析东京圈的形成与整合》，《上海经济》2003 年第
2 期。

[158] 王怀宇、马述评：《产能过剩背景下企业退出政策体系的国际
经验研究》，《发展研究》2014 年第 1 期。

[159] 王佳宁等：《推动京津冀协同发展》，《改革》2015 年第 8 期。

[160] 王建峰：《区域产业专业的综合协同效应研究》，博士学位论
文，北京交通大学，2013 年。

[161] 王金杰、周立群：《新常态下区域协同发展的取向和路径——
以京津冀的探索和实践为例》，《江海学刊》2015 年第 4 期。

[162] 王庆生、史静：《基于管理创新视角的京津冀区域旅游合作机制与途径》，《环渤海经济瞭望》2014 年第 3 期。

[163] 王赛、程丽娜：《湛江海洋优势产业发展的 SWOT 分析》，《南方论刊》2012 年第 3 期。

[164] 王圣军：《大都市圈发展的经济整合机制构建与保障》，《经济与管理》2009 年第 5 期。

[165] 王硕、李玉峰：《京津冀文化旅游融合发展问题与对策》，《人民论坛》2016 年第 5 期。

[166] 王涛：《日本东京都市圈的空间结构变动、规划变迁及其启示》，《城市》2013 年第 11 期。

[167] 王小鲁等：《中国市场化八年进程报告》，《财经》2016 年 4 月 11 日。

[168] 王秀玲：《京津冀科技协同创新发展路径研究》，《河北经贸大学学报》2015 年第 6 期。

[169] 王旭：《美国城市发展模式——从城市化到大都市区化》，清华大学出版社 2006 年版。

[170] 王莹：《天津海洋新兴产业竞争力分析与产业链设计》，硕士学位论文，天津理工大学，2013 年。

[171] 王玉海、何海岩：《产业集群与京津冀协调发展》，《中国特色社会主义研究》2014 年第 4 期。

[172] 王玉海、刘学敏、谷潇磊：《京津冀都市圈内涵及产业空间再造路径探讨》，《北京社会科学》2013 年第 1 期。

[173] 王玉婧、刘学敏：《国外首都区都市圈发展概观》，《城市问题》2010 年第 7 期。

[174] 王郁：《日本区域规划协调机制的形成和发展——以首都圈为例》，《规划师》2005 年第 10 期。

[175] 王晶：《浅析河北省产业结构现状及存在问题》，《科学大众：科学教育》2012 年第 2 期。

[176] 韦倩青、曾秋芸、韦倩虹：《广西承接东部产业转移的产业基础及策略研究》，《西部大开发》2009 年第 11 期。

［177］魏后凯：《打造京津冀协同发展的命运共同体》，《人民日报》2016 年 7 月 4 日第 7 版。

［178］魏进平、刘鑫洋、魏娜：《京津冀协同发展的历程回顾、现实困境与突破路径》，《河北工业大学学报》（社会科学版）2014 年第 2 期。

［179］魏敏、李国平、陈宁：《我国区域梯度推移黏性因素分析》，《人文杂志》2004 年第 1 期。

［180］魏然：《产业链的理论渊源与研究现状综述》，《技术经济与管理研究》2010 年第 6 期。

［181］文魁、祝尔娟等：《京津冀发展报告（2014）——城市群空间优化与质量提升》，社会科学文献出版社 2014 年版。

［182］文魁等：《京津冀发展报告（2013）：承载力测度与对策》，社会科学文献出版社 2013 年版。

［183］吴小东、瞿畅、陈英俊：《技术视角下的海洋油气装备产业链分析与发展策略》，《石油科技论坛》2015 年第 6 期。

［184］吴艳荣：《承接产业转移　别只盯着工业项目》，《河北日报》2014 年 4 月 21 日。

［185］伍爱群：《英国伯明翰经济转型的启示》，《上海国资》2012 年第 12 期。

［186］武建奇、母爱英、安树伟：《京津冀都市圈管治模式与协调发展机制探讨》，《河北师范大学学报》（哲学社会科学版）2008 年第 4 期。

［187］席恒：《公与私：公共事业运行机制研究》，商务印书馆 2003 年版。

［188］夏晴：《服务业国际转移动因、路径及其对承接地的要求——与制造业国际转移的比较分析》，《浙江树人大学学报》2008 年第 1 期。

［189］夏诗园：《河北省承接京津冀地区产业转移的对策研究》，《河北青年管理干部学院学报》2016 年第 5 期。

［190］肖金成、李忠：《促进京津冀产业分工合作的基本思路及政策

建议》，《中国发展观察》2014 年第 5 期。

［191］谢文蕙、邓卫：《城市经济学》，清华大学出版社 1996 年版。

［192］徐慈贤：《京津冀区域经济一体化科学发展探讨》，《理论建设》2012 年第 4 期。

［193］徐达松：《促进京津冀产业协同发展的财税政策研究》，《财政研究》2015 年第 2 期。

［194］徐行：《首尔：都市文明与生态保护》，《世界文化》2006 年第 2 期。

［195］徐胜、张鑫：《环渤海海洋产业与区域经济关联性研究》，《海洋开发与管理》2012 年第 1 期。

［196］徐颖：《生态经济发展模式研究》，硕士学位论文，福建农林大学，2014 年。

［197］许冬琳：《漫游国外，看城市交通规划》，《人民公交》2012 年第 6 期。

［198］许学强、周一星、宁越敏：《城市地理学》，高等教育出版社 2009 年版。

［199］亚当·斯密：《国富论》，湖南文艺出版社 2011 年版。

［200］闫程莉、安树伟：《中国首都圈中小城市功能的测度与分类研究》，《改革与战略》2014 年第 4 期。

［201］颜烨：《从"环首都经济圈"到"环首都经济社会圈"——京津冀一体化协同发展与京畿地区社会治理》，《石家庄学院学报》2014 年第 16 期。

［202］杨广丽、张帅：《广东现代服务业国际合作存在的问题及建议》，《广东经济》2015 年第 1 期。

［203］杨洁、王艳、刘晓：《京津冀区域产业协同发展路径探析》，《价值工程》2009 年第 4 期。

［204］杨俊宴、禚振坤、陈雯：《长三角世界级城市群建设方向初探》，《规划师》2006 年第 3 期。

［205］杨连云：《主体功能区划分与京津冀区域产业布局》，《天津行政学院学报》2008 年第 6 期。

［206］杨青山：《巴黎大区公共交通发展概况》，《交通与港航》1996
　　　　年第 1 期。

［207］杨晓兰、伯明翰：《城市更新和产业转型的经验及启示》，《中
　　　　国城市经济》2008 年第 11 期。

［208］杨振：《"中国式"产能过剩治理需构建"三维"政策体系》，
　　　　《中国党政干部论坛》2015 年第 1 期。

［209］杨志远：《我国国有企业风险控制问题研究》，博士学位论文，
　　　　西南财经大学，2008 年。

［210］姚伟、李海波、王蓓蓓：《从东京都市圈看京津冀协同发展》，
　　　　《环球市场信息导报》2015 年第 20 期。

［211］叶琪：《我国区域产业转移的态势与承接的竞争格局》，《经济
　　　　地理》2014 年第 3 期。

［212］叶堂林：《京津冀协同发展面临的突出问题与实现路径分析》，
　　　　《京津冀协同发展的展望与思考》，2014 年 5 月。

［213］叶堂林、齐子翔：《京津冀城市群的发展重点与制度保障》，
　　　　《京津冀发展报告（2014）》，社会科学文献出版社 2014 年版。

［214］叶一军、顾新、李晖等：《跨行政区域创新体系下创新主体间
　　　　协同创新模式研究》，《科技进步与对策》2014 年第 16 期。

［215］尹德挺、史毅、卢镱逢：《经济发展、城市化与人口空间分
　　　　布——基于北京、东京和多伦多的比较分析》，《北京行政学
　　　　院学报》2015 年第 6 期。

［216］于志伟：《海洋生物医药业技术链与产业链融合机制及实现路
　　　　径研究——以山东半岛蓝色经济区为例》，《产业与科技论坛》
　　　　2014 年第 12 期。

［217］余慧、张娅兰、李志琴：《伦敦生态城市建设经验及对我国的
　　　　启示》，《科技创新导报》2010 年第 9 期。

［218］虞子婧、张文亮：《基于绿色模式的天津海洋经济发展研究》，
　　　　《安徽农业科学》2015 年第 1 期。

［219］［美］约翰·P. 基思：《纽约大都市的发展经验》，卞继译，
　　　　《国外城市规划》1994 年第 1 期。

[220] 岳中刚：《战略性新兴产业技术链与产业链协同发展研究》，《科学学与科学技术管理》2014 年第 2 期。

[221] 张波：《推进京津冀协同发展的财政政策研究》，《经济研究参考》2016 年第 64 期。

[222] 张博：《滨海新区海洋循环经济产业选择及其产业链优化研究》，硕士学位论文，天津理工大学，2010 年。

[223] 张贵、石海洋、刘帅：《京津冀都市圈产业创新网络再造与能力提升》，《河北工业大学学报》（社会科学版）2014 年第 1 期。

[224] 张贵祥：《首都与跨界水源生态经济特区合作协调机制研究：以京张合作为例》，《生态经济》2010 年第 2 期。

[225] 张劲文：《首都经济圈跨区域产业协同创新的模式与路径研究》，《改革与战略》2013 年第 8 期。

[226] 张可云、董静媚：《首尔疏解策略及其对北京疏解非首都功能的启示》，《中国流通经济》2015 年第 11 期。

[227] 张敏、苗润莲等：《基于产业链升级的京津冀农业协作模式探析》，《农业现代化研究》2015 年第 3 期。

[228] 张强：《全球五大都市圈的特点、做法及经验》，《城市观察》2009 年第 1 期。

[229] 张琴、蒋瑛：《韩国承接国际产业转移的经验及启示》，《经济纵横》2009 年第 8 期。

[230] 张淑会：《合作共建维护京津冀区域生态环境》，《河北日报》2009 年 8 月 7 日。

[231] 张婷婷、高新才：《我国欠发达地区承接产业转移实证比较研究》，《青海社会科学》2009 年第 11 期。

[232] 张为杰、张景：《地区产业转型对经济增长质量的贡献度研究——来自京津冀地区的经验》，《经济体制改革》2012 年第 2 期。

[233] 张小明、陈虎：《加拿大地方治理创新及其启示》，《北京科学大学学报》（社会科学版）2006 年第 3 期。

［234］张亚明、张心怡、唐朝生：《中外都市圈发展模式比较研究》，《城市问题》2012 年第 2 期。

［235］张燕：《以产业链垂直整合为突破口推进京津冀一体化》，《经济研究参考》2014 年第 47 期。

［236］张云、窦丽琛、高钟庭：《"京津冀协同发展：机遇与路径学术研讨会"综述》，《经济与管理》2014 年第 2 期。

［237］张云、武义青：《京津冀都市圈生态经济合作的突出问题与政策建议》，《石家庄经济学院学报》2012 年第 2 期。

［238］张长：《疏解北京"非首都功能"的再思考》，《城市》2016 年第 8 期。

［239］赵文丁、祁文辉：《欠发达地区承接产业转移中的主要问题及优化思路》，《经济纵横》2015 年第 1 期。

［240］张子麟、武建奇：《京津冀地区产业协作存在的问题与发展方向》，《经济与管理》2007 年第 2 期。

［241］章昌裕：《巴黎都市圈形成的特征》，《中国经济时报》2007 年 1 月 8 日第 4 版。

［242］赵丛霞、金广君、周鹏光：《首尔的扩张与韩国的城市发展政策》，《城市问题》2007 年第 1 期。

［243］赵冬梅、高爱国：《统筹兼顾构建福建海洋渔业优势产业》，《海洋经济》2014 年第 1 期。

［244］赵淑英、王鑫：《我国煤炭循环经济产业链发展模式研究》，《中国矿业》2009 年第 3 期。

［245］赵文丁、祁文辉：《欠发达地区承接产业转移中的主要问题及优化思路》，《经济纵横》2015 年第 1 期。

［246］郑碧云：《国际大都市圈交通体系对上海大都市圈的启示》，博士学位论文，浙江大学，2015 年。

［247］钟春平、潘黎：《"产能过剩"的误区》，《经济学动态》2014 年第 3 期。

［248］周黎安：《晋升博弈中政府官员的激励与合作：兼论我国地方保护主义和重复建设问题长期存在的原因》，《经济研究》

2004 年第 6 期。

[249] 周黎安:《中国地方官员的晋升锦标赛模式研究》,《经济研究》2007 年第 7 期。

[250] 周立群、曹知修:《京津冀协同发展开启经济一体化新路径》,《中共天津市委党校学报》2014 年第 4 期。

[251] 周伟、祝尔娟:《关于京津冀都市圈发展的战略思考》,《首都经济贸易大学学报》2009 年第 3 期。

[252] 周耀光、罗义:《津冀沿海生态工业一体化建设思路与对策探讨》,《石家庄经济学院学报》2010 年第 4 期。

[253] 周振华:《伦敦、纽约、东京经济转型的经验及其借鉴》,《科学发展》2011 年第 10 期。

[254] 朱俊成:《长三角地区多中心及其共生与协同发展研究》,《公共管理学报》2010 年第 4 期。

[255] 朱俊成:《都市区多中心共生结构与模式研究》,《江淮论坛》2010 年第 4 期。

[256] 朱宇琛、杨世新:《河北钢铁企业落后产能淘汰调查》,《中国金融通报》2010 年第 39 期。

[257] 祝尔娟、杜梅萍:《如何实现"京津冀一体化"发展》,《前线》2008 年第 9 期。

[258] 祝尔娟:《京津冀一体化中的产业升级与整合》,《经济地理》2009 年第 6 期。

[259] 祝尔娟:《推进京津冀区域协同发展的思路与重点》,《经济与管理》2014 年第 3 期。

[260] Soo Young Park:《对首尔大都市区增长的管理控制》,《国外城市规划》1995 年第 4 期。

[261] Delvecchio, D., Amsterdam: The hook – up city. *Urban Age*, Vol. 7, No. 2.

[262] Douglas Young, Toronto Plan: A New Official Plan for A New City. In: *City Plan Review*, 2005, pp. 7 – 10.

[263] "Federal Transit Administration (2009)", Annual Report on New

Starts, USDOT.

[264] http：//auto. huanqiu. com/globalnews/2016 – 03/8743718. html.

[265] http：//bbs. caup. net/read – htm – tid – 21283 – page – 1. html.

[266] http：//hebei. sina. com. cn/news/m/2014 – 07 – 14/1359100222_
2. html.

[267] http://www. cfie. org. cn/cfie/common/index/2723517049553? port-
let. window. owner = pt974520&definition = 2723517049553&pt.
pt974520. pageNo = 10&portlet. type = content – xrepeater

[268] http：//news. yzdsb. com. cn/system/2011/03/22/010993326. shtml.

[269] S. Manag, I. J. Opaluch, Technological change and Petroleum Ex-
ploration in the Gulf and Mexico [J] . *Energy Policy*, 2005, 33
(5) .

[270] D. Jin, P. Noagland, Linking, Economic and Ecological Models
for a Marine Ecosystem [J] . *Ecological Economics*, 2003, 46
(3) .

后　记

　　本书是武建奇主持的河北省教育厅人文社会科学研究重大课题攻关项目"世界大都市圈协同发展模式与京津冀协同发展的路径研究"（批准号：ZD2O1416）的最终成果。该课题研究从 2014 年 12 月开始，2017 年年初完成了报告终稿。

　　本书的研究目标、基本内容和结构框架是武建奇和母爱英提出并最后修改确定的，各章内容按照分工，分别执笔完成，最后由武建奇和母爱英统一修改和定稿，当然，文责自负。本书数据一般截至 2015 年（个别数据更新到 2016 年），除特别说明之外，数据一般根据相关年份的《中国统计年鉴》《北京统计年鉴》《天津统计年鉴》和《河北经济年鉴》计算整理得到；2016 年数据一般根据《中国统计摘要（2017）》和 2016 年相关省市统计公报整理得到。本书各章撰写分工如下：第一章和第二章，吕媛；第三章，昝国江；第四章，母爱英、吕媛；第五章、第六章和第七章，张晋晋；第八章，母爱英、吕媛、徐晶；第九章，母爱英、武建奇、王建峰、韩素卿；第十章，冯盼、母爱英。

　　本书得以顺利出版，得益于河北经贸大学理论经济学重点学科的出版资助。值此本书付梓之际，谨代表作者对本书顺利完成及出版提供支持、帮助的单位和个人表示诚挚的感谢！感谢河北经贸大学商学院对本书研究的关心和鼎力支持！感谢中国社会科学出版社卢小生编审，他的关心和支持使我们的成果能够顺利出版，从而为我们广泛地同有关专家、学者、同行，就世界大都市圈发展模式与京津冀协同发展路径进行交流提供了机会。作为集体劳动的成果，希望本书能够为新时期京津冀协同发展提供新的思路、方法与可行性对策建议。我们也诚挚地期盼各位专家、学者、同行的不吝批评指正。

武建奇

2017 年 8 月